CHINA MEDICAL DEVICE
SUPPLY CHAIN DEVELOPMENT
REPORT（2021）

中国医疗器械供应链发展报告

2021

中国物流与采购联合会医疗器械供应链分会
海遇（上海）医疗科技有限公司 | 编

中国市场出版社
China Market Press
·北京·

图书在版编目（CIP）数据

中国医疗器械供应链发展报告. 2021 / 中国物流与采购联合会医疗器械供应链分会，海遇（上海）医疗科技有限公司编. —北京：中国市场出版社有限公司，2021.10
ISBN 978-7-5092-2113-6

Ⅰ. ①中… Ⅱ. ①中… ②海… Ⅲ. ①医疗器械-供应链管理-研究报告-中国-2021 Ⅳ. ①F426.7

中国版本图书馆CIP数据核字（2021）第185471号

中国医疗器械供应链发展报告（2021）
ZHONGGUO YILIAO QIXIE GONGYINGLIAN FAZHAN BAOGAO (2021)

编　　者：中国物流与采购联合会医疗器械供应链分会
　　　　　海遇（上海）医疗科技有限公司
责任编辑：刘佳禾

出版发行：中国市场出版社
社　　址：北京市西城区月坛北小街2号院3号楼（100837）
电　　话：（010）68034118/68021338
网　　址：http://www.scpress.cn

印　　刷：河北鑫兆源印刷有限公司
规　　格：185mm×260mm　　1/16
印　　张：20.25　　　　　　　　字　　数：360千字
版　　次：2021年10月第1版　　印　　次：2021年10月第1次印刷
书　　号：ISBN 978-7-5092-2113-6
定　　价：280.00元

版权所有　侵权必究　　印装差错　负责调换

《中国医疗器械供应链发展报告（2021）》

编委会

编委会主任

崔忠付　中国物流与采购联合会副会长兼秘书长

编委会副主任（按姓氏笔画排序）：

付　雄　九州通医疗器械集团有限公司总经理

任　刚　上药控股有限公司副总经理

李振飞　中国医疗器械有限公司副总经理

秦玉鸣　中国物流与采购联合会医疗器械供应链分会秘书长

唐彦林　华润医药商业集团医疗器械有限公司总经理

编委会委员（按姓氏笔画排序）：

王　浩　上海康展物流有限公司总经理

王小洪　杭州云呼医疗科技有限公司集团高级副总裁

王雁征　波科国际医疗贸易（上海）有限公司商务部高级总监

王新宇　山东大学齐鲁医院供应处处长

水怡霖　碧迪医疗器械（上海）有限公司供应链总监

方　正　威高集团有限公司配送事业部总经理

尹建刚　上海麦迪睿医疗科技集团有限公司董事长

乐　燕　上药医疗器械（上海）有限公司总经理

朱　斌　上海医药物流中心有限公司总经理

朱鹏飞　荣庆物流供应链医药事业部总经理

任国民　福建栢合冷链仓储管理有限公司总经理

刘剑雯　山东海王医药集团有限公司副总裁

刘晓利	顺丰集团医药行业总经理
闫　敏	德利得供应链总裁
苏志勇	北京盛世华人供应链管理有限公司董事长兼总经理
李千里	北京九九星快递服务有限公司董事长
杨晓勇	中外运现代物流有限公司总经理
吴晓东	四川大学华西医院设备物资部部长
张　卫	海遇（上海）医疗科技有限公司总经理
张　旭	天津信鸿医疗科技股份有限公司物流中心总监
陆　健	上海畅联国际物流股份有限公司物流总监
陈光焰	北京华欣物流有限公司董事长
周少思	北京格瑞纳健峰医疗器械有限公司质量副总经理
庞智仁	三方顺控股股份有限公司董事长
施红卫	美敦力（上海）管理有限公司大中华区高级供应链总监
顾一民	国药集团医药物流有限公司总经理
恩　蕊	北京科园信海医药经营有限公司助理总经理
高　戈	开利运输冷冻（中国）总经理
郭德斌	德荣医疗科技股份有限公司董事长
許興國	赛默飞世尔科技（中国）有限公司大中华区高级商务运营总监
梁　英	成都国药器械有限责任公司总经理
彭　博	上海鸿裕供应链管理有限公司董事长
程迪芹	陕西医药控股集团派昂医疗器械有限公司总经理
程绍海	中集冷云（北京）供应链管理有限公司董事长
曾　伟	北京巴瑞医疗器械有限公司副总经理
温一丞	塞力斯医疗科技集团股份有限公司董事
楚晨曦	科园信海（北京）医疗用品贸易有限公司总经理
霍　刚	中南大学湘雅医院物流配送中心主任
魏战江	乐普（北京）医疗器械股份有限公司高级副总经理

《中国医疗器械供应链发展报告（2021）》

编辑部

主　　编　秦玉鸣

副 主 编　肖银妮　李洋洋　池华远　焦玲艳　王晓晓

编辑人员　曹　慧　边佳琪　陈　飞　田　芬　刘　洋
　　　　　霍凌云　靳春飞　王　晶　张　鹏　汤佳鑫
　　　　　董　宇　刘亚楠　刘　阳　胡溢洋　曹　峰
　　　　　吴占雷　杨　雪　郭　旭

联系方式：中国物流与采购联合会医疗器械供应链分会
　　　　　中国医疗器械供应链网：http://www.mdsc.org.cn
　　　　　电话：010-83775768
　　　　　邮箱：service@mdsc.org.cn
　　　　　地址：北京市丰台区丽泽路16号院2号楼铭丰大厦11层

执笔专家简介 （按章节顺序排列）

耿鸿武 | Geng Hongwu

清华大学老科协医疗健康研究中心执行副主任，九州通医药集团营销总顾问（原业务总裁），中国药招联盟发起人，清华、北大等EMBA特约讲师，北大医学院继教"医药渠道管理"主讲老师，广州国际康复论坛2017国际学术委员会特聘专家，中药协会药物经济委员会委员。社科院《医疗器械蓝皮书》《输血服务蓝皮书》主编。专著有《渠道管理就这么简单》《新电商：做剩下的3%》。主编《中国输血行业发展报告（2016—2021）》共五册、《中国医疗器械行业发展报告（2017—2021）》共四册，《中国医疗器械行业数据报告（2019）》一册。从2001年开始跟踪和参与了中国各地医药和器械招标，创立的《医药（械）企业挂网招标内控系统》《挂网招标预警系统》等销售工具在业界广泛应用。执笔本报告第一章第一节部分内容及第二节。

江滨 | Jiang Bin

北京大学公共政策研究中心副主任、研究员，北京大学医学技术发展与研究中心常务副主任，中国社会保障协会医保专业委员会常委，哈佛医学院高级访问学者。主要研究方向为新医改与医药产业发展、药物政策决策与效果评估、中国药品监管能力建设与评估。主持国家医保局、国家卫健委、国家药监局、国家发展改革委、科技部等部委的"人工关节国家带量采购效果预判研究""国家带量采购药品质量分析及监管对策""药品和高值医用耗材集中采购结余资金使用等关键问题研究""新医改政策对医药产业的影响""三明新医改与药品采购政策研究""药品招标中质量分层体系研究"等40余项课题研究。发表学术论文80余篇。执笔本报告第一章第三节。

张锋 | Zhang feng

中国医疗器械有限公司信息部部长，北京国药新创科技发展有限公司总经理，精益六西格玛黑带，注册PMP。20年信息化工作经验，医疗器械流通领域信息化资深专家，熟谙医疗机构医用耗材精益管理。带领团队自主研发SPD系统，为医疗机构提供SPD咨询实施服务，全国累计100多个医院SPD项目实践。在医疗器械唯一标识UDI全程应用实践方面有深入研究，参与发表多篇论文。执笔本报告第一章第四节。

于保荣 | Yu Baorong

对外经济贸易大学保险学院教授，健康保险与卫生经济学研究中心常务副主任。研究领域主要有卫生经济与政策、医疗和健康保险、医疗服务成本与支付方式、长期照护制度、经济学评价、卫生系统改革、互联网医疗等。2019年被国务院医改办委托的官方媒体《中国卫生》《健康报》通过大数据筛查，评为"2019年度最受关注医改专家"。执笔本报告第一章第五节。

执笔专家简介 (按章节顺序排列)

吴晓东 | Wu Xiaodong

工程师，医学工程专业毕业，四川大学华西医院设备物资部部长、中国医学装备协会管理分会医院物流与装备技术评价学组委员、中国医学装备协会管理分会第四届委员会常务委员。参与编著《从开源到节流——华西医院后勤管理创新》《从垂直管理到合纵连横——华西医院高效运营管理实务》。执笔本报告第一章第六节。

陆维福 | Lu Weifu

法学博士，中科大聘任教授，《中国临床保健杂志》编委，安徽省营养保健食品化妆品协会代理会长，原安徽省食品药品监督管理局政法处处长。长期从事食品、药品监管工作，承担法规文件起草、重大案件审核、重大行政许可审核等工作。执笔本报告第一章第一节部分内容及第七节。

艾中 | Ai Zhong

毕业于华中科技大学，获得生物医药专业硕士学位。目前已在国内外学术期刊发表论文7篇，申请发明专利近30项，其中授权20项。撰写多篇医疗健康行业研究白皮书，并公开发布5篇，获得行业广泛关注。擅长医疗健康行业研究、产业规划、战略规划与投资并购。执笔本报告第二章第二节。

周勇 | Zhou Yong

上海交通大学公共管理硕士（MPA），连续成功创业者，广州众成大数据科技有限公司——医疗器械行业数据技术服务商董事长兼总经理，带领公司搭建了全国首个"医疗器械产业大数据智能应用与创新服务平台"；曾在上海市政府部门任职多年，拥有20年产业园区运营和管理经验，成功打造"交大慧谷""动漫大场""健康智谷"等知名园区品牌。同时，担任中国整形美容协会医美大数据中心主任、中国医疗器械行业协会中医医疗器械专委会秘书长、广州市生物产业联盟医疗器械专业委员会秘书长等，推进组建全国医疗器械CDMO联盟。执笔本报告第二章第三节。

费海鹏 | Fei Haipeng

国科恒泰（北京）医疗科技股份有限公司总经理助理，对外经济贸易大学国际企业管理学硕士；曾就职于强生、波士顿科学等企业，深耕医疗器械行业20余年，精通企业管理、战略规划、资源整合、市场拓展等方面，对医疗行业、企业拥有独到的见解和专业的判断。国科恒泰致力于成为中国走在行业前沿的医疗器械数字化供应链综合服务商，服务于上百家全球顶级供应商及数千家医院，业务覆盖全国。执笔本报告第三章第一节。

执笔专家简介 (按章节顺序排列)

付雄 | Fu Xiong

毕业于中南民族大学，现任九州通医疗器械集团公司总经理，中国物流与采购联合会医疗器械供应链分会轮值会长。作为九州通集团医疗器械领头人、资深专家，热忱于医疗器械大健康事业，从业医疗器械行业15年，从行业发展的不同视角，对医疗器械行业大战略、大发展有深度研究和独到的思维见解。执笔本报告第三章第二节。

徐键 | Xu Jian

医科达（北京）医疗器械有限公司高级物流经理，拥有超过20年的医疗设备物流运作管理经验，精通生产、计划、订单交付、贸易合规、进出口、备件管理、库存管理等供应链管理各环节；尤其擅长公司发展战略、物流体系规划与制定、物流运输的组织与实施等。执笔本报告第三章第三节。

佘晓莉 | She Xiaoli

PerkinElmer 战略物流及采购负责人，服务于多家著名跨国企业珀金埃尔默、丹纳赫及霍尼韦尔集团亚太区供应链管理岗位，拥有丰富跨国公司供应链管理实战经验及供应链管理咨询与培训经验，同时也是复旦大学医疗健康协会副会长，复旦大学管理学院兼职案例研究员；涉及各行业的采购与供应链管理与咨询，主要侧重医疗行业，擅长课题包括"医疗行业采购与供应链管理""战略寻源管理""MRO采购项目管理""工程项目采购管理""物流精益化优化""医疗行业数字化供应链管理"等。执笔本报告第三章第四节部分内容。

翁迅 | Weng Xun

北京邮电大学物流工程系主任兼博士、硕士导师。毕业于北京科技大学机械工程学院，获机械制造及自动化工学博士学位。主持和参与多项科研项目，包括国家863课题、国家"十二五"科技支撑项目、联合国开发计划署专项等国家相关研发课题；主持南京医药中央物流中心、上药科园湖北物流中心、天津医药集团太平医药物流中心、青海华源医药物流中心、华润天津医药物流中心等数十个医药物流中心的物流系统规划设计和实施过程管理；负责三一重工18号厂房智能制造项目、北方微电子智能制造项目、金风科技智能生产物流系统等十余个智能物流系统规划和实施过程技术支持；承担福州、广西百色、广西北海、山东济宁等若干卷烟物流中心物流系统规划设计项目。发表数十篇SCI/EI论文，拥有2项发明专利。主要研究方向：智能物流装备、物流配送中心规划。执笔本报告第四章第三节。

前言 PREFACE

2020年9月，由中国物流与采购联合会医疗器械供应链分会（简称中物联医疗器械供应链分会）组织编写的《中国医疗器械供应链发展报告》首次面向行业出版发行。自报告启动编写以来，得到医疗器械行业同仁的大力支持，更是得到国家卫健委、国家药品监督管理局、省市卫健委和药品监督管理局等相关部门领导的指导与鼓励。

2020年，是全面建成小康社会和"十三五"规划收官之年，是谋划"十四五"规划的关键之年。同时，2020年也是极为特殊的一年。面对突如其来的新冠肺炎病毒疫情，全民进入战"疫"状态。在党中央国务院的领导下，全国各地迅速控制疫情蔓延。医疗器械供应链上下游企业齐心协力，确保防疫相关的医疗器械及时供应与配送，为新冠肺炎疫情防控做出了突出贡献。2020年上半年，海外疫情形势严峻，全球防疫物资相关医疗器械需求急剧增加，国内医用口罩、防护服、隔离衣、医用手套、呼吸机、体温计及核酸检测试剂等产品出口需求快速增长，给我国医疗器械产业带来了前所未有的挑战。

2020年，国家医疗改革逐步推进，医疗器械作为医疗健康产业的重要组成部分，国务院及国家卫健委、国家药品监督管理局、国家医疗保障局等部门出台发布了多项关于医疗器械行业的政策。从鼓励创新到加快审评审批，医疗器械产业保持了快速发展的良好势头。随着医改的不断深化，医保支付改革、高值耗材集中采购、医疗器械唯一标识等政策陆续落地，促进整个医疗器械行业规范化发展。与此同时，国家对公立医院高质量发展的要求，进一步推动我国医疗器械产业在高质量发展之路上加速前进。

《中国医疗器械供应链发展报告（2021）》通过对医疗器械供应链各环节、各细分领域等多方面多维度的深度分析，进行真实、客观的总结与评价，并对 2021 年行业发展做出预判和展望。我们希望能够为行业发展提供真实的记录，与医疗器械从业者及关心医疗器械行业发展的大众群体共同见证医疗器械供应链的阔步发展。本报告共分为六个章节，主要反映了 2020—2021 年中国医疗器械供应链及各个细分领域的发展现状、存在问题及发展趋势。第一章为我国医疗器械供应链政策环境分析，包括《医疗器械监督管理条例》、医疗器械唯一标识、高值耗材集中采购等医疗器械行业重点政策法规现行情况及相关影响，并展望"十四五"医疗器械政策领域发展；第二章为我国医疗器械供应链发展情况，涉及医疗器械工业、商业及终端发展现状与趋势；第三章为医疗器械行业细分领域分析，聚焦高值医用耗材领域、低值医用耗材领域、医疗设备领域及体外诊断领域，从不同维度进行深度剖析；第四章为医疗器械物流发展现状与展望，包括医疗器械物流市场发展、医疗器械第三方物流发展、医疗器械智慧物流体系发展、医疗器械物流标准化等现状及趋势；第五章对行业热点分析，详细介绍了第三方医学检验发展、医疗器械 SPD 发展等内容；第六章为我国医疗器械特色园区分析，对政策环境、园区规模等进行阐述。

《中国医疗器械供应链发展报告（2021）》凝聚了行业的智慧。五十余位行业专家学者共同参与本报告的研究与编写，各级会员单位积极配合报告调研工作。借此机会，我代表《中国医疗器械供应链发展报告（2021）》编委会对所有参与者的付出表示衷心的感谢。希望《中国医疗器械供应链发展报告（2021）》的编写出版，能够为政府监管、行业升级、企业发展提供参考，为促进我国医疗器械供应链行业高质量发展做出应有贡献。

中国物流与采购联合会副会长兼秘书长　崔忠付
2021 年 8 月 15 日

目录

第一章 导向明确：医疗器械领域政策环境分析

第一节 医疗器械行业"十三五"政策发展回顾 / 003
一、"十三五"期间医疗器械行业政策文件发布情况 / 003
二、"十三五"医疗器械领域政策 / 004

第二节 《医疗器械监督管理条例》引领行业监管新阶段 / 009
一、新版《条例》修订背景 / 009
二、新版《条例》的特点和主要变化 / 010
三、注册人和备案人成为基本制度 / 012
四、对医疗器械生产经营企业的影响和挑战 / 013

第三节 医用耗材集中带量采购概况及对医疗器械供应链的影响 / 015
一、我国医疗器械领域集采进程 / 015
二、我国高值耗材集中带量采购发展概述 / 018
三、高值耗材带量采购对医疗器械供应链的影响 / 019
四、冠脉支架和人工关节带量采购概况 / 020

第四节 UDI 实施现状与发展趋势分析 / 024
一、国外 UDI 实施现状 / 024
二、国内 UDI 实施现状 / 025
三、UDI 实施对供应链各主体影响 / 027
四、UDI 实施难点 / 028

五、未来发展展望 / 029

第五节 DRGs 与 DIP 医保支付方式对医疗机构管理运营的影响及未来趋势预测 / 030

一、DRGs 的国际及国内发展概况 / 030

二、DRGs 医保付费对医院管理和运营的影响 / 031

三、DRGs 付费实施对于生产企业及商业企业的影响 / 040

四、DRGs 付费成功实施的必要条件及对医院未来发展的影响预测 / 041

五、DIP 与 DRGs 不同医保支付方式的比较 / 044

第六节 影响终端市场政策分析 / 046

一、新修订《医疗器械监督管理条例》配套措施 / 046

二、其他对医疗器械终端发展影响相关政策 / 046

第七节 医疗器械行业"十四五"趋势展望 / 050

一、医保采购更加规范，虚高价格得到根本纠正 / 051

二、国家持续推进进口替代，扶持医疗器械产业发展 / 051

三、行业监管更严格，违法者成本增大 / 052

第二章 发展热潮：我国医疗器械供应链发展现状与展望

第一节 市场整体分析 / 055

一、政策导向推动行业变革 / 055

二、经济形势增压行业发展 / 055

三、社会环境保障行业需求 / 056

四、技术创新助力行业兴盛 / 057

第二节 我国医疗器械工业市场发展现状 / 058

一、医疗器械工业市场环境分析 / 058

二、医疗器械工业市场现状分析 / 059

三、医疗器械工业市场面临挑战及发展建议 / 063

第三节 我国医疗器械商业市场发展现状 / 065

一、医疗器械商业市场发展背景 / 065

二、医疗器械商业市场现状分析 / 066

三、我国医疗器械商业市场面临挑战 / 071

四、我国医疗器械商业市场发展方向 / 072

第四节 我国医疗器械终端市场发展现状 / 073

一、我国医疗器械终端市场分类 / 073

二、我国医用医疗器械发展现状 / 075

三、我国家用医疗器械现状 / 077

四、终端医疗器械面临的挑战 / 080

五、我国医疗器械终端市场发展方向 / 081

第五节 医疗器械供应链发展趋势 / 082

一、政策红利持续推进高质量发展 / 083

二、加速整合提升行业集中度 / 083

三、加速自主创新，进军国际市场 / 083

四、数智化不断赋能医疗器械生态圈 / 083

五、加强供应链扁平化、柔性化应急管理 / 084

六、医疗器械电商化趋势明显 / 084

第三章 细分赛道：医疗器械行业细分领域分析

第一节 高值医用耗材领域现状与发展趋势 / 087

一、高值耗材市场发展现状 / 087

二、高值耗材生产细分领域的分析 / 089

三、高值耗材流通领域的分析 / 99

四、高值耗材领域发展方向 / 100

第二节 低值医用耗材领域现状与发展趋势 / 102

一、低值医用耗材分类及行业发展特点 / 102

二、低值医用耗材市场规模分析 / 103

三、低值医用耗材领域代表企业及分析 / 106

四、细分产品领域中我国医用敷料行业发展概况分析 / 107

五、低值医用耗材领域发展挑战及趋势 / 110

第三节　医疗设备领域现状与发展趋势 / 112

一、医疗设备领域现状分析 / 112

二、医疗设备细分市场分析 / 113

三、医疗设备领域发展挑战与趋势 / 117

第四节　体外诊断领域现状与发展趋势 / 118

一、体外诊断市场概览 / 118

二、细分领域：POCT市场发展 / 122

三、体外诊断市场发展挑战 / 128

四、体外诊断市场发展趋势 / 129

五、体外诊断试剂领域物流发展方向 / 132

第四章　整合加速：医疗器械物流发展现状与展望

第一节　医疗器械物流市场加速发展 / 137

一、我国医疗器械物流市场稳步提升 / 137

二、医疗器械物流运输能力不断增强 / 138

三、医疗器械物流仓储面积有所提高 / 139

四、医疗器械物流成本持续增长 / 140

五、医疗器械物流人员现状分析 / 141

第二节　我国医疗器械第三方物流发展现状与趋势 / 143

一、我国医疗器械第三方物流发展现状 / 143

二、我国医疗器械第三方物流面临挑战 / 146

三、我国医疗器械第三方物流发展趋势 / 148

第三节　医疗器械智慧物流体系发展 / 149

一、医疗器械智慧物流体系发展现状 / 149

二、面临挑战 / 153

三、发展趋势及未来展望 / 154

第四节 我国医疗器械物流标准化发展 / 155
一、标准相关机构 / 155
二、医疗器械物流标准制修订情况 / 156
三、2021年标准化工作要点 / 157

第五节 我国医疗器械物流未来发展趋势 / 158
一、行业集中度进一步提升 / 159
二、持续深化一体化服务 / 159
三、第三方物流稳步发展 / 159
四、冷链物流市场不断扩容 / 159
五、信息化、专业性不断增强 / 160

第五章 行业热点：医疗器械行业新趋势

第一节 第三方医学检验迎发展热潮 / 163
一、多轮驱动第三方医学检验发展 / 163
二、第三方医学检验处于蓝海市场 / 169
三、第三方医学检验冷链物流发展现状 / 170
四、第三方医学检验行业发展趋势 / 172

第二节 我国医疗器械 SPD 发展 / 173
一、我国医疗器械 SPD 发展背景 / 173
二、我国 SPD 管理模式发展现状 / 176
三、当前 SPD 管理模式面临挑战 / 186
四、我国医疗器械 SPD 管理模式发展趋势 / 187

第六章 聚力赋能：我国医疗器械特色园区分析

第一节 我国医疗器械特色园区发展现状及趋势 / 191
一、我国医疗器械特色园区支持政策 / 191

二、我国医疗器械特色园区市场现状 / 193

第二节　特色园区分析 / 195
一、资源完善的综合平台：江苏医疗器械科技产业园 / 195
二、"千亿产业"的高起点规划：武汉高科医疗器械园 / 196
三、"以人为本"的社区化服务：中关村高端医疗器械产业园 / 196
四、"科技投行"的战略转型：张江高科技产业东区 / 197

附　录
一、"十三五"期间我国医疗器械领域政策概览 / 199
二、中国医药物流标准目录手册 / 224
三、《体外诊断试剂温控物流服务规范》行业标准 / 243
四、《医药产品医院院内物流服务规范》团体标准 / 251
五、2020年全球医疗器械100强企业 / 261
六、2020年中国医疗器械行业企业100强 / 264
七、我国医疗器械领域部分企业2020年经营情况 / 268
八、国际医疗器械领域部分企业2020年经营情况 / 295
九、2020年我国医疗器械行业大事记 / 301

第一章

导向明确：医疗器械
领域政策环境分析

第一节 医疗器械行业"十三五"政策发展回顾

一、"十三五"期间医疗器械行业政策文件发布情况

"十三五"期间（2016—2020年），国家、省（直辖市、自治区）发布的医药行业相关政策文件数量共7666件，其中直接涉及医疗器械行业的相关政策有1311件，包括国家层面发布374件，占比28.5%，省级层面发布937件，占比71.5%。

五年来，医疗器械行业文件出台数量呈逐年上升趋势。如图1-1所示，医疗器械政策文件数量在全部文件中的占比也逐年提高，从2016年的8.4%提高到近两年的26.5%。如果对全部政策文件按照药、械和其他进行分类分析，医疗器械文件的比例数的增长趋势更加明显，2016—2020年药械文件数比例分别为100∶15、100∶24、100∶30、100∶46、100∶49。由此可见，随着医药卫生体制改革的推进，医疗器械的监管将越来越严格。

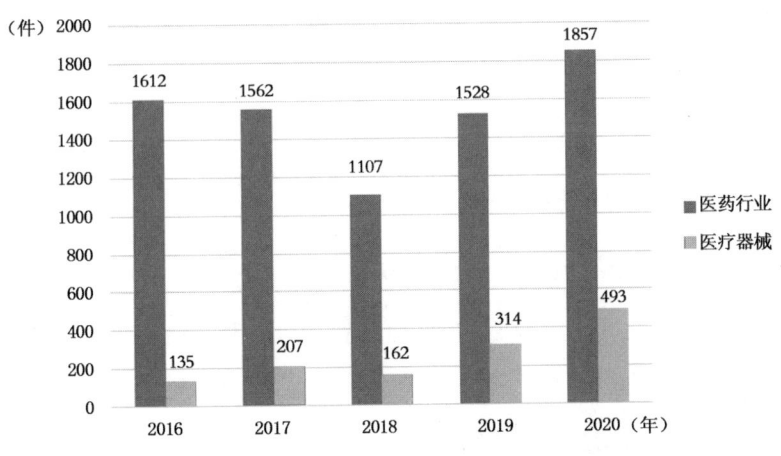

图1-1 "十三五"期间医疗器械相关政策发布情况

数据来源：中国药招联盟。

从发文机构分析涉医疗器械文件，药监部门发布数量最多，共计578件，占比44.1%；其次是招标采购部门，发布230件，占比17.5%；第三是医保部门，发布167件，占比12.7%；卫生部门、人民政府发文数分别为148件和95件，占比分别为11.3%和7.2%；多部门联合发文87件，占比6.6%。

医疗器械省级层面发布文件较多，共937件；前十的省份共发文403件，占比43%，依次是广东53件、安徽43件、北京42件、辽宁40件、湖北40件、广西38件、海南38件、山西37件、陕西36件、四川36件。

医疗器械政策文件可以分为宏观性文件、细则类、通知、通告、公告、年报、决定等七大类（见表1-1）。其中，通知、通告和细则类文件最多，占比82.6%。

表1-1 "十三五"期间医疗器械相关政策按文件性质统计（单位：件）

年份	通知类	通告	细则类	公告	年报	宏观性文件	决定
2016	65	13	36	18	2	1	—
2017	61	14	64	45	1	12	10
2018	89	9	47	11	3	3	—
2019	190	27	66	24	3	4	—
2020	231	28	144	72	2	0	16
合计	636	91	357	170	11	20	26
合计占比（%）	48.5	6.9	27.2	13.0	0.8	1.5	2.1

数据来源：中国药招联盟。

根据涉及产业链环节来看，医疗器械产业链分为研发环节、生产环节、流通环节及使用环节，"十三五"期间医疗器械文件覆盖全产业链的数量为693件，占比52.9%，其中研发环节政策发布数量260件、生产环节84件、流通环节168件、使用环节106件，占比分别为19.8%、6.4%、12.8%、8.1%。

二、"十三五"医疗器械领域政策

（一）科学规划产业，推进医疗器械产业升级换代

科技部联合国家发展改革委、工业和信息化部、民政部、原国家卫生计生委、食品药品监管总局、中医药局、军委后勤保障部等共同组织编制了《"十三五"医疗器械科技创新专项规划》，2017年5月26日，科技部办公厅印发了规划。规划明确了"十三五"期间医疗器械科技创新的指导思想、基本原则、发展目标、重点任务和保障措施，将着重突破1~3项原始创新技术，10~20项前沿关键技术，重点研发10~20项前沿创新、主流高端产品，培育8~10家大型医疗器械企业集团，建设8~10个医疗器械科技产业集聚区，提高国产医疗器械的核心竞争力，推动医疗器械产业的跨越式发展。

加快创新转型。在"十二五"的基础上，更加注重基础研究和原始创新，更加

重视带动医学模式变革、支撑健康医学发展的医疗器械发展,加快颠覆性、原创性技术突破,推动医疗器械科技创新从"跟跑"为主向"并跑""领跑"发展,掌握全球科技竞争的战略主动。

聚焦重大需求。突出临床急需,优先发展临床需求量大、医疗负担重、主要依赖进口的主流医疗器械产品和面向基层分级诊疗的重点产品;突出健康保障,加快发展个人健康管理等健康促进关键产品。

强化产业支撑。加快关键共性技术和核心部件突破,着力解决"卡脖子"的瓶颈问题和影响全局发展的短板问题;着力优化创新医疗器械产品的应用环境,促进普及普惠装备,实现创新驱动和需求拉动的合力发展。

加强品牌培育。加强科学评价与应用示范,制定创新产品目录,加大创新医疗器械产品的普及推广力度,着力培育一批创新型企业和创新品牌,形成品牌化发展的强力导向。

加速产业集聚。改革、营造有利于医疗器械产业发展的政策、金融、监管、学科交叉、医疗示范一体的创新激励、配套政策等产业发展生态环境,打造一批国际一流、链条完善、政策衔接、各具特色的医疗器械产业集群,促进产业集聚发展。

(二) 改革医疗器械招采政策,促进产业健康发展

2019年5月29日,中央全面深化改革委员会第八次会议通过了《关于治理高值医用耗材的改革方案》。会议提出,高值医用耗材治理关系到减轻人民群众医疗负担,要求按照带量采购、量价挂钩、促进市场竞争等原则探索高值医用耗材分类集中采购。完善全流程监督管理,净化市场环境和医疗服务执业环境,推动形成高值医用耗材质量可靠、流通快捷、价格合理、使用规范的治理格局,促进行业健康有序发展。

(1) 统一编码体系和信息平台。加强高值医用耗材规范化管理,明确治理范围,将单价和资源消耗占比相对较高的高值医用耗材作为重点治理对象。制定医疗器械唯一标识系统规则。逐步统一全国医保高值医用耗材分类与编码,探索实施高值医用耗材注册、采购、使用等环节规范编码的衔接应用。建立高值医用耗材价格监测和集中采购管理平台,加强统计分析,做好与医保支付审核平台的互联互通。建立部门间高值医用耗材价格信息共享和联动机制,强化购销价格信息监测。

(2) 实行医保准入和目录动态调整。建立高值医用耗材基本医保准入制度,实行高值医用耗材目录管理,健全目录动态调整机制,及时增补必要的新技术产品,退出不再适合临床使用的产品。逐步实施高值医用耗材医保准入价格谈判,实现

"以量换价"。建立高值医用耗材产品企业报告制度，企业对拟纳入医保的产品须按规定要求提交相关价格、市场销量、卫生经济学评估、不良事件监测等报告，作为医保准入评审的必要依据。建立高值医用耗材医保评估管理体系和标准体系。

（3）完善分类集中采购办法。按照带量采购、量价挂钩、促进市场竞争等原则探索高值医用耗材分类集中采购。所有公立医疗机构采购高值医用耗材须在采购平台上公开交易、阳光采购。对于临床用量较大、采购金额较高、临床使用较成熟、多家企业生产的高值医用耗材，按类别探索集中采购，鼓励医疗机构联合开展带量谈判采购，积极探索跨省联盟采购。对已通过医保准入并明确医保支付标准、价格相对稳定的高值医用耗材，实行直接挂网采购。加强对医疗机构高值医用耗材实际采购量的监管。

（4）取消医用耗材加成。取消公立医疗机构医用耗材加成，2019年底前实现全部公立医疗机构医用耗材"零差率"销售，高值医用耗材销售价格按采购价格执行。公立医疗机构因取消医用耗材加成而减少的合理收入，主要通过调整医疗服务价格、财政适当补助、做好同医保支付衔接等方式妥善解决。公立医疗机构要通过分类集中采购、加强成本核算、规范合理使用等方式降低成本，实现良性平稳运行。

（5）制定医保支付政策。结合医保基金支付能力、患者承受能力、分类集中采购情况、高值医用耗材实际市场交易价格等因素，充分考虑公立医疗机构正常运行，研究制定医保支付政策；科学制定高值医用耗材医保支付标准，并建立动态调整机制。已通过医保准入谈判的，按谈判价格确定医保支付标准。对类别相同、功能相近的高值医用耗材，探索制定统一的医保支付标准。医保基金和患者按医保支付标准分别支付高值医用耗材费用，引导医疗机构主动降低采购价格。

《改革方案》总结了以往药品、医疗器械领域招采的实践，对于统一的招采提出了要求。

（三）推行"两票制"，减少医疗器械流通的中间环节

为减少流通环节的层层盘剥带来的弊端，原国家卫生计生委、国家发展改革委等9部委联合印发《2016年纠正医药购销和医疗服务中不正之风专项治理工作要点》，从国家层面提出药品耗材"两票制"政策，并逐渐在全国进行推广与落实。"两票制"的设立一方面能有效减少产品从医药企业到医院的流通环节，提高效率，减少中间流程的加价，惠及患者；另一方面更利于政府对医药行业的监管工作，防止经销商以假货、次货恶性竞争，抢夺正规医药企业市场。

2018年3月20日，原国家卫生计生委发布《关于巩固破除以药补医成果持续深化公立医院综合改革的通知》，明确提出要逐步推行高值耗材购销"两票制"，其中涉及血管介入类、非血管介入类、骨科植入、神经外科、电生理类、起搏器类、体外循环及血液净化、眼科材料、口腔科、其他等十大类高值医用耗材。

目前已有20多个省市出台医疗器械"两票制"的相关文件，明确指出将开展医用耗材的"两票制"工作。其中多数省份如河北、陕西、福建、海南、辽宁等已经进入正式实施期。此外，尚未正式出台省级文件的地区也经由多个医改示范城市及示范县开始实施医疗器械"两票制"的试点工作，如湖北武汉、广东惠州、山西太原，以及江苏的泰州、南京、扬州、徐州等市都已成为各自省份内医疗器械"两票制"的试点地区。

鉴于医疗器械的产品种类多，不同产品的经销模式复杂，预计医疗器械行业"两票制"政策的实施会比药品行业用时更长，但医疗器械"两票制"模式的全国落实确实是大势所趋。随着两票制政策的全面实施，医药商业流通格局正在重构。

（四）推动医疗器械集中采购，地方试点取得成功

2018年12月7日，随着《4+7城市药品集中采购拟中选结果公示表》的发布，4+7城市集中采购（以下正文简称"4+7"）尘埃落定，降价幅度超预期引发业界沸沸扬扬讨论，也带给我们一些启示和深思。

国家层面的医疗器械集中采购政策最早可追溯至2000年国务院体改办等八部联合发布的《关于城镇医药卫生体制改革的指导意见》，提出要进行药品集中招标采购工作试点，开启了我国医药行业集中采购的先河。根据中国医疗器械行业发展报告，可将2000年以来医疗器械集中采购的发展历程分为四个阶段，各个阶段都有相关国家政策出台。经历了探索期、试点期、发展期，从2015年至今，进入第四阶段，即转型期。

这一阶段，力度大，涉及面广，各省发展特色集采模式，形成了多个集采联盟及多种采购方式。以2015年原国家卫生计生委发布《关于落实完善公立医院药品集中采购工作指导意见的通知》为起点，涉及分类采购、改进结算方式、加强配送管理、规范采购平台建设、对耗材进行成本效益评估等细化准则，奠定了国家在新阶段对耗材集采要求趋严，逐渐与药品同标准的趋势。

集采初始推广完成，深度与覆盖度较低。随着医改进入深水期，耗材集中采购已基本完成在省级范围的初始推广，截至2018年3月15日，我国31个省份中有29个省份已经启动了高值医用耗材十大类的省级集中采购，占所有省份的93.55%；其中已有24个省份全部完成，占所有省份的77.42%。此外，31省份中已有14省份启动了低值医用耗材的省级集中采购,占所有省份的 45.16%;10 省份启动了对检验试剂的省级集中采购,占所有省份的 32.26%。

在地级市范围,耗材集中采购的执行情况则受到政策变动等影响,尚处于初级阶段,推广率较低。我国 334 个地级市中,仅有 85 个地级市正在进行耗材集中采购项目,占地级市总数 25.45%;84 个地级市曾经进行耗材集采,但项目结束后便未继续开展;另有 165 个地级市从未进行过集采工作,占总数的 49.4%。由此可见,耗材集中采购尚且停留于部分城市,在全国范围的渗透深度不够,涉及的耗材种类多集中于高值耗材,其余种类的覆盖度不高。

(五) 推行疾病诊断相关分组,实施医保付费的科学管理

DRGs 中文译为疾病诊断相关分组(Diagnosis Related Groups,简称 DRGs),是 20 世纪 70 年代美国学者研发的一种管理工具,主要应用于短期住院医疗服务绩效评价及医保付费管理,目前在德国、法国等世界上很多国家广泛应用。

"DRGs 排名"形成之后,在政府对医院的绩效考核中,DRGs 分组方式可以帮助考察医院的安全、费用等多个指标是否合理。

原卫生部 2011 年即已出台文件,要求推广在医院评价中采用 DRGs 分组方式。文件指出,行政管理部门可以对不同的医疗机构、不同的诊疗专业进行较为客观的医疗质量、服务绩效评价比较,并应用于付费机制改革。当年,原卫生部在医院等级评审中引入了 DRGs 评价系统,从而令医院之间的医疗服务能力可"横向比较"。

据了解,这种利用被称作"DRGs"的疾病诊断相关分组方法,能将不同医疗机构中相似的病例分到同一个组别。基于这样的分组,卫生管理部门就可以在 DRGs 系统的帮助下,对不同的医疗机构进行较为客观的医疗服务绩效评价。

相比网络上众多"医院排名"而言,原北京市卫生计生委表示,"DRGs 排名"的专业性在于,它可以实现医疗服务能力、医疗服务效率和医疗安全三个方面的评价。而此前,针对医院的相关排名往往依据的是患者满意度等较为单一的因素。

据悉,这也是北京卫生部门首次发布基于 DRGs 的医院评价排名,在全国各省市也属率先尝试。在评价中还发现,北京协和医院诊疗疑难杂症患者数量最多,北医三院的管理效率最高,宣武医院的医疗安全做得最好。

"DRGs 排名"如何形成?对于推进 DRGs 收付费改革,国家相关部门早已划定路径图:全国统一版本、统一收付费规范、试点先行、以点带面、逐步扩大覆盖范围。

2017 年 6 月 2 日,原国家卫生计生委在深圳市召开 DRGs 收付费改革试点启动会,宣布3个城市和3家医院先行试点,包括:福建三明市、广东深圳市、新疆克拉玛依市,以及福建省医科大学附属协和医院、福州市第一医院、厦门市第一医院。3个城市的公立医院和3个省市级医院同步开展试点,形成"3+3"试点。

总体来看,医疗器械的"两票制"和带量采购是大势所趋。带量采购所带来的市场冲击和不确定性甚至大于两票制。"两票制"和带量采购给行业带来的变化是不同的,"两票制"是对行业价值链的某部分(主要是生产和销售这个小闭环内)各方责权利、风险和收益的重新分配,主要改变蛋糕的分法;而带量采购是改变行业的整体规模、性质和游戏规则,是从外部冲击行业,主要改变蛋糕大小和配方。企业一旦中标,"赢者通吃",可迅速占有大量市场份额,但必须给出最低的价格。企业中标后带来的确定性具有重大的价值,企业可以根据确定的销量更好地安排采购、生产、配备资源,节约管理成本,能够节省大量促销、流通等环节的费用,逐渐取缔回扣为主的销售驱动方式,回款周期也大大缩短。

第二节 《医疗器械监督管理条例》引领行业监管新阶段

2021年2月9日,新版《医疗器械监督管理条例》(以下简称《条例》)公布,并于2021年6月1日起施行。此次修订是继2000、2014、2017年后的第四次修订,修订幅度较大,增加了部分新内容,提出了一些新要求,引发行业广泛关注。本次修订将有力地促进医疗器械行业的科学监管,推动医疗器械产业发展。

一、新版《条例》修订背景

近十年来,我国医疗器械产业快速发展,保持着16%~20%的年复合增长率,现行管理制度和原《条例》已难以适应新形势和新发展需要,有必要从制度层面进一步改革,以促进医疗器械行业的健康和创新发展,满足日益增长的临床诊断、治疗的需求及人民群众对高质量医疗器械的期待。

2015年以来,党中央、国务院以问题为导向,针对医疗器械和药品审评审批制度提出了一系列改革思路,并进行了重大决策部署,出台了《国务院关于改革药品医疗器械审评审批制度的意见》(以下简称44号文);2017年10月,在前阶段实践的基础上,中共中央办公厅、国务院办公厅印发了《关于深化审评审批制度改革鼓励药品医疗器械创新的意见》(以下简称42号文),对深化医疗器械审评审批制度改革等工作提出了具体安排。

原《条例》相关内容已不能适应和满足上述两个文件，市场监管总局于2018年着手对《条例》进行修订，经社会各界广泛参与和认真讨论，由国务院常务会议审议通过；2021年2月9日，国务院正式公布。

此次《条例》修订，是对42号文、44号文要求及近五年医疗器械监管实践成果的法制化。正如在国务院新闻发布会上指出的，新《条例》突出强调了落实药品医疗器械审评审批制度改革要求，夯实企业主体责任；巩固"放管服"改革成果，优化审批备案程序，对创新医疗器械优先审批，释放市场创新活力；加强对医疗器械的全生命周期和全过程监管，提高监管效能；加大对违法行为的处罚力度，提高违法成本。

二、新版《条例》的特点和主要变化

新版《条例》的修订广泛借鉴了近年来《食品安全法》《药品管理法》《疫苗管理法》等的相关要求，共8章107条。较前一版新增27条、修改70条。

（一）新版《条例》的特点

新版《条例》特点有四个方面，一是"新"：增加了新制度、新机制、新方式，提升治理水平。二是"优"：简化优化了审评审批程序，对创新医疗器械予以优先审评审批。三是"全"：细化完善质量安全全生命周期责任。四是"严"：将注册人制度作为一项核心制度，进一步加大对违法违规行为的惩戒力度。

（二）新版《条例》的主要变化

新版《条例》变化较大，第一，最核心的是提出推动上市许可持有人制度全面实施，这是对监管制度本质上的改变。第二，将医疗器械创新纳入发展重点，提高自主创新能力，提出在科技立项、融资、信贷、招标采购、医保等方面予以支持，促进产业高质量发展。第三，优化审批和备案程序，对延续注册和临床试验实行默示许可。减少审批材料，允许企业提交自检报告；实行告知性备案、并联备案等；明确了免于临床评价的情形，提高企业注册申请的效率。鼓励医疗机构开展临床试验，将临床试验条件和能力评价纳入医疗机构等级评审；允许拓展性临床试验，对符合条件的正在开展临床试验的医疗器械，可免费用于其他病情相同的患者，其安全性数据可用于医疗器械注册申请。第四，实施附条件批准，加快产品上市，对用于治疗罕见疾病、严重危及生命且尚无有效治疗手段的疾病及应对公共卫生事件等急需的医疗器械优先审批。第五，为落实"四个最严"要求，提高违法成本，保障人民群众健康,大幅提高罚款幅度;对涉及质量安全的违法行为最高可处以货值金额 30 倍的罚款;加大行业和市场禁入处罚力度;增加"处罚到人"规定。对严重违法单位的法定代表人、主要负责人、直接负责的主管人员和其他责任人员,没收违法行为发生期间自本单位所获收入,最高可以并处 3 倍罚款,5 年直至终身禁止其从事相关活动。

(三) 新版《条例》新增内容

新版《条例》新增内容是历次修订中最多的,包括以下几点。

(1) 新增医疗器械监督管理基本原则"医疗器械监督管理遵循风险管理、全程管控、科学监管、社会共治的原则"。

(2) 新增地方政府医疗器械监管的领导责任"县级以上地方政府应当加强对本行政区域的医疗器械监督管理工作的领导,组织协调本行政区域的医疗器械监督管理工作以及突发事件应对工作,加强医疗器械监督管理能力建设,为医疗器械安全工作提供保障"。

(3) 新增鼓励和支持医疗器械创新,"国家制定医疗器械产业规划和政策,将医疗器械创新纳入优先发展重点,对创新医疗器械予以优先审评审批,支持创新医疗器械临床推广和使用,推动医疗器械产业高质量发展"。

(4) 新增医疗器械注册人、备案人及进口医疗器械代理人义务。

(5) 新增注册备案产品自检报告。

(6) 新增医疗器械附条件审批制度。

(7) 新增医疗器械紧急使用制度。

(8) 新增医疗器械临床试验伦理审查制度。

(9) 新增医疗器械拓展性临床试验管理制度。

(10) 新增医疗器械唯一标识制度。

(11) 新增医疗器械网络销售管理制度。

(12) 新增落实"放管服"改革的要求。

(13) 新增医疗机构研制试剂管理制度。

(14) 新增临床急需进口少量医疗器械管理制度。

(15) 强化注册人、备案人医疗器械不良事件监测责任。

(16) 新增注册人、备案人开展医疗器械再评价制度。

(17) 新增职业化专业化医疗器械检查员制度。

(18) 新增医疗器械延伸检查制度。

（19）新增医疗器械企业责任约谈制度。

（20）新增医疗器械行政责任约谈制度。

（21）新增违法行为处罚到人制度，增加违法行为处罚到自然人制度。

（22）提高财产处罚幅度。

（23）加大资格处罚力度。

（24）完善医疗器械临床评价制度。

（25）完善医疗器械临床试验管理制度。

（26）完善医疗器械委托生产制度。

（27）完善医疗器械复检制度。

三、注册人和备案人成为基本制度

新版《条例》明确了注册人、备案人的定义，是指取得医疗器械注册证或者办理医疗器械备案的企业或者研制机构；明确了医疗器械注册人和备案人在全生命周期质量管理中的主体责任，依法对医疗器械的安全性、有效性承担责任。

医疗器械注册人和备案人制度是"上市人许可制度"在医疗器械行业的应用，虽然与2019年8月出台的新版《中华人民共和国药品法》所称的上市许可人（Marketing Authorization Holder，MAH）制度名称不一致，但其本质是一样的。

医疗器械MAH制度的首次提出是2017年10月8日中共中央、国务院办公厅《关于深化审评审批制度改革鼓励药品医疗器械创新的意见》（厅字〔2017〕42号），文件明确提出允许研发机构和科研人员申请医疗器械上市许可，并对上市许可持有人的权利和义务、受托人的责任及上市许可持有人直接报告不良事件制度和医疗器械再评价制度等做了全面、概括性描述。

MAH是国际通行的药品和医疗器械上市、审批制度，MAH在医疗器械领域的完全落地可以更好地与世界接轨，具有一定的制度优势，可在一定程度上缓解我国目前"捆绑式"审批、监管模式下出现的问题，从源头上抑制企业的低水平重复建设，提高研发人员的积极性，激发市场活力，促进委托生产的繁荣，推进医疗器械产业的快速发展和变革。

2017年3月，国务院批准上海市先行先试医疗器械MAH；2018年5月，试点范围扩大到广东、天津；2019年2月，北京纳入试点，并鼓励北京市与京津冀地区的医疗器械生产企业协作互动，并首次提出了助推"注册+生产"跨区域产业链发展的要求；2019年8月，国家药品监督管理局发布了《关于扩大医疗器械注册人制度试点工作的通知》，将注册人制度试点工作扩大到辽宁、河北、河南、山东、黑龙江、江苏、浙江、安徽、福建、湖北、湖南、重庆、四川、广西、海南、云南、陕西省（自治区、直辖市）等21个试点地区，允许试点地区开展跨省委托生产，明确了注册人和受托生产企业的条件和责任义务，规定了产品注册、许可事项变更和生产企业许可、备案等相关办理程序，并提出了对注册人履行保证医疗器械产品质量、上市销售与服务、不良事件监测与评价及召回义务等方面的监管要求。

我国医疗器械注册人制度试点之前，在法规体系中医疗器械注册与生产属于"捆绑模式"，即注册与生产需要同一主体来完成，其弊端是大量掌握先进技术的科研人员、研发机构无力进行注册，大大影响创新研发力度和提高产品质量的热情，我国医疗器械行业发展受到较大制约。

经过近五年25个省份的医疗器械MAH试点，可以观察到解绑之后充分激发了研发人员的创新活力和转化能力，避免了过去要进行先期投入导致资金浪费的现象发生，且研发人员和机构可以与生产企业自由组合、自我选择，灵活度增加，医疗器械行业整体活力充沛，效率大增。我国医疗器械行业第三方服务平台CDMA也在政策的驱动下如雨后春笋般地出现并成长壮大。

新版《条例》的出台，标志着医疗器械注册人和备案人制度从前期的广泛试点阶段进入全面的落实和实施阶段，医疗器械的监管将有法可依，必将促进行业进入健康发展的快行道。

医疗器械注册人和备案人制度的建立不仅是产业监管模式的改革，更是国家近年来积极推进的产权制度改革在医疗器械行业的体现。李克强总理曾经说"产权制度是社会主义市场经济的基石。要以保护产权、维护契约、统一市场、平等交换、公平竞争为基本导向，完善相关法律法规。要用有力的产权保护、顺畅的要素流动，让市场活力和社会创造力竞相迸发"。新版《条例》的出台，一定会对医疗器械行业起到实现产权改革和破除制约的效果，使市场在资源配置中起决定性作用，发挥更大效用。

四、对医疗器械生产经营企业的影响和挑战

医疗器械注册人制度全面推行，对生产经营企业的营销环节的挑战无疑将是最大的。注册人和备案人制度彻底打破了各省（市）产品注册和生产许可"画地为牢"的局面，科学监管发挥出巨大的效能。新制度下，监管重点发生改变，注册人和备案人责任更加明确，成为被监管的主要对象，医疗器械全生命周期的监管效率大幅提高，改变了以往"重审批、轻监管"的管理模式。该制度允许委托、转让、

合作等方式，使得产品注册需求下降，为全国统一注册管理、集中审评审批带来便利，奠定了我国医疗器械审评审批制度改革的基础。科学监管方式的改变带来的是效率和效益的提升，成为产业发展的促动力量。新版《条例》明确了"医疗器械监督管理遵循风险管理、全程管控、科学监管、社会共治的原则"。科学监管的提出标志着医疗器械行业监管新时代的开启；科学监管坚持以问题为导向，以创新为引领，推进监管新工具、新标准和新方法的研究应用，将加快实现我国监管体系和能力的现代化；科学监管在解决了基本定位和发展目标后，重心就是运行机制的完善，不断提升管理的科学化、法治化、国际化、现代化水平。新条例为科学监管提供了良好的法治保障。

"科学监管"的同时必须进行"监管科学"的创新和进步。20 世纪 80 年代，美国提出监管科学的概念，他们认为监管科学是连接尖端科学技术和开发安全有效的新产品新疗法的纽带，在实践中取得了良好的效果；欧洲、日本等国家也分别于 20 世纪 90 年代和 21 世纪 00 年代启动了监管科学的应用。2019 年，我国国家药品监督管理局启动了药品、医疗器械、化妆品监管科学研究行动计划，拟通过监管工具、标准、方法等系列创新，经过 3～5 年的努力，启动一批监管科学重点项目，推出一批药品审评与监管新制度、新工具、新标准、新方法，加快实现治理体系和治理能力的现代化。

除注册人制以外，优先审评审批制度将激发行业发展的活力，加速行业的发展，促进医疗器械行业"黄金十年"从量到质的发展。如将医疗器械创新纳入发展重点，对创新医疗器械予以优先审评审批，支持创新医疗器械推广和使用；完善医疗器械创新体系，在科技立项、融资、信贷、招标采购、医保等方面给予支持，提高自主创新能力。

实施医疗器械电子身份证唯一标识（以下简称 UDI），也是值得企业关注的一项重要工作。UDI 是对医疗器械研制、生产、经营、使用全生命周期进行管理，加强科学监管和落实监管科学的基础。

落实"放管服"，简化优化医疗器械临床评价制度，将激发企业的创新活力。如对于非临床评价能够证明其安全有效，则可免于进行临床评价；临床评价可以通过对同品种医疗器械临床文献资料、临床数据进行分析评价；不足以确认产品安全、有效的医疗器械，应当开展临床试验。对临床试验实施由"明示许可"改为"默示许可"。

为落实"四个最严"要求，保障人民群众健康，给守法企业营造公平的竞争环境，大大提高违法成本，严惩违法行为。对涉及质量安全的违法行为，最高可以处货值金额 30 倍的罚款。加大行业和市场禁入处罚力度，视违法情节对违法者处以吊销许可证件、一定期限内禁止从事相关活动、不受理相关许可申请等处罚。"处罚到人"，对严重违法单位的相关责任人员处以没收收入、罚款、五年直至终身禁止从事相关活动等处罚。

第三节 医用耗材集中带量采购概况及对医疗器械供应链的影响

一、我国医疗器械领域集采进程

我国医疗器械领域集中采购的全面推行与药品的集中采购同步自 2000 年正式启动，至今已经有 20 年的历史。近两年，医疗器械集采改革节奏加快，全国多地聚焦高值耗材、医疗设备、体外诊断等领域产品，开展以量换价，落实具体行动。

目前，全国所有省份均已独立或以加入省际联盟的形式开展医用耗材集中带量采购工作。据中国医疗保障统计，截至 2021 年 5 月下旬，全国共开展了 79 次医用耗材带量采购工作（含未产生中选结果的项目），其中，国家组织 2 批次，省际联盟采购 12 批次，省级独立开展 20 批次，地方级联盟采购 21 批次，地市独立开展 24 批次，共覆盖 69 个品种，如表 1-2 所示。

表 1-2 各层级医用耗材带量采购项目与品种数量汇总

层级	国家级	省际联盟	省级	地市联盟	地市
项目数量	2	12	20	21	24
产品种类数量	3	8	20	29	46

数据来源：中国医疗保障。

部分省份已经多次开展省级或省级联盟集采，其中青海、河南和山西各 6 次，江苏、重庆、贵州、海南和宁夏各 5 次。省级以上医用耗材集采项目覆盖 21 个品种，平均每个省份开展集采医用耗材品种数为 8.5 个（含国家组织集采品种），有 8 个省份集采品种数超过 10 种，其中江苏和福建各 13 种，青海和河南各 12 种，山西、贵州、重庆和云南各 11 种。覆盖省份最多的集采品种为冠脉球囊，覆盖全国 30 个省份，另外人工晶体品种覆盖 29 个省份，如表 1-3 所示。

表 1-3　省级医用耗材带量采购（含省际联盟）批次数、品种数、具体品种汇总

序号	省份	省级集采批次数	品种数量	覆盖品种统计（含国家组织集采品种）
1	江苏省	5	13	冠脉球囊、冠脉支架、胶片、人工髋关节、人工膝关节、人工晶体、人工硬脑（脊）膜补片、疝修补材料、吻合器、心脏起搏器、新冠肺炎病毒检测试剂、冠脉导引导丝、冠脉导引导管
2	福建省	2	13	补片、超声刀、冠脉球囊、冠脉支架、留置针、人工髋关节、人工膝关节、人工晶体、吻合器、心脏起搏器、一次性套管穿刺器、镇痛泵、新冠肺炎病毒检测试剂
3	青海省	6	12	骨科创伤类、冠脉导引导丝、冠脉球囊、冠脉支架、留置针、人工髋关节、人工膝关节、人工晶体、输液器、心脏起搏器、新冠肺炎核酸检测耗材、新冠肺炎病毒检测试剂
4	河南省	6	12	补片、骨科创伤类、冠脉球囊、冠脉支架、胶片、留置针、人工髋关节、人工膝关节、人工晶体、吻合器、新冠肺炎核酸检测耗材、新冠肺炎病毒检测试剂
5	山西省	6	11	补片、骨科创伤类、冠脉导引导丝、冠脉球囊、冠脉支架、胶片、人工髋关节、人工膝关节、人工晶体、吻合器、新冠肺炎病毒检测试剂
6	贵州省	5	11	补片、骨科创伤类、冠脉导引导丝、冠脉球囊、冠脉支架、胶片、人工髋关节、人工膝关节、人工晶体、吻合器、新冠肺炎病毒检测试剂
7	重庆市	5	11	补片、骨科创伤类、冠脉球囊、冠脉支架、胶片、人工髋关节、人工膝关节、人工晶体、吻合器、新冠肺炎核酸检测耗材、新冠肺炎病毒检测试剂
8	云南省	3	11	补片、骨科创伤类、冠脉球囊、冠脉支架、胶片、人工髋关节、人工膝关节、人工晶体、吻合器、新冠肺炎核酸检测耗材、新冠肺炎病毒检测试剂
9	陕西省	4	9	冠脉球囊、冠脉支架、留置针、泡沫敷料、人工髋关节、人工膝关节、人工晶体、新冠肺炎核酸检测耗材、新冠肺炎病毒检测试剂
10	宁夏回族自治区	5	9	骨科创伤类、冠脉导引导丝、冠脉球囊、冠脉支架、人工髋关节、人工膝关节、人工晶体、新冠肺炎核酸检测耗材、新冠肺炎病毒检测试剂
11	湖南省	4	9	骨科创伤类、冠脉球囊、冠脉支架、人工髋关节、人工膝关节、人工晶体、吻合器、新冠肺炎核酸检测耗材、新冠肺炎病毒检测试剂
12	河北省	4	9	冠脉球囊、冠脉支架、留置针、人工髋关节、人工膝关节、人工晶体、输液器、新冠肺炎病毒检测试剂、创伤骨科

续　表

序号	省份	省级集采批次数	品种数量	覆盖品种统计（含国家组织集采品种）
13	山东省	2	9	补片、冠脉球囊、冠脉支架、人工髋关节、人工膝关节、人工晶体、心脏起搏器、一次性套管穿刺器、新冠肺炎病毒检测试剂
14	海南省	5	8	冠脉导引导丝、冠脉球囊、冠脉支架、人工髋关节、人工膝关节、人工晶体、新冠肺炎核酸检测耗材、新冠肺炎病毒检测试剂
15	江西省	4	8	骨科创伤类、冠脉球囊、冠脉支架、人工髋关节、人工膝关节、人工晶体、新冠肺炎核酸检测耗材、新冠肺炎病毒检测试剂
16	广西壮族自治区	4	8	骨科创伤类、冠脉球囊、冠脉支架、人工髋关节、人工膝关节、人工晶体、新冠肺炎核酸检测耗材、新冠肺炎病毒检测试剂
17	湖北省	2	8	骨科创伤类、冠脉球囊、冠脉支架、胶片、人工髋关节、人工膝关节、输液器、新冠肺炎病毒检测试剂
18	甘肃省	3	7	冠脉导引导丝、冠脉球囊、冠脉支架、人工髋关节、人工膝关节、人工晶体、新冠肺炎病毒检测试剂
19	广东省	3	7	冠脉球囊、冠脉支架、人工髋关节、人工膝关节、人工晶体、新冠肺炎核酸检测耗材、新冠肺炎病毒检测试剂
20	内蒙古自治区	3	7	冠脉导引导丝、冠脉球囊、冠脉支架、人工髋关节、人工膝关节、人工晶体、新冠肺炎病毒检测试剂
21	辽宁省	3	7	冠脉导引导丝、冠脉球囊、冠脉支架、人工髋关节、人工膝关节、人工晶体、新冠肺炎病毒检测试剂
22	吉林省	3	7	冠脉导引导丝、冠脉球囊、冠脉支架、人工髋关节、人工膝关节、人工晶体、新冠肺炎病毒检测试剂
23	黑龙江省	3	7	冠脉导引导丝、冠脉球囊、冠脉支架、人工髋关节、人工膝关节、人工晶体、新冠肺炎病毒检测试剂
24	四川省	3	7	冠脉导引导丝、冠脉球囊、冠脉支架、人工髋关节、人工膝关节、人工晶体、新冠肺炎病毒检测试剂
25	西藏自治区	3	7	冠脉导引导丝、冠脉球囊、冠脉支架、人工髋关节、人工膝关节、人工晶体、新冠肺炎病毒检测试剂
26	安徽省	2	7	冠脉支架、脊柱骨科、人工髋关节、人工膝关节、人工晶体、心脏起搏器、新冠肺炎病毒检测试剂
27	北京市	2	6	冠脉球囊、冠脉支架、人工髋关节、人工膝关节、人工晶体、新冠肺炎病毒检测试剂
28	天津市	2	6	冠脉球囊、冠脉支架、人工髋关节、人工膝关节、人工晶体、新冠肺炎病毒检测试剂

续 表

序号	省份	省级集采批次数	品种数量	覆盖品种统计（含国家组织集采品种）
29	新疆维吾尔自治区（含兵团）	2	6	冠脉导引导丝、冠脉球囊、冠脉支架、人工髋关节、人工膝关节、人工晶体
30	上海市	1	6	冠脉球囊、冠脉支架、人工髋关节、人工膝关节、人工晶体、新冠肺炎病毒检测试剂
31	浙江省	1	5	冠脉球囊、冠脉支架、人工髋关节、人工膝关节、新冠肺炎病毒检测试剂

数据来源：中国医疗保障。

二、我国高值耗材集中带量采购发展概述

随着老龄化的加剧及公众生活水平的提高，高值医用耗材的需求量逐年增加，为保障公众健康作出了重大的贡献。与此同时，高值医用耗材价格治理关系到人民群众的医疗负担和健康权益，高值耗材价格虚高成为国家和社会各界关注的热点。高值耗材带量采购主要政策如表1-4所示。

表1-4 高值耗材带量采购主要政策

发文时间	文件名	发文机构	内容
2013年	《高值医用耗材集中采购工作规范》	原卫生部等6部门	"以政府为主导、以省（区、市）为单位开展网上高值医用耗材集中采购工作"
2016年	《深化医药卫生体制改革2016年重点工作任务》	国务院办公厅	"进一步推进高值医用耗材集中采购……为调整医疗服务价格腾出空间"
2019年	《国务院办公厅关于印发治理高值医用耗材改革方案的通知》	国务院办公厅	强调"按照带量采购、量价挂钩、促进市场竞争等原则探索高值医用耗材分类集中采购"
2020年7月23日	《关于印发深化医药卫生体制改革2020年下半年工作任务的通知》	国务院	提出要完善药品耗材采购政策，开展高值医用耗材集中采购试点。
2020年10月16日	《关于发布国家组织冠脉支架集中带量采购文件（GH-HD2020-1）的公告》	国家组织高值医用耗材联合采购办公室	明确了采购品品种及意向采购量等详细信息，国家级带量采购已经从筹备阶段进行到了正式启动阶段。

续 表

发文时间	文件名	发文机构	内容
2020年 11月11日	《关于加强国家集中带量采购中选冠脉支架质量监管工作的通知》	药监局	强调严格落实监管责任，切实保证集中带量采购冠脉支架的质量安全。
2020年 12月17日	《关于国家组织冠脉支架集中带量采购和使用配套措施的意见》	医保局	进一步完善挂网和配送体系，做好医保支付政策衔接，要求医院及时回款。

国家政策总纲领发布后，带量采购从地方开始试点，陆续在全国各省份落地。2019年12月5日，《国家医疗保障局对十三届全国人大二次会议第1209号建议的答复》公布，在"关于重点高值耗材国家集中采购的建议"部分，国家医保局表示，下一步将选取重点品种实施带量采购试点工作，这也标志着拉开了高值耗材全国集中带量采购的序幕。

三、高值耗材带量采购对医疗器械供应链的影响

（一）对医疗机构影响

首先，各品牌支架价格水平基本一致，性价比不高的品种可能难以完成分配采购量。其次，国采支架和地方球囊带量采购后的平均降幅在90%左右，医疗机构耗占比将大幅降低。支架价格大幅下降，理论上也有助于遏制滥用情况的发生，部分医院之前存在支架不当使用的现象将得以改善。同时，执行期间医院的现金流水减少，资金周转难度加大，对医院的财务管理提出了更高的要求，但预期在年末结余留用等配套政策落实后，医院所获利润将有所增加。此外，冠脉支架带量采购可能会对医院心内诊疗技术发展产生影响。

同时，高值耗材带量采购对医生执业也有一定影响。医生在执行初期，医生普遍担心产品厂牌更换的适应程度及产品质量，由于冠脉支架带来的利益大幅减少，高职称医生收入大幅下降，年轻医生收入影响相对较少，部分医生群体存在不满情绪，认为劳动价值没有得到体现。预期可能会存在术式转换和品类代替现象，且监测难度较大。企业支持的学术活动有所减少，心内科医生做介入手术的积极性降低，学科发展或有所放缓。

（二）对患者端影响

《中国心血管健康与疾病报告（2019）》显示，中国心血管病患病人数超过

3亿人，占居民疾病死亡构成的45%以上，居各疾病之首；冠心病患者超过1000万人，年新增病例超300万，突发梗死患者超100万，2019年全国使用冠脉支架的冠心病患者约100万。在政策执行前，部分择期PCI（Percutaneous Coronary Intervention，经皮冠状动脉介入治疗）患者延至2021年手术，年初手术量较多。患者的手术费用结构产生较大变化，耗材占比降低，配套产品出现价格倒挂。患者普遍赞赏国家改革政策，负面评价主要为担忧产品质量和质疑前期医生收取高回扣，可能影响到医患关系。

（三）对产业和生产企业影响

高值耗材带量采购是我国医疗体制改革大政策背景下的具体实施方式，冠脉支架作为首个试点全国集采的高值耗材品种，带量采购结果不可逆转地在全国范围内迅速铺开，降低高值耗材高价格的效果立竿见影，也将会重塑整个产业链，生产企业面临洗牌。冠脉支架行业告别无序竞争，龙头企业有望得到长期稳定发展。产品线丰富的大企业，抗风险能力强，能消化带量采购降价带来的压力；未中选的小企业发展艰难、存在被淘汰的风险。集采大势所趋，倒逼企业转型创新，普遍加大了研发投入，并优化研发项目。对于市场导入期的品种，通过带量采购能快速占领市场；未中选的进口品种或将退出中国市场；可降解支架、药物球囊、切割球囊等新品种或将加速使用。

国采规则下，支架的利润大幅缩水，生产企业积极应标，先中选以求生存，再谋求长期发展。冠脉支架企业的医生培训、学术会议等支持活动减少，或改为低成本的线上会议等方式，此外免费更换损耗产品、协助处理医患纠纷等配套服务也有所减少。在执行期间，由于库存及备货政策较为严格，且部分企业存在生产线投产准备不足，产生了短缺现象，企业的压货成本也有所增加。

（四）对经销和配送企业影响

由于冠脉支架品种价格大幅下降，加之配送点数缩减，经销和配送企业的销售收入和利润减少，配送成本有所增加。由于缩短了回款周期，配送企业资金成本压力减轻，且政策执行严格，以往的货款拖欠现象显著缓解。在带量采购的趋势下，经销及配送企业也在积极调整战略，加快集中配送，使战略扩张+战略防守双管齐下，同时优化经销模式和开展配套服务。

四、冠脉支架和人工关节带量采购概况

（一）冠脉支架带量采购概况

2020年5月7日，国家医保局发布《关于上报2019年三类医用耗材采购情况

的通知》，要求省级平台报送冠脉支架、冠脉球囊、人工晶体三类产品2019年采购价格和采购量。组织各联盟医疗机构完成历史报量和未来需求量的整体集采用量的统计工作后，9月14日，国家医保局会同有关部门在天津组织召开国家组织高值医用耗材集中采购和使用工作启动会，确定冠脉支架为首批带量采购品种。10月16日，国家组织高值医用耗材联合采购办公室发布《国家组织冠脉支架集中带量采购文件（GH-HD2020-1）》，按照"国家组织、联盟采购、平台操作"的总体思路，组织实施冠脉支架集中带量采购。

11月5日，采购结果公开，共有11家企业参与投标，我国境内注册上市的26个冠脉支架产品参加。通过竞争，产生拟中选产品10个，分属于山东吉威、易生科技、微创、乐普、美敦力等8家企业。经过本次集采，支架价格从均价1.3万元左右下降至700元左右。医疗机构临床常用的主流产品基本中选，覆盖医疗机构意向采购量的70%以上。与2019年相比，相同企业的相同产品平均降价93%，国内产品平均降价92%，进口产品平均降价95%，按意向采购量计算，预计节约109亿元。2021年1月1日起，冠脉支架带量采购结果在全国范围内执行。

（二）人工关节带量采购概况政策要点分析

在2020年11月国家冠脉支架带量采购和使用实践的基础上，按国家医保局等八部门《关于开展国家组织高值医用耗材集中带量采购和使用的指导意见》（医保发〔2021〕31号）要求，以及国家组织、联盟采购、平台操作的总体思路，国家医保局组织第二批高值医用耗材（人工关节）带量采购工作。国家组织高值医用耗材联合采购办公室分别于2021年6月21日和2021年8月23日发布国家组织人工关节带量采购1号和2号公告，在尊重临床习惯、保证供应、鼓励竞争、兼顾产业可持续发展等方面，均有不少创新和亮点，体现了决策者的精细设计和良苦用心。

髋膝关节国家带采政策具有如下特点：

1. 关节带采规则在尊重临床使用习惯、保证产品供应、促进竞争和兼顾产业可持续发展等四方面较好地实现了均衡。

（1）尊重临床习惯：产品系统的报量、选量、分量均完全由医疗机构按产品品牌自主确定，最大程度上尊重了临床选择和习惯。

（2）保证产品供应：多家中选、供应地区/全国供应承诺；明确了伴随服务的内涵及费用，将有助于中选品种的顺利供应。

（3）促进竞争：减少分组，不分国产进口品种，髋关节根据组件材质分三类、膝关节不分类；最低价中选品种获得全部采购量，价格最高的中选品种不能参与剩余采购量分配，均一定程度上鼓励了价格竞争。

（4）兼顾产业发展：根据临床需求量及企业产能分A、B组，相比于按国产进口、市场份额、产品价格等分组，更符合产业现状。此外采购量大、技术水平高的A组品种只要价格足够低就可以避免出局。这些措施，给规模大、技术好、成本控制优良的企业更多的发展机会。

2. 明确产品价格项目，引导企业基于成本构成，规范定价、合理报价，也有利于采购部门复核及掌握更多价格和成本信息。

3. 建立和未中选产品系统的价格关联机制：未中选产品系统组件含有的中选部件执行中选价，从而将降价效果延伸到其他含有中选组件的未中选系统，产生降价溢出效应。

（三）两次集中带量采购主要情况

通过对两次集中采购的采购范围、采购品种、采购主体、采购周期、约定采购量等信息进行梳理，详细情况见表1-5。

表1-5 冠脉支架、骨科关节国采政策要点对比

	冠脉支架	骨科关节
进展	2019年8月起，江苏、山西开展支架类带量采购，平均降幅50%左右；2020年4月起筹划全国带量采购，11月5日开标，2021年1月起落地执行。	2019年9月起，江苏、福建、安徽、浙江、青海、山东陆续开展关节类带量采购，平均降幅50%~85%；2021年4月1日，国家联采办开展信息采集工作；4月15日，发布征求意见；分别于6月21日和8月23日发布国家组织人工关节带量采购1号和2号公告，公示采购规则；9月14日开标，预计9月底前公示中选结果。
采购范围	全国	全国
采购品种	雷帕霉素及其衍生物，钴铬/铂铬合金（不含不锈钢），非聚四氟乙烯药物涂层。	初次置换人工全髋关节、初次置换人工全膝关节。
采购主体	公立及军队医疗机构要求参加，医保定点民营医院自愿参加。	公立及军队医疗机构要求参加，医保定点民营医院自愿参加。
采购周期	2年	2年
约定采购量	医院报送采购需求，首年意向采购总量为107万个。	意向采购量为参加本次集中带量采购的医疗机构报送各产品系统采购需求量的90%，其中髋关节30.55万个（包括陶对陶12.68万个、陶对聚14.28万个、金对聚3.60万个），膝关节23.20万个，报量数据略低于行业80万套左右使用量。

续表

	冠脉支架	骨科关节
约定采购量比例（%）	80	90
产品系统规定	无	1. 髋关节：柄、头、衬、杯各1件+螺钉2枚； 2. 膝关节：股骨髁、胫骨垫片、胫骨平台、髌骨假体各1件。
产品分组	不分组	髋关节分为陶对陶、陶对聚、金对聚3组，膝关节不分组。
限价	2850元（江苏省采最低价）	全陶、半陶、金对聚、全膝关节假体最高有效申报价分别为1.9万、1.8万、1.6万、1.9万元。
报价组成	产品价格	强调需包含产品价格、配送费用、使用费用、伴随服务费用，消毒费由医疗机构承担。
竞价分组	不分组	A组（大组）：同时满足3个条件，产品需求量前85%的企业、满足全部地市采购需求、陶对聚和金对聚的髋臼内衬至少有一个为高交联聚乙烯材质； B组：其他。
中选规则	竞价，产品排名前10名首先入围，入围产品符合以下条件之一的，获得拟中选资格：1. 申报价≤最低产品申报价1.8倍的；2. 申报价>最低产品申报价1.8倍，但低于2850元的。	竞价，等额或差额淘汰； 防止价格倒挂，陶对陶低于陶对聚或金对聚的最高中选价、或是陶对聚低于金对聚的最高中选价，也可增补中选； 等额（1~2家）或差额（3家及以上）多家中选的方式。 竞价比价价格不高于本产品系统类别最高有效申报价50%，即报价低于9500、9000、8000、9500元，在满足淘汰率前提下，即可中标。 对于A组淘汰企业，如满足拟中选条件二或三，可复活：①A组竞价比价价格不高于B组最高拟中选企业竞价比价价格，且A组竞价比价价格不高于最高有效申报价的50%；②全陶不高于半陶或金对聚最高拟中选企业竞价比价价格。
淘汰企业数量规则	17进10	1~2家不淘汰； 申报企业数量2<n<10，最多入围企业数量=n-1； 申报企业数量10≤n<13，最多入围企业数量=n-2； 最多入围企业数量随申报企业数量增长而增长，申报企业数量n≥33时，最多入围企业达24家

续 表

	冠脉支架	骨科关节
分量规则	最低价分配量不少于10%，剩余量由医院按以下规则自主决定：本医院报送过需求的中选产品，或比本医疗机构报送过需求的最低价中选产品价格更低的中选产品，或排名为前5名的中选产品。	最低价可保证所有需求量，其他产品保证一定比例的量，剩余量由医院自行选择，但不可选择最高价产品；分两步确定医疗机构的协议采购量：最低价中选的产品系统获得全部采购需求量；其他的获得一定比例的意向采购量；剩余量由未中选企业的量及中选产品未分配的意向采购量组成，由医疗机构再选择，但不得选择最高价品种。中选企业按价格由低到高分配意向采购量，拟中选企业排名第一至第五分配的协议采购量占医疗机构采购需求总量的比例分别为100%、90%、85%、80%、75%，第6名及以上分配70%。
降幅	平均降幅93%，最高降幅96%。	未开标，预计90%以上。

第四节　UDI 实施现状与发展趋势分析

一、国外 UDI 实施现状

医疗器械唯一标识（UDI，Unique Device Identification）作为医疗器械全球通用的身份信息，在大数据时代也是全球医疗器械监管的通用语言。UDI 的实施为创新和提升监管效能提供了有力的抓手，让医疗器械的安全可追溯成为可能，助力医疗器械产业高质量发展。

美国早在 2007 年率先发布《FDA 修正案》确立 UDI 系统的立法依据，是首个在国家层面，由政府以法规形式实施医疗器械唯一标识系统工作的国家。2012 年《FDA 安全和创新法案》发布 UDI 实施时间表，预计通过 7 年的时间分阶段逐步实施 UDI。截至 2020 年，美国 II、III 类产品已经全部实施 UDI。

欧盟于 2013 年发布了 UDI 系统通用框架的建议，旨在欧盟区内实施 UDI，2017 年 5 月，欧盟发布实施 UDI 的医疗器械的法规（MDR），法规中明确指出：从 2021 年开始，欧盟国家将通过 6 年时间逐步实施 UDI，实现全品类覆盖，医疗器械产品须持有 UDI 才能进入欧盟市场。欧盟委员会原计划于 2020 年 5 月 26 日对首批 III 类医疗器械实施 UDI，其他产品按照是否为 IVD（In Vitro Diagnostic，体外诊断）产品和风险等级，分阶段逐步实施 UDI。受新冠肺炎疫情影响，欧盟将 MDR 的生效时间延后一年至 2021 年 5 月 26 日，第一批产品的实施时间相应修改为新的 MDR 生效时间。

与其他国家通过颁布法规来推动 UDI 发展模式不同，日本是以通知的形式对 UDI 实施提出要求，2008 年 3 月发布《关于对医疗器械等的条形码显示实施的通知》（医政经发第 0328001 号），主要目的是提高物流和医保结算的效率。自通知发布后 3 年时间内按照风险等级分步推进。日本以通知的形式提出了 UDI 相关要求，主要是靠配送、销售和医保报销结算等后方环节推动。

全球医疗器械协调工作组（GHTF，The Global Harmonization Task Force），早在 2008 年也专门建立 UDI 特别工作组，并于 2011 年 9 月通过了《医疗器械唯一标识系统指南》（以下简称《指南》）。2012 年，国际医疗器械监管机构论坛（IMDRF，International Medical Device Regulator Forum）创建，代替了 GHTF，并在《指南》的基础上补充完善通过了《医疗器械唯一标识系统拟定规则》，2017 年 IMDRF 第 12 次管理委员会会议，批准通过了《UDI 应用指南》，为全球实施 UDI 提供了一个公认的技术框架建议，共同指导 2013 年《指南》的实施，有助于各方无差别地识别特定的医疗器械。

目前，UDI 在 IMDRF 全新的全球框架下继续予以实施，并在美国、欧盟和日本等发达国家和地区得到了积极推进。除以上国家或地区外，越来越多的国家或地区，如印度、韩国等也陆续发布了 UDI 相关法规，未来几年将会是全球 UDI 实施高峰期。

二、国内 UDI 实施现状

我国的 UDI 在 IMDRF 的 UDI 框架下不断地探索和尝试中前进。2012 年 1 月 20 日，国务院印发《国家药品安全"十二五"规划》，要求启动高风险医疗器械国家统一编码工作。2014 年 3 月 7 日，国务院发布的《医疗器械监督管理条例》第三十二条规定，国家鼓励采用先进技术手段进行医疗器械销售和使用情况记录。2017 年 2 月 14 日，国务院发布的《"十三五"国家药品安全规划》，明确提出"构建医疗器械编码体系，制定医疗器械编码规则"。2018 年 2 月，原国家食品药品监督管理总局公开征求《医疗器械唯一标识系统规则（征求意见稿）》意见。2018 年 12 月，国家药监局发布《医疗器械唯一标识基本要求》。

2019 年 5 月，国务院办公厅发布《关于印发深化医药卫生体制改革 2019 年重点工作任务的通知》，提出制定 UDI 系统规则，探索实施高值医用耗材注册、采购、使用等环节规范编码的衔接应用。2019 年 7 月，国务院办公厅印发《治理高值医用耗材改革方案》，明确制定《医疗器械唯一标识系统规则》。同时，2019 年 7 月，国家药监局、国家卫健委联合印发《医疗器械唯一标识系统试点工作方案》，这标志着我国 UDI 系统试点工作正式启动。

试点期始，国家药监局在 2019 年 7 月—8 月密集发布《医疗器械唯一标识系统基础术语》《医疗器械唯一标识系统规则》，明确提出医疗器械唯一标识系统包含：医疗器械唯一标识、唯一标识数据载体、唯一标识数据库，三者共同组成医疗器械唯一标识系统，这些标准的发布对实践工作起到重要的技术指导作用。

试点期中，全国 116 家医疗器械生产企业和经营企业及 108 家医疗机构参与试点，试点品种涉及植入介入类高风险医疗器械 65 个品种；试点期原计划于 2020 年 7 月结束，受新冠肺炎疫情的影响，延长至 2020 年 12 月，并且试点品种扩大至 69 个品种。在《国家药监局 国家卫生健康委 国家医保局关于深入推进试点做好第一批实施医疗器械唯一标识工作的公告》（2020 年 第 106 号）中指出第一批次 UDI 实施时间为 2021 年 1 月 1 日，明确实施品种为试点品种的九大类、69 种医疗器械产品。在 2021 年 7 月国家药监局综合司公开征求《关于做好第二批实施医疗器械唯一标识公众的公告（征求意见）》，初步确定 2022 年 3 月 1 日起对第三类医疗器械全面实施 UDI 管理。

截至 2021 年 8 月，国家药监局联合国家卫生健康委、国家医保局已基本建立健全 UDI 法规标准体系，搭建 UDI 数据平台，实现 UDI 创建、赋予及数据上传下载和共享功能；积极推动 UDI 系统试点的"三医联动"模式，截至 2020 年 12 月下旬，在国家 UDI 数据库中生产企业共享数据约 33 万条，涉及 21 大类医疗器械。从器械品种数据看，无源植入器械 2.5 万条，神经和心血管手术器械 3.2 万条，眼科器械 1.6 万条；从各省（市）提交的数据来看，上海、天津、山东、北京、江苏等地区企业提交的数据位居前列。2020 年 11 月，国家医保局组织集中采购的 10 个冠脉支架产品，均赋有 UDI 并上报数据库。

虽然，目前国家官方层面未出台详细的 UDI 实施规范，但是，UDI 推进实施过程中，为了驱动 UDI 应用的关键环节——医疗机构 UDI 的落地及实施，由国家药监局信息中心（UDI 数据库建设单位）联合国内医疗器械流通龙头企业——中国医疗器械有限公司协同建设"UDI 服务公益平台"，该平台作为唯一官方参与指导发布的信息化工具，为医疗机构导入 UDI 的管理提供了可执行的实践指导，该平台汇集了国家药监局 UDI 数据库和国药器械的大数据库，最大程度释放和使用医疗器械行业数据资源来指导 UDI 的实施，该平台在国家药监局信息中心的官网"中国医疗器械信息网"首页可注册使用，医疗机构可借助此工具对院内数据进行规范化治理及 UDI-DI 对码等，开启 UDI 落地的第一步。

2020 年各地 UDI 推进的部门也在国家药监局的指导下持续发力：福建省药监局形成医药、医疗和医保"三医联动"推进的工作机制，为试点工作的开展提供有效的组织保障；上海市药监局探索覆盖医疗器械全生命周期 UDI 试点；天津市药监局积极探索 UDI 在卫健、医保等领域的衔接应用，助推"三医联动"。2021 年，更多的省（区、市）加入"三医"联合推动 UDI 实施中来，积极探索辖区内全域试点，拓展 UDI 的衔接应用。

三、UDI 实施对供应链各主体影响

医疗器械唯一标识工作的实施，标志着我国医疗器械监管体系向科学化、法治化、国际化和现代化迈出了重要一步。医疗器械唯一标识系统工作的推进从国家层面建立医疗器械 UDI-DI 数据库，为每一个医疗器械赋予身份证，在供应链各环节中实现生产、经营、使用的数据共享和互认，医疗器械供应链条逐渐透明化、可视化，提升了产品的可追溯性，对于净化市场、优化营商环境、提升医疗服务质量，助力医疗器械产业转型升级和健康发展将起到积极作用，也有利于创新监管模式和提升监管效能。

UDI 的实施对参与供应链的各主体影响颇大，对生产企业来讲，实施 UDI 最大的益处是可以提高供应链效率，结合了自动识别技术的 UDI 可以更准确、更快速地交付产品，并改善质量控制，也能够更有效、更全面地实施召回。经销企业也可以通过 UDI 提高物流管理效率，通过计算机系统自动识别产品，可简化经销流程。对于医疗器械最终的使用环节医疗机构来讲，其是 UDI 实施最终的受益落脚点，无论是院内医疗器械供应的精细化管理，还是医疗器械的使用质量安全性的保障，UDI 都成为院内物资运营和医疗管理提升的有力工具，医院以 UDI 为管理索引或者工具来跟踪和优化耗材的使用数量，实现耗材精细化管理。同时，利用临床 UDI 扫码的可追溯管理，减少医疗错误，便于在召回时对器械的跟踪，从而可以提升患者使用的安全性。

现在大多数医院的医疗器械库存管理系统中包括了医院接收到的所有资料，但对资料的进一步跟踪较为有限，即便是定期开展库存盘点的医院，也仅对货架产品进行库存盘点，而没有在医疗器械使用单元上进行盘点，且物资管理系统中的相关

库存记录可能不包括批次或者序列号的信息，无法满足精细化管理的要求或者医院需要投入额外成本进行规范化管理。而且，当医院启动召回时，医院的工作人员需要花费大量的时间来判断是否购买了应召回的器械，确定器械在医院的位置，然后对器械分布的众多仓储库房进行人工搜索。如有大量存货被召回，那么医院就必须人工搜索其不同地点的库存。同时难以控制召回医疗器械的使用。

对于植入介入类高风险的医疗器械，目前在医疗机构的临床使用环节，很多已采用院内唯一码，实现了医疗器械的可追溯管理，减少和避免了基于耗材原因的医疗质量问题。实施 UDI 之后，将由院内唯一码升级全球唯一的 UDI 标识，这也将更有利于医疗器械在多院区医院中的跨院区流转管理，避免医保支付重复计费等情况。虽然，UDI 在医疗机构院内信息系统中需要相应的改造支持，但是，改善后的院内库存控制、医疗器械召回等管理成本节省下来的费用足以抵消此部分费用的投入。

四、UDI 实施难点

在 UDI 落地中，赋码的责任主体是生产企业，如何驱动生产企业根据法规的要求实施 UDI，这是监管实施的问题点。而在 UDI 应用链条中起到驱动作用且作为推进关键点的医疗机构，如何有效导入和使用 UDI，是拉动整个链条进行 UDI 使用的关键切入点。

对于生产企业，因为 UDI 实施工作需要生产企业付出额外的实施费用来开展，所以，目前国内中小型医疗器械生产企业对 UDI 的实施推进缓慢。而且，部分生产企业可能担心他们的医疗器械会被商品化，通过 UDI 在各环节的应用，就有机会进行价格和性能的比较，生产企业可能会产生对其产品未来盈利造成影响的合理担忧。从医疗器械产品的角度，生产企业实施 UDI 势必会改变内部产品线的管理颗粒度、包装计量单位、包装物料等，改变并应用修订的 UDI 标识需要成本的投入，并可能导致出现生产企业不愿意承担的技术挑战。此外，在技术没有进步的条件下，即使修订了产品标识，有时候也无法在使用单元上对某些产品进行 UDI 赋码。由于医疗器械的多样性和复杂性，这可能是一个较大的挑战。监管技术部门需要先协同解决生产企业赋码成本等技术问题来加快 UDI 的实施推进。

对于医疗机构，"重医疗、轻物资"的管理现状虽然有所改善，但是院内医疗器械物资的管理流程和实际执行有所偏离，暴露出院内数据流存在"多码并行"、"一品多规"等数据治理问题，实物流存在实物库存医疗器械和系统记录不一致、甚至"关键信息未记录"等操作和系统功能不匹配，以及医保支付难协同的问题。

而且，鉴于医疗机构诊疗业务相对复杂，医疗机构本身的 SPD、HRP（Hospital Resource Planning，医院资源规划）、HIS（Hospital Information System，医院信息系统）、LIS（Laboratory Information Management System，实验室信息管理系统）等系统衔接不畅，计算机系统升级更新困难。

另外，医疗器械 UDI 实施颗粒度的问题目前并没有统一的规定：生产企业基于成本的考虑，已经实施的 UDI 产品，很多产品都是在货运箱和货架包装上带有条形码，方便物流管理环节中进行快捷识别转运，而使用单元上没有 UDI 标识，但是，对医疗机构而言，使用单元编码的使用率与患者院内使用密切相关。

五、未来发展展望

医疗器械唯一标识系统的推进是一个系统性工程，需要各方积极参与，我国发挥制度优势，采用"三医联动"的方式协同推进试点和实施推广，取得了很好的效果。但是，部分产业发展不平均，部分地区对 UDI 的了解还有所欠缺，仍然需要进一步加强宣贯。对于国家 UDI 数据库的应用，其储存医疗器械的产品标识与相关信息是 UDI 具体落地的数据密码，同时，医疗机构也面临与国家医保局发布耗材医保分类代码贯标的互通，如果监管部门将 UDI 数据库和耗材医保分类代码数据库打通，实现两码衔接应用，既能提高企业申报的效率和准确度，也能让医院在日常扫码业务流程中关联医保代码信息，更好地满足结算的需求。

另外，基于 UDI 的推进时间进程，未来一段时间院内唯一码和 UDI 码可能仍须并存，医疗机构需要合理考虑编码转化的过渡期。而且，现在部分医院基于使用风险的考虑，对一些批次管理的医疗器械要进行序列号管理的再赋码，这可使生产企业加强和医疗机构的协同，在使用单元赋码和序列号化管理方面，满足医疗器械 UDI 在院内的最佳实践。最后，基于医疗器械的庞杂性，如部分组合包类医疗器械、骨科器械等，需要生产企业和监管部门一起验证更详细的 UDI 实施实践规范指导。

医疗器械唯一标识系统贯穿医疗器械注册、生产流通、使用全生命周期，涵盖标识、载体和数据库，涉及发码机构、信息技术机构和标准化机构等众多技术支撑机构。UDI 系统标准体系跨行业、跨领域的内容多，建设难度大。只有医疗器械行业内对 UDI 的认知相对统一化及 UDI 的实施应用标准化，才能真正地在医疗器械全生命周期管理中发挥 UDI 承载物流、信息流的大数据的价值。

第五节　DRGs 与 DIP 医保支付方式对医疗机构管理运营的影响及未来趋势预测[1]

一、DRGs 的国际及国内发展概况

DRGs（Diagnosis Related Groups，疾病诊断相关分组）作为按病例支付医疗服务的一种付费方式，在后来的医疗经济学界和各国医疗改革的实践中不断得到应用和发展，先是澳大利亚利用美国 DRGs 开发了澳大利亚 DRGs，后来德国根据澳大利亚 DRGs 开发了德国 DRGs。20 世纪 80 年代，欧洲各国开始推行 DRGs：爱沙尼亚、芬兰、法国、德国、爱尔兰、葡萄牙、西班牙和瑞典等 8 国开发使用了源于美国的 DRGs 系统；奥地利、英国、荷兰和波兰 4 个国家推出了非源于美国的 DRGs 患者分类系统，但这些自行开发的系统与 DRGs 系统相似，它们共享基本特性；荷兰的患者分类系统与 DRGs 系统的方法有很大的不同[2]。20 世纪 90 年代开始，东亚的韩国及中国台湾地区，也都在医疗服务实践中使用了 DRGs 系统；日本医疗界在探索 DRGs 后开发了自己的 DPC（Diagnosis Procedure Combination）系统。

中国的 DRGs 研究始于 20 世纪 80 年代，北京市的 DRGs 研究相对历史较长、研究持续性较好。1989—1993 年，由北京市医院管理研究所牵头，10 家医院参加进行了"诊断相关分类法（DRGs）在北京地区医院管理可行性研究"的研究；2003—2005 年，由北京市政府牵头，四个政府部门为领导小组，以北京市卫生局统计信息中心和北京大学 DRGs 研究组为核心项目组，进行"北京市 DRGs 研究与应用"；2006 年开始，由原北京市劳动局、卫生局、北京大学医学部、北京市医疗保险协会等联合组成的研究团队，于 2011 年推出 BJ-DRGs（1.0），包含 650 个 DRGs 组；同年，北京市医保在 6 所三甲医院（北京大学附属的人民医院、第三医院、首都医科大学附属的友谊医院、朝阳医院、天坛医院和宣武医院）实行 108 个组的 DRGs 付费试点。2017 年已经完成 BJ-DRGs 第四版的修订，目前已进入全市模拟收费测试阶段。

---

[1] 于保荣，王庆. DRGs 支付方式对医疗机构管理运营的影响及未来趋势预测 [J]. 健康体检与管理，2021，2（1）：86-91.

[2] 布瑟 R. 欧洲 DRGs：医院通往透明、高效、品质的必由之路 [M]. 冷家骅，等译. 北京：人民卫生出版社，2019.

沈阳市医保管理部门引进了 BJ-DRGs 系统，自 2015 年起，按照"先管理、后付费"方案，采取 DRGs 分组管理与病案规范同步推进、监管先行的办法，开启 DRGs 付费管理；2018 年 1 月正式启动 DRGs 试点付费工作，9 家规模较大的三级医院作为首批付费试点医院，采取全病组付费管理模式。

2019 年 5 月，中国国家医疗保障局与相关部委联合发出了《关于印发按疾病诊断相关分组付费国家试点城市名单的通知》，在全国选择了 30 个"DRGs 付费国家试点城市"，提出：按照"顶层设计、模拟测试、实际付费"三步走的思路，确保 2020 年模拟运行，2021 年启动实际付费。

DRGs 在中国实践运用较晚，加之理解上的偏差，先后出现了单病种、点数法、分值法、病种分值法等诸多不同的名字。随着国家医保局推行 DRGs 付费工作的深入，医保和医院管理的从业者有必要对 DRGs 这一新管理手段及对医院管理和医生绩效评价的意义进行充分的认识。本文结合北京和沈阳先期试行的实证案例，对 DRGs 付费对医院管理和运营的影响、与医院内部的绩效管理、DRGs 付费成功实施的必要条件及对医院未来发展的影响预测等内容进行归纳分析。

二、DRGs 医保付费对医院管理和运营的影响

表 1-6 是在利用 DRGs 进行医疗服务管理的过程中，所常用的核心指标，一般包括医疗服务能力、医疗服务效率和医疗服务质量三个维度 6 个指标。

表 1-6　各地运用 DRGs 进行医疗服务管理的核心指标

维度	DRGs 评价指标	DRGs 评价内容
服务能力	DRGs 组数	治疗病例所覆盖疾病类型的范围
	病例组合指数（CMI）	治疗病例的技术难度水平
服务效率	费用消耗指数	治疗同类疾病所花费的费用
	时间消耗指数	治疗同类疾病所花费的时间
医疗质量	低、中风险组死亡率	疾病本身导致死亡概率极低的病例死亡率
	出院后 2~4 周再入院率	医疗质量和治疗效果

（一）DRGs 为基础的医师绩效考核提供依据

图 1-2 展示的是某医院使用 DRGs 前后的同一科室两个医师同一年份的工作考核结果[1]，可以看出：未经 DRGs 调整时，代表工作数量的出院人数指标，B 医师

---

[1] 李春厚于 2018 年 5 月 19 日在沈阳发表的会议报告《医务医保联动探索 DRGs 管理》。

大于 A 医师，表示 B 医师工作量更多；代表工作效率指标的例均费用和平均住院床日，B 医师均低于 A 医师，表示 B 医师工作效率更高；代表工作质量指标的患者出院后两周再入院率，B 医师均低于 A 医师，表示 B 医师工作质量更高。但是，使用 DRGs 对收治病例的风险程度进行调整（risk adjustment）以后，结果完全颠倒，通过分析发现：A 医师收治的疾病种类更多、收治的病例病情更重、医疗资源使用效率更高、医疗质量更好，与此前没有用 DRGs 调整的绩效考核数据显示的结果完全相反。这种差别的原因在于：没有使用 DRGs 进行病例的风险调整，是在假设两个医师收治的所有患者疾病严重程度相同这一前提下，进行的比较；而使用 DRGs 进行病例风险调整后，如同使用了多因素分析相对单因素分析一样，原来的结论是虚假的、片面的。

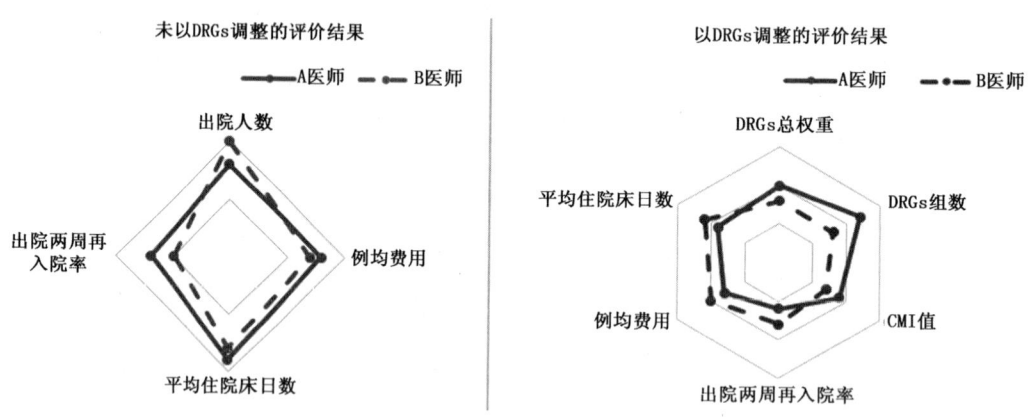

图 1-2　某医院使用 DRGs 前后的两个医师同一年份的工作考核结果差异

（二）医疗服务能力评价：CMI 与 DRGs 组数

1. 不同医院的业务情况比较

图 1-3 展示了沈阳市各医院的服务能力情况[1]，可以在二维的空间里清楚地看出各个医院每年收治的住院病例涵盖的疾病种类数量及疾病严重程度（图中的每个点代表一家具体的医院）。可以发现：专科医院的病例组合指数（CMI，Case Mixed Index）值会高一些，而综合医院则往往是诊疗的 DRGs 组数更多，个别规模大、水平高的综合医院则 CMI 值和诊疗的 DRGs 组数都高（例如右上角代码为 2002 的医院）。

---

[1]　王晓璐于 2019 年 11 月 22 日在大连发表的会议报告《DRGs 全病种付费的医院管理实践》。

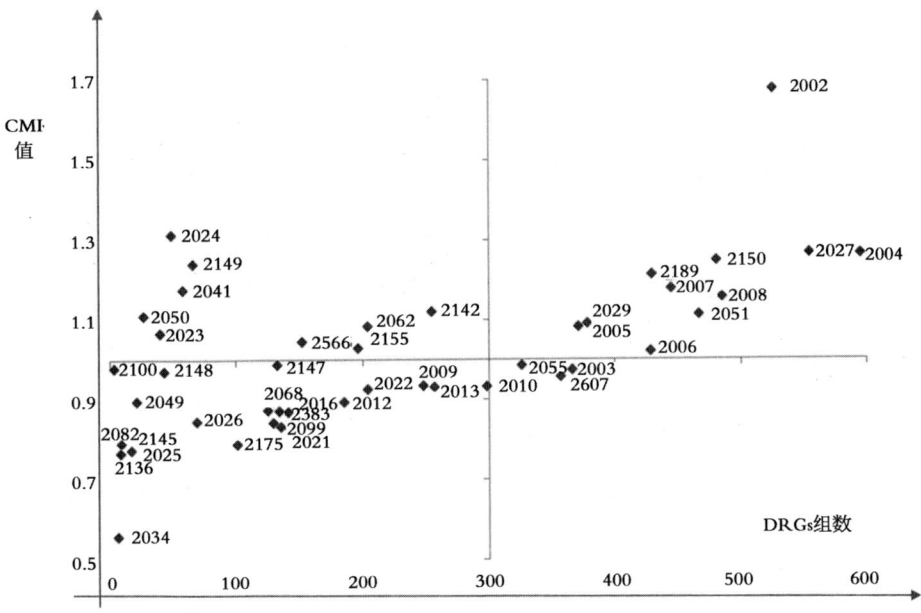

图 1-3　沈阳市 2015 年度各医院 DRGs 组数与 CMI 分布图

2. 同一医院不同业务科室的工作质量和数量比较

图 1-4 和图 1-5 分别展示了某医院 2018 年与 2019 年部分科室收治病例的 CMI 值和病例数量的比较，从医院管理的角度，可以很直观地看出各科室工作技术含量和工作数量的变化。

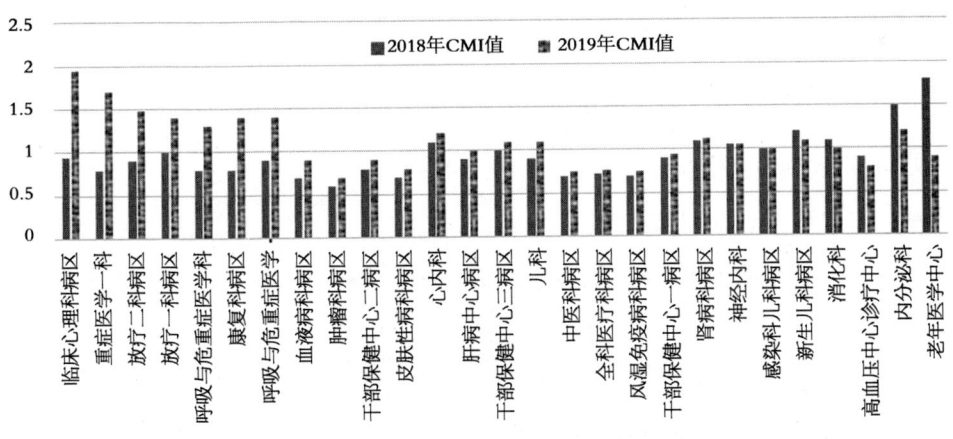

图 1-4　某医院部分科室 2018 年与 2019 年上半年收治病例的 CMI 值比较

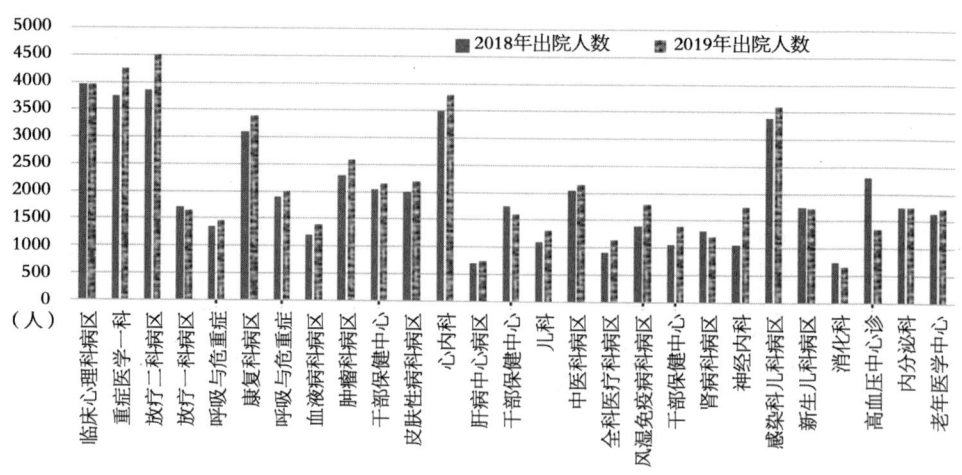

图1-5 某医院部分科室2018年与2019年出院患者数量的比较

3. 同一医院不同年份的业务情况分析

图1-6展示了某综合医院2018年和2019年度收治患者的权重值（Relative Weight，RW）及数量分布情况，从医院管理的角度，可以很清楚地看出医院收治患者的技术含量和数量的变化。

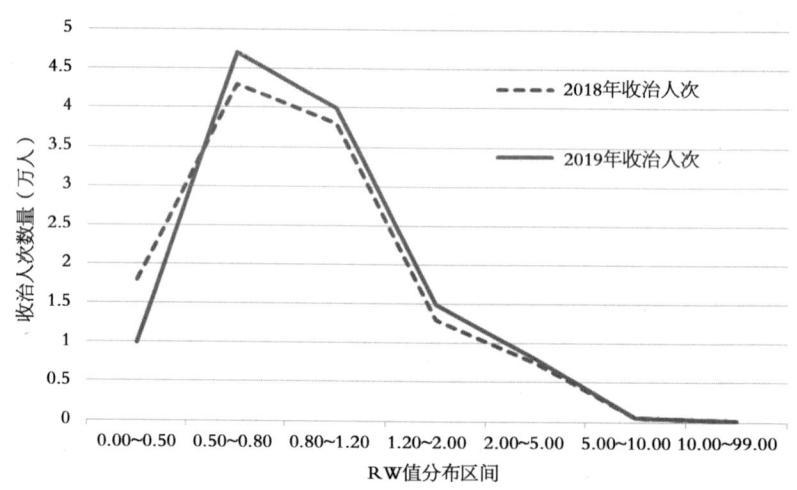

图1-6 某医院2018年与2019年度收治病例的RW与数量分布情况

4. 医院某专业业务水平与全院平均情况比较

图1-7是某试点医院骨外科系和全院2017年1月—2018年12月份收治病例的CMI值[1]，可以看出自2018年1月实施DRGs付费以来，无论是骨外科系还是全院2018年各月份收治病例的CMI值，相比2017年在逐步提高，说明DRGs付费的

---

[1] 赵铮铮于2019年9月发表的会议报告《DRGs下医疗机构流程再造》。

效果是引导医院收治更重的病例。

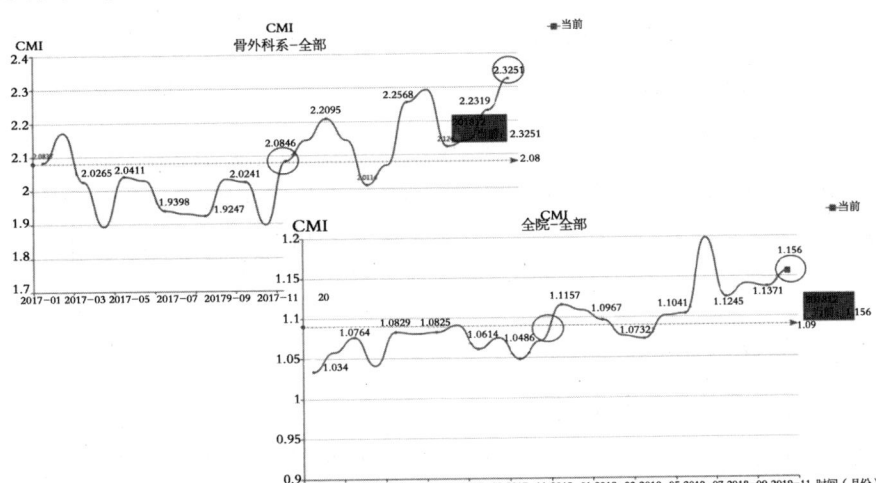

图 1-7　沈阳市某医院骨外科系和全院 2017—2018 年各月份收治病例的 CMI 值

5. 对不同专业的科室进行业务分析，比较其发展情况

图 1-8 是沈阳市某 DRGs 试点收费医院神经内科系和骨外科系实施 DRGs 付费前后，2017 年 1 月—2018 年 12 月间各月收治的病例数量情况[1]。可以看出，2018 年 1 月份开始实施 DRGs 付费后，神经内科系收治的病例数呈下降趋势，而骨外科系收治的病例数呈上升趋势。这与实施 DRGs 付费前神经内科收治的患者轻症患者多、实施 DRGs 收费后收住这些轻症患者住院有直接的关系。在 DRGs 付费引导下，医疗机构收治的病例结构发生改变，倾向于收治更多重症、医保支付力度大的患者，而减少轻症、不需要收住院、医保支付力度低的患者。从而减少了医保和医疗资源的浪费，同时提高了医保和医疗资源的利用效率，使有限的资源更好地用在了需要的患者身上。

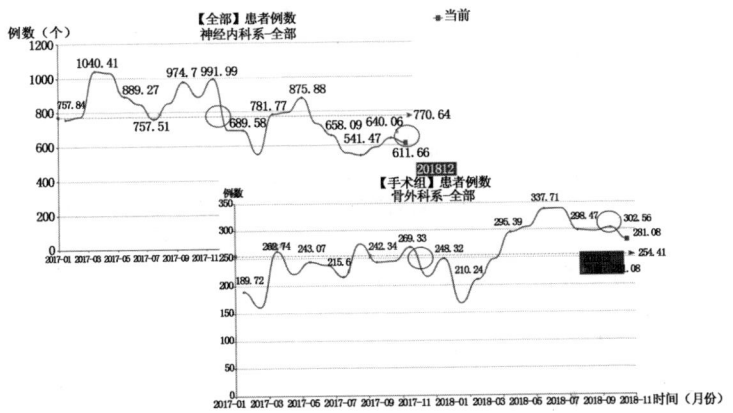

图 1-8　沈阳市某医院神经内科系和骨外科系 2017—2018 年各月份收治和手术病例数量

---

[1]　赵铮铮于 2019 年 9 月发表的会议报告《DRGs 下医疗机构流程再造》。

沈阳市某综合医院拥有2000张床位，在DRGs试点收费后，神经内科病床因收治轻者病例下降，因而关闭了500张床位。据悉，虽然毛收入下降了，但整个医院的利润率和利润额都提高了，医院员工的收入也有所提升。目前医院各科室都在派人到北京等地的高水平医院学习疑难重症诊治和高新技术，希望收治更多的重症患者，因为DRGs付费体系下，诊治难度系数高的患者医院获得的收益会更大。一些年轻的医生，因为近期内无法轮到外出进修学习，个人宁愿选择自费外出进修。所以，科学合理的DRGs付费方案设计，会对医疗行为产生积极的正向激励作用。

（三）医疗服务效率评价

1. 同一专业不同医院之间比较

图1-9显示了北京市部分三级综合医院的费用消耗指数（某医院的某一个DRGs组或者所有DRGs组的例均医疗费用与该地区所有医院该DRGs组或者所有DRGs组的例均医疗费用的比值）与时间消耗指数（某医院的某一个DRGs组或者所有DRGs组的平均住院床日值与该地区所有医院该DRGs组或者所有DRGs组的平均住院床日值的比值）分布情况[1]，从中可以进行各医院之间同一专业或同一疾病治疗的时间和费用消耗情况对比。

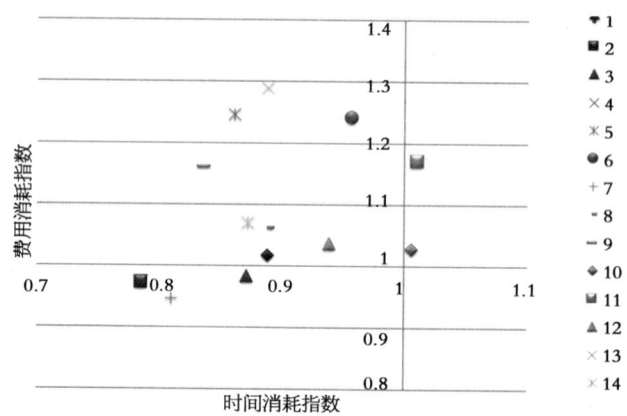

图1-9　北京市部分三级综合医院的费用消耗指数与时间消耗指数分布

2. 同一医院不同专业之间比较

（1）时间消耗指数

图1-10是沈阳市某三级综合医院实行DRGs付费后骨外科和内分泌科的时间消耗指数变化[2]：骨外科从2018年1月的1.0124下降至2019年3月0.5606，内分

---

[1] 胡牧于2017年10月20日在泉州发表的会议报告《DRGs与医改》。
[2] 赵铮铮于2019年9月发表的会议报告《DRGs下医疗机构流程再造》。

泌科也有所下降，但基本上稳定在 0.8 左右，不如骨外科下降明显。

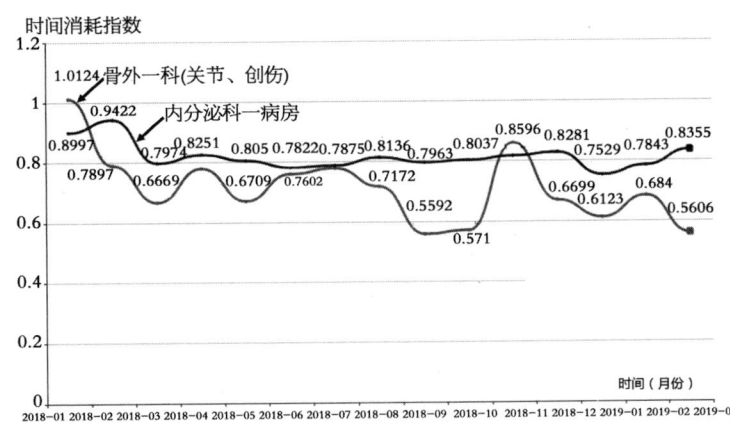

图 1-10　沈阳市某三级综合医院实行 DRGs 付费后骨外科和内分泌科的时间消耗指数变化

（2）费用消耗指数

图 1-11 则是该医院实行 DRGs 付费后，普外科和心血管内科从 2018 年 1 月至 2019 年 3 月逐月的费用消耗指数情况[1]，可看出，两个科室的变化情况并不相同。当然，无论是时间消耗指数还是费用消耗指数的变化，都要考虑收治疾病难度（RW 或 CMI）变化的背景情况。

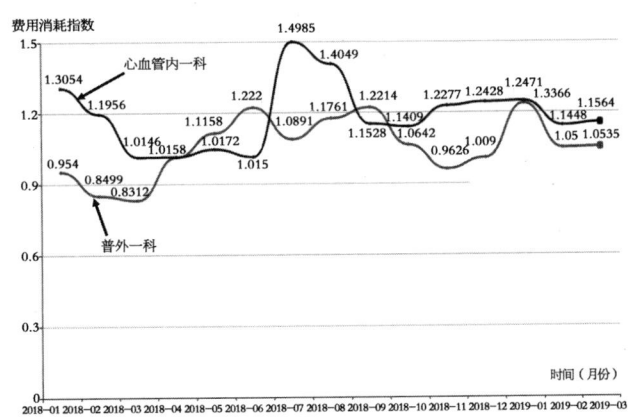

图 1-11　沈阳市某三级综合医院实行 DRGs 付费后普外科和心血管内科的费用消耗指数变化

（3）DRGs 付费促使医疗流程改变

图 1-12 是某三级综合医院实行 DRGs 付费后为了降低医疗服务成本、提高医疗服务效率而实行服务流程再造[2]，可以看出，在 DRGs 付费实施前的 2017 年 3 月，住院患者做完彩超需要 6 天时间；DRGs 付费实施后的 2018 年 8 月份，缩短为 2 天，

---

[1]　赵铮铮于 2019 年 9 月发表的会议报告《DRGs 下医疗机构流程再造》。
[2]　赵铮铮于 2019 年 9 月发表的会议报告《DRGs 下医疗机构流程再造》。

大大提高了医疗资源的使用效率,从而节约了患者、医保及医院的资源。

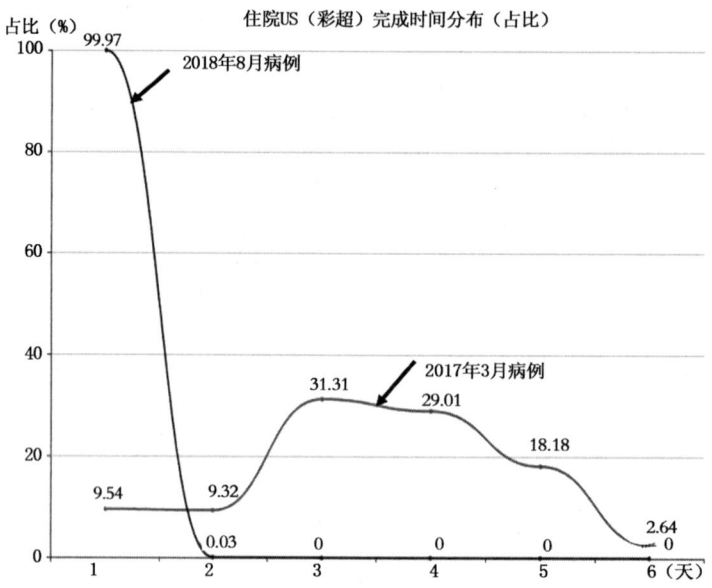

图1-12 沈阳市某三级综合医院实行DRGs付费后流程再造住院彩超的完成时间比较

(4) DRGs付费促使住院床日变化

图1-13是该医院从2017年1月到2019年1月,各月出院患者的平均住院床日[1],可以看出,平均住院床日从2017年1月的11.63天逐步下降至2019年1月的9.63天,表明医院的床位利用效率在逐步提高。

图1-13 沈阳市某三级综合医院2017年1月—2019年1月的全院平均住院床日变化

(5) DRGs付费促使住院患者费用的变化

图1-14分别是某三级综合医院从2017年到2018年,各月出院患者的例均住院费用的情况[2],可以看出,住院患者例均从2017年1月的1.5万元逐步下降至

---

[1] 赵铮铮于2019年9月发表的会议报告《DRGs下医疗机构流程再造》。
[2] 赵铮铮于2019年9月发表的会议报告《DRGs下医疗机构流程再造》。

2018年4月的不足1万元，然后慢慢提高至2018年12月份的1.2万元。可以得出这是一个合理医疗费用逐渐形成的过程，也是医院对DRGs付费的反应过程。

图1-14　沈阳市某三级综合医院2017年1月—2018年12月的全院例均费用变化

（6）DRGs付费促使医疗费用结构更加合理

图1-15显示的是沈阳市某三级综合医院实施DRGs付费前后医疗费用结构的变化，可以发现：医疗、护理、管理、卫生材料等部分的费用占比分别由实施DRGs付费前2017年1月的11.91%、1.90%、3.42%和12.25%，提升至由实施DRGs付费后2018年12月的24.06%、4.14%、4.51%和24.66%，而药品费用占比则由42.05%下降至29.29%。上述变动表明医疗费用结构趋向合理，医疗资源的使用效率在逐步提高。

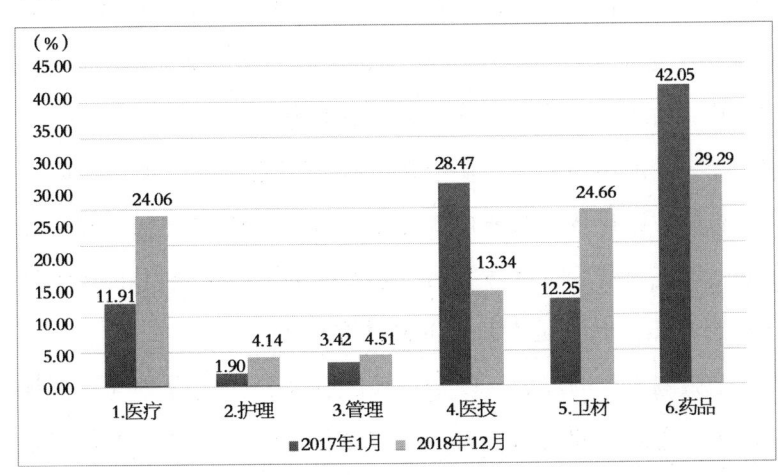

图1-15　沈阳市某三级综合医院实施DRGs付费前后医疗费用结构的变化

(四) 医疗服务安全与质量评价

关于低风险和中低风险组死亡率,图1-16显示的北京市部分三级综合医院某年份的低风险和中低风险组死亡率情况[1],可以对不同医院的数据进行比较。低风险和中低风险组死亡率相当于医疗质量的哨点指标,如果一个医院低风险和中低风险组患者死亡率出现异常,说明医院的医疗流程存在重大安全隐患,需要找到问题并加以改正。

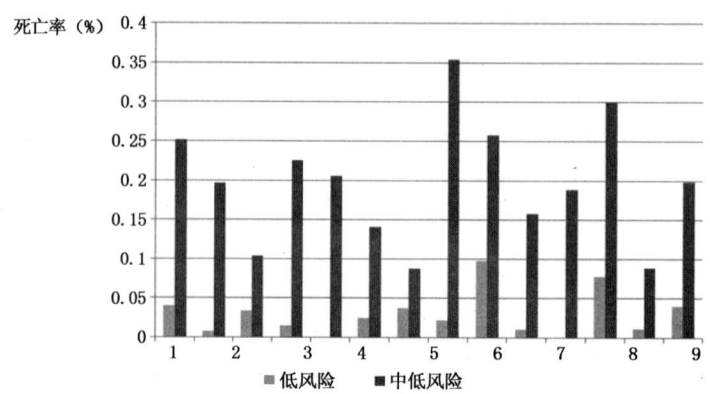

图1-16 北京市部分三级综合医院某年份的低风险和中低风险组死亡率情况

三、DRGs付费实施对于生产企业及商业企业的影响

(一) DRGs付费实施所产生的机遇与挑战

1. "三上升""六下降"

从2016年7月1日起先行试点7家医疗机构,到2018年6月30日前金华下辖7县(市)所有143家有住院资质医疗机构实施到位,可以说DRGs对医疗机构的影响是系统性且重大的,可总体概括为"三上升"和"六下降"。"三上升"为病案首页质量上升、医疗技术服务收入上升、医疗技术服务能力上升。"六下降"为耗材使用率下降、辅助用药使用下降、ICU床位使用下降、平均住院日缩短、病床使用率下降、防御性医疗技术服务检查数量和收入下降。公立医疗机构为了符合国家的支付标准,可能会减少单个病人的非必要药品、医疗耗材和检查项目等。

2. 高值耗材冲击,尤其是高回扣下的过度医疗

耗材无疑是影响更大的领域。以金华模式为例,过去骨科等高值耗材和高额回扣引发的过度医疗受到的冲击非常大,一些骨科类民营医院已不得不转型做医养结

---

[1] 胡牧于2017年10月20日在泉州发表的会议报告《DRGs与医改》。

合和慢病管理。"以药养医"模式将不复存在，医生处方的着眼点将回归耗材及药品的临床价值（疗效/安全性）和诊断的必要性。相应地，合规的推广会变得更为重要。

3. 终端客户或发生变化

DRGs 医保支付方式的推行，使医院或将选择将一些诊断检测服务委托给第三方实验室进行。因此医疗器械企业未来或须将渠道覆盖和销售精力向第三方实验室做一定调整。

（二）DRGs 付费实施的应对之道

1. 产品为王：性价比高的产品或将脱颖而出

在产品规划方面，企业需进一步加强对于自身产品体系建设。针对现有产品，继续深化技术优势，提升产品稳定程度，同时逐步优化产品成本。针对新产品研发环节，还须保持理性投资节奏，在常见病领域加大研发力度，并以性价比作为产品研发的核心目标，产品质量应作为首要要素，而成本把控作为重要抓手。

2. 双管齐下：产品推广关注产品效用及经济效益

在产品推广策略方面，推广重心放在产品实际效用价值的同时，也须强调经济效益、制定相关经济学研究、传递医生信息。以医生将来的需求作为主诉，帮助医生完成绩效，让医生可以清晰判断产品优势，从而实现产品扩展市场占位。

3. 专项突破：构建专项服务团队，延展服务内容

在团队建设方面，企业医学团队的重要性增强，需要帮助医院/医生优化诊疗方案，提供临床路径建议，支持医院信息系统建设等。在 DRGs 实施的大背景下，迎合终端医疗机构新的发展诉求，提供更加完备的配套服务，提升客户满意度及市场接受度。

4. 渠道深化：可适度趋向第三方实验室推广渠道

在营销渠道方面，DRGs 背景下，医院等终端对于医疗设备的更新将进一步放缓，部分诊断等工作向第三方实验室进行转移。在此过程中，第三方实验室未来或将成为医疗器械及医疗设施设备主要营销渠道之一。

四、DRGs 付费成功实施的必要条件及对医院未来发展的影响预测

（一）DRGs 付费成功实施的五个必不可少的条件

根据当下中国的医疗与医保实践，DRGs 医保付费的成功实施，需要以下五个必要条件，缺一不可。

（1）DRGs分组要科学。DRG分组的原则是根据诊断、临床操作、疾病复杂程度等要素，反映治疗的难度及医疗资源的消耗。同一疾病不同的临床治疗方式、不同的严重程度、不同的患者特征等，都会带来资源消耗的差异，因而科学、规范的分组，是做好DRGs付费的第一步。

（2）DRGs权重（RW）的科学赋值。形成科学激励机制，引导医院收治重症患者。各个DRGs组的权重赋值，是医保支付的直接依据；DRGs付费改革的目的是希望引导医生尽量收治需要住院的疑难重症患者，从而提高医疗资源的效用。所以，如果门诊即可治疗的轻症组和需要住院治疗的重症组之间的RW，没有拉开到足够的距离，而使医院多收治轻症患者也照样获利，则没有起到DRGs区分疾病和有效利用医疗资源的作用，也不利于医学和医院的发展。

（3）医院内部与DRGs医保付费相匹配的成本与激励机制管理，同时切断医生的灰色收入。DRGs医保付费是来自医院外的激励机制，要使其影响到医生行为，尚需要医院内部建立与DRGs付费相匹配的成本与激励制度。首先，医院应该计算和比较各临床科室及各个DRGs组的实际成本与医保支付价格，测算哪些疾病的诊疗是亏损的、哪些是盈利的、盈利与亏损之间的水平差异，从而发现医院目前经营效率中的问题，引导医院去改进医疗流程，降低医疗服务的成本，提高医疗服务提供的效率。其次，通过比较不同科室的医疗服务能力（CMI与DRGs组数）、医疗服务效率（费用消耗指数与时间消耗指数）和医疗服务质量（中低风险组死亡率与出院后四周再入院率）三个维度的指标变化，使得各科室的业务管理清晰、透明、可视，引导各科室医疗行为的良性发展，从而使来自医院外的DRGs医保付费与医院内部科室的业务管理结合起来。

既往相关专业的医生往往会从医院外得到可观的灰色或黑色收入，利益的诱惑扭曲了医疗服务行为，若使DRGs医保付费顺利实施，必须切断这些不正当的收入，建立良性的医务人员薪酬激励机制。

（4）医保管理部门行为要规范，要讲诚信、不要看到医院有利润就拿走。在地方的医保总额预算或按病例支付中，本来的规定是"结余留用、超支不补"，但实践中，经常会有医保管理部门看到医院出现结余后，破坏规定拿去医院结余或者对关系好的医院的亏损进行事后补助的现象。随着中国社会现代化治理的发展，医保管理部门和医院是地位平等的社会主体，管理要规范，要讲诚信。

（5）加大监管力度，坚决杜绝医疗机构造假。在既往的地方实行按病例支付的实践中，常常会出现诊断升级（将轻症患者诊断为重症患者）、套取医保经费的行为。在DRGs分组科学、DRGs权重设置合理、医保支付水平到位的情况，一定要严厉制裁医疗机构病历造假的行为，尤其是在DRGs付费之初，一旦出现了病历造假，将会因为医疗信息系统的虚假而对医疗系统带来灾难性的影响。

DRGs付费如果要成功，则需要做到以上五个方面环环相扣，否则，只要有一个环节出现问题，DRGs付费就会失败。

（二）DRGs付费对医院未来发展的影响预测

图1-17显示了美国1940—2010年的每千人口床位数[1]，可以看出，1983年开始实施DRGs付费后，千人口床位数由1980年的4.5张逐渐下降至1990年、2000年和2010年的3.7张、2.9张和2.6张。可以看出，DRGs付费使得医院资源的总量得到有效控制。

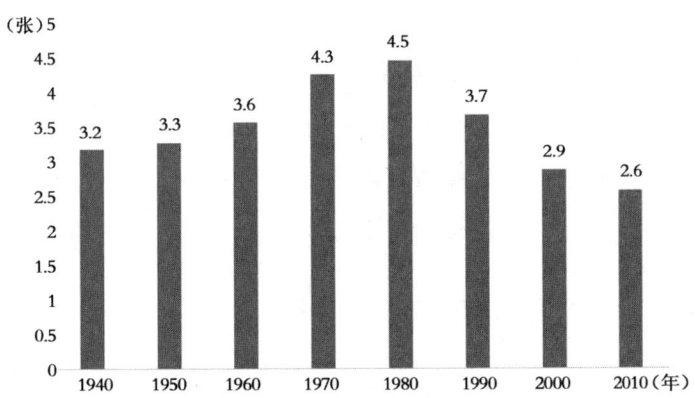

图1-17 美国1940—2010年每千人口床位数量

下面举几个来自世界银行的实例。

吉尔吉斯斯坦共和国实行医院支付方式改革，2001—2004年，全国的医院建筑物数量、建筑面积和医院员工数量分别下降了47%、40%和32%，而人均月工资和治疗的患者数量分别上升了73%和8%。

哈萨克斯坦的Karaganda地区，1997年的医保基金的70%用于医院统筹，18%用于专科门诊、12%用于基层卫生服务；经过支付方式改革，2007年，医保基金用于医院统筹部分为60%，19%用于专科门诊、21%用于基层卫生服务，提高了医疗资源的使用效率。同时，哮喘、溃疡、贫血、高血压、糖尿病等对基层卫生服务敏感的疾病，住院率实现了非常可观的下降。

---

[1] 数据来源：Data from Health（美国），2002年版，281页；Health，2012年版，315页；美国国家卫生统计中心。

中部非洲，75%的医疗资源用在住院服务上，其结果是住院服务体系过度庞大，而用在基层卫生服务和门诊专科服务的资源仅有25%。实行支付方式改革以后，只有50%的资源用在住院服务上，结果使住院服务提供体系更小但更有效率，其余50%的资源用在基层卫生服务和门诊专科服务上。

从国内外实践和经验看，DRGs医保付费对医疗机构未来的影响，将会从立竿见影地减少医疗资源的浪费、重视医疗服务质量开始，再到减少收治不必要的住院病例。随着医保门诊和住院政策差异的障碍慢慢取消，会有更多的手术转成日间手术。3~5年后会实现医院单体规模的下降和运转效率的提高。5~6年以后会出现城市三级医院和基层医疗机构的功能分化，分级诊疗的目标有望取得初步成效（前提是伴以基层机构医疗服务能力的提高），同时还将会出现全国医疗机构床位数的下降，但医务人员的收入会有所提高。

（三）DRGs付费实施中的医院管理机制

为了保证DRGs付费的实施及对医院管理的促进，医院有关部门需要密切合作，至少必须由医保、物价、财务、绩效等四个部门组成一个综合运营部门，与医务和信息部门一起，形成医院内部改革的保障机制。

五、DIP与DRGs不同医保支付方式的比较

2020年10月19日和11月4日，国家医保局办公室先后下发《关于印发区域点数法总额预算和按病种分值付费试点工作方案的通知》（医保办发〔2020〕45号）和《关于印发区域点数法总额预算和按病种分值付费试点城市名单的通知》（医保办发〔2020〕49号），决定在71个城市开展按病种分值付费试点。

DRGs与DIP（Big Data Diagnosis-Intervention Packet，基于大数据的病种组合）都是按疾病诊断+操作进行的病例分组，其设计思维和方案框架都来源于国际社会的疾病诊断相关组（DRGs），以《疾病和有关健康和问题的国际统计分类（第十次修订本ICD-10）》中解剖系统分类为疾病诊断依据，以《国际疾病分类手术与操作（ICD-9-CM-3）》为操作分组依据。区别在于DRGs采取的是收敛的、取不同病种共性的最大公约数的分组原则，而DIP则采取更加具体细化的分组思路，其结果是国家医保局颁布的DRGs有618个病组，DIP则有14052个病组。[1]

国家医保局的疾病诊断相关分组（CHS-DRG）在国家医保版ICD-10编码（包

---

[1] 于保荣.DRG与DIP的改革实践与发展内涵[J].卫生经济研究，2021，1：4-9.

含疾病诊断 2048 个类目、10172 个亚目、33392 个条目）和国家医保版 ICD-9-CM3 编码（包含手术和操作 890 个亚目、3666 个细目和 13002 个条目）基础上，依照"临床过程一致性"和"资源消耗相似性"的分组原则，进行核心疾病诊断相关组（ADRG）分组，形成了 167 个外科手术操作 ADRG 组、22 个非手术室操作 ADRG 组及 187 个内科诊断组，合计 376 个 ADRG 组；每个 ADRG 组再与"合并症与并发症"的不同情况结合，最终形成 618 个疾病诊断相关分组（其中 229 个外科手术操作组、26 个非手术室操作组及 363 个内科诊断组）。

DIP 则采用医保版疾病诊断分类及代码（ICD-10）进行疾病诊断分类和适当组合，然后对每个疾病诊断组合按使用的医保手术操作分类与编码（ICD-9-CM-3）技术进行分类，通过对临床病案中"疾病诊断"与"治疗方式"的随机组合，穷举形成 DIP 的病种组合，从而奠定 DIP 目录库的基础。2020 年 11 月 20 日，国家医保局印发的 DIP 技术规范和 DIP 目录库（1.0 版），使用医保版疾病诊断编码前 4 位和手术操作编码进行聚类，基于疾病与治疗方式的共性特征组合分组，形成主目录，以 15 例为病例数量临界值，将主目录区分为核心病种 11553 组和综合病种 2499 组，共计 14052 个病组。

从大的框架和流程上，DRGs 和 DIP 都遵从了国际社会 DRGs 的普遍做法，如相对权重（Related Weight，RW）、费率（Payment Rate）、病例组合指数（Case Mix Index，CMI）、变异系数（Coefficient of Variation，CV）、费用消耗指数（含药品和耗材的消耗指数）、时间消耗指数、死亡风险评分等方面，DIP 与 DRGs 思路相同，并无差异。

DIP 由于分组过细造成组数过多，只是临床病例的原始诊断和具体操作的组合，没有经过 DRGs 的由临床的具体病例到 ADRG 的高度专业性凝练的过程，因而相对 DRGs，DIP 更有可能导致临床医疗中的诊断和操作编码升级、收治更多可住院可不住院的患者，同时加大对临床医疗质量和费用管理的难度，不利于医保部门控制费用和对医疗机构行为的监管。

第六节　影响终端市场政策分析

一、新修订《医疗器械监督管理条例》配套措施

（一）《医疗器械使用质量监督管理办法》

使用环节的医疗器械质量对确保用械安全有效至关重要。2000 年实施的原《医疗器械监督管理条例》对医疗器械使用环节的监管，主要涉及医疗器械的采购和一次性使用医疗器械的处置，内容较为单薄。实践中，医院采购医疗器械渠道不规范，索证索票工作不严谨的问题仍然存在；不少医院忽视对医疗器械的维护维修，导致患者损害的事例时有发生。2014 年国务院第一次全面修订发布的《医疗器械监督管理条例》（国务院令第 650 号）较大幅度地增加了医疗器械使用环节监管的条款，如细化进货查验记录制度、增设使用单位的医疗器械安全管理义务、充实监管手段等，丰富了医疗器械上市后使用质量管理的措施。《医疗器械使用质量监督管理办法》作为《条例》的配套规章，根据其规定的食品药品监管部门和卫生计生主管部门的职责分工，对使用环节的医疗器械质量监管制度进行了细化。

（二）《医疗器械临床使用管理办法》

医疗器械的安全有效使用直接关系医疗质量安全和人民群众身体健康。根据《医疗器械监督管理条例》有关规定，卫生健康主管部门依据职责，对医疗器械使用行为进行监督管理。2010 年，原卫生部制定发布《医疗器械临床使用安全管理规范（试行）》（卫医管发〔2010〕4 号）。该管理规范实施以来，在加强医疗器械临床使用的规范管理方面发挥了很好的作用，并且在完善医疗机构医疗器械使用管理制度及明确医疗器械临床使用不同环节管理要求等方面积累了很多有效经验。为进一步贯彻落实《条例》有关规定，将医疗器械临床使用管理中的有效经验上升为部门规章，加强医疗机构医疗器械临床使用管理工作，保障医疗器械临床使用安全、有效。

二、其他对医疗器械终端发展影响相关政策

（一）疾病预防控制政策

1.《公共卫生防控救治能力建设方案》

自 2020 年新冠肺炎疫情暴发以来，尤其进入疫情常态化之后，国家对疾病预防

控制的重视逐渐加强。2020年5月20日，国家发展改革委公布了《公共卫生防控救治能力建设方案》（下称《方案》），着手补全重大疫情防控救治能力的短板，调整优化医疗资源的布局，内容主要有四大方面：一是疾病预防控制体系现代化建设，建设目标是每个省至少有一个P3实验室，每个地级市至少有一个P2实验室，提升县级疾控中心的疫情发现和现场处置能力；二是全面提升县级医院救治能力，加强传染病病区建设，扩增重症监护病区床位；三是健全完善城市传染病救治网络，要求地级市扩大传染病集中收治容量，加强重症监护病区建设，配备体外膜肺氧合、PCR（Polymerase Chain Reaction，聚合酶链式反应）等仪器设备；四是改造升级重大疫情救治基地，每省建设1~3所。

从《方案》中可以看出，国家布局了全国直辖市、省会城市、地级市的传染病救治网络，甚至细化到提升县级医院的救治能力，建设了一套辐射全国的疾病预防控制体系。对于此布局，一是需求范围广，二是需满足医疗资源的纵深分布，三是需满足平战结合的物资保障。同时着眼疾控机构、传染病医院、综合性医院和基层医疗卫生机构的整合协同，促进资源梯次配置、开放共享，实现预防和医疗协同发展。

2. 依托大型综合性医院建立省级医用防护物资保障体系的建议

结合《方案》要求，以及地方省（市）医疗机构物资储备需求，依托大型综合医院既有的应急救援储备系统，建立由医院库房为1级库房、扩充后的大型综合医院应急库房为2级库房［包括省（市）物资储备库+医院医疗救援队库房］、物资供应商库房为3级库房的3级物资储备体系。3级物资储备体系内，按照先进先出的原则实行物资使用后结算管理，1级库房由物资供应商建立应急物资储备基数，按照2级库房的补货需求进行补货，2级库房物资按需调拨至1级库房。同时，为提升管理效率，建议2级库房库运作费用由省相关部门承担，人员配置及管理由大型综合医院负责并提供可视化的应急物资储备信息至省相关部门，省相关部门可对2级库房物资进行调度和监控。

（1）平时管理，对于日常需求量大的物资，由医院1级库房申领，按照实际需求情况，消耗补充，实现效期更新。

（2）战时管理省（市）物资储备库内应急物资由省相关部门统一调拨，大型综合医院先调拨应急物资库房、战略应急储备库内物资后，仍不满足使用需求的，由省卫健委统一从省（市）物资储备库调拨。

(二) 医院信息化建设政策

1.《医院智慧管理分级评估标准体系（试行）》

根据国家卫生健康委 2021 年 3 月发布的《医院智慧管理分级评估标准体系（试行）》，针对医院管理的核心内容，从智慧管理的功能和效果两个方面进行评估，结果最优的"5级"标准为：初步建立医院智慧管理信息系统，实现高级业务联动与管理决策支持功能。各管理部门能够利用院内的医疗、护理、患者服务、运营管理等系统，完成业务处理、数据核对、流程管理等医院精细化管理工作。建立医院智慧管理数据库，具备管理指标自动生成、管理信息集成展示、管理工作自动提示等管理决策支持功能。建立分级评估体系的目的如下。

（1）明确医院智慧管理各级别实现的功能，为医院加强智慧管理相关工作提供参照。

（2）指导各地、各医院评估医院智慧管理建设发展现状，建立医院智慧管理持续改进体系。

（3）完善"三位一体"智慧医院建设的顶层设计，使之成为提升医院现代化管理水平的有效工具。

对于医院来说，智慧化体现在医院管理、运营、流程、诊疗等多个不同层面，智慧医院的建设与发展，需要大数据作为基础支撑，没有信息化就没有现代化。通过医院信息化的建设，更好地支撑医院的运营体系，保障医疗器械人员、设备、物资等需求，也能进一步推动公立医院高质量发展。

2.《关于推动公立医院高质量发展的意见》

2021 年 6 月 4 日国务院颁布《关于推动公立医院高质量发展的意见》，从六个方面部署了推动公立医院高质量发展，包括构建公立医院高质量发展新体系、引领公立医院高质量发展新趋势、提升公立医院高质量发展新效能、激活公立医院高质量发展新动力、建设公立医院高质量发展新文化及坚持和加强党对公立医院的全面领导。力争通过 5 年努力，公立医院发展方式从规模扩张转向提质增效，运行模式从粗放管理转向精细化管理，资源配置从注重物质要素转向更加注重人才技术要素，为更好提供优质高效医疗卫生服务、防范化解重大疫情和突发公共卫生风险、建设健康中国提供有力支撑。

我国已经转向高质量发展阶段，公立医院也从量的积累至质的提升。我国已经迈入中高收入国家行列，完全有必要也有基础加快发展卫生健康事业，扩大优质医疗资源供给，努力满足人民日益增长的医疗卫生服务需求，在此背景下需要落实十九届五中全会的重要举措,加快提高卫生健康供给质量和服务水平。经过改革开放40年来医疗服务体系建设、20年来医院能力建设、10年来深化医药卫生体制改革的实践探索,公立医院已经到了从"量的积累"转向"质的提升"的关键期,必须把发展的着力点放到提升质量和效率上。

3.《"十四五"优质高效医疗卫生服务体系建设实施方案》

2021年7月1日,国家发展改革委、国家卫健委、国家中医药管理局和国家疾病预防控制局共同编制的《"十四五"优质高效医疗卫生服务体系建设实施方案》(以下简称《实施方案》)发布。在公立医院高质量发展工程方面,《实施方案》提出,中央预算内投资重点支持国家医学中心、区域医疗中心建设,推动省域优质医疗资源扩容下沉,支持脱贫地区、三区三州、中央苏区、易地扶贫搬迁安置地区县级医院提标扩能,加快数字健康基础设施建设,推进健康医疗大数据体系建设,扩大优质医疗资源辐射覆盖范围,进一步缩小区域、城乡差距,更好满足群众就近享有高水平医疗服务需求。

(三)非公医疗相关政策

社会办医是我国医疗卫生服务体系的重要组成部分,对满足人民群众多样化多层次医疗卫生服务需求具有重大意义。党中央、国务院高度重视社会办医的发展,近年来出台了一系列政策措施。2019年,国家卫生健康委会同国家发展改革委等10部门联合印发的《关于促进社会办医持续健康规范发展的意见》(国卫医发〔2019〕42号)(以下简称《意见》),对促进社会办医持续健康规范发展做出整体性部署。为进一步落实《意见》要求,指导民营医院加强内涵建设、规范执业行为、全面提升服务能力和管理水平,促进民营医院持续健康发展,国家卫生健康委和国家中医药管理局决定自2020年8月起,组织开展为期3年的"民营医院管理年"活动。

《意见》以"规范促发展、质量提内涵"为主题,以加强依法执业、完善规章制度、规范诊疗行为、加强质量管理、落实院务公开为重点,就提升社会办医疗机构管理能力和医疗质量安全水平,提出了三大方面的工作要求。一是按照法律法规和现代医院管理制度要求,完善各项规章制度,提高管理能力。二是严格依法执业,规范医疗行为,按照诊疗指南、操作规范等合理开展诊疗,保障医疗质量安全。三是加强日常质控工作和医疗安全风险防范,做好新冠肺炎疫情常态化防控工作,探索构建长效机制。

未来,随着政策文件逐步落地,公立医院主体地位有望强化,民营医院管理建立长效机制,加强常态化、规范化、精细化管理,公共卫生服务能力将得到加强,医疗器械装备水平也将进一步提升，国家的医疗体系改革的新篇章已经翻开。

第七节　医疗器械行业"十四五"趋势展望

先进医疗器械是健康保障体系建设的重要基础，是推进医学诊疗技术进步的主要动力，是优化医疗服务供给的核心引擎，也是引领医学模式转变的变革性力量，具有高度的战略性、带动性和成长性，其战略地位受到世界各国的普遍重视，是一个国家科技进步和全民健康保障能力的重要标志。我国医疗器械领域的创新整体上仍以跟踪仿制为主，相关科技基础仍需进一步加强，共性关键技术和重要核心部件亟待进一步突破，面向跨学科、跨领域、跨产业的技术融合仍需加强，"产–学–研–医–检"结合还不够紧密，医研企协同创新机制尚待健全，医疗器械科技产业创新模式亟待进一步优化。

习近平总书记在全国科技创新大会上强调："高端医疗装备主要依赖进口，成为看病贵的主要原因之一"。先进医疗设备研发体现了多学科交叉融合与系统集成。国家着力推动医疗器械产业健康发展，在"十三五"期间出台了一系列政策。科技部牵头发布了专项规划，成立了医疗器械产业技术创新战略联盟，部署了一批创新研究项目，启动实施了"创新医疗器械产品应用示范工程"，大力推进了产学研医协同创新，科技与金融的融合，建立健全科技创新体系。与此同时，国家强化医疗器械监管体制，改革医疗器械招采方式，大力推动医疗器械国产化。我国医疗器械产业取得了一系列重大成果，医疗器械国产化发展取得了积极进展。

2021年是"十四五"开局之年，我国进入新发展阶段，发展基础更加坚实，发展条件深刻变化，进一步发展面临新的机遇和挑战。医疗器械面临着新的发展机遇，有望在"十四五"期间得到健康发展。医疗器械是医疗服务体系、公共卫生体系建设的重要基础，是保障国民健康的战略支撑力量，在健康中国战略中的地位日益凸显。

新冠肺炎疫情暴露了当前国内医疗器械产业存在的诸多问题，如高端医疗设备与关键零部件存在瓶颈，重点产品与技术的创新资源未能得到有效协同等。医疗器械是战略新兴产业，涉及多个高科技行业，国家重视医疗器械行业发展，中国"十四五"规划提出，完善创新药物、疫苗、医疗器械等快速审评审批机制，加快临床急需和罕见病治疗药品、医疗器械审评审批，促进临床急需境外已上市新药和医疗器械尽快在境内上市。多个省市"十四五"规划均关注医疗器械领域。

一、医保采购更加规范，虚高价格得到根本纠正

"十三五"期间的国务院实施医疗器械招采改革，安徽、江苏两省的试点获得成功，2020年第一次高值医用耗材影响重大。医疗器械的集中采购已经是大势所趋。2021上半年的高值医用耗材带量采购将改革推向深入，全面推行只是时间问题。

"4+7"式带量采购这样的集采招标模式并不是一个全新的概念，之前的省级招标采购可以说是一种小范围的集中采购。不同之处在于，"4+7"式带量采购之前，各级单位到医生依然有相当大的自由裁量权，"4+7"式带量采购实质上是将采购选择权收归行政权力统一行使。医药器械企业面对唯一买方，终端使用者面对指定的有限供方。

企业一旦中标，"赢者通吃"，可迅速占有大量市场份额，但必须给出最低的价格。企业中标后带来的确定性具有重大的价值，企业可以根据确定的销量更好地安排采购、生产，配备资源，节约管理成本，能够节省大量促销、流通等环节的费用，逐渐取缔回扣为主的销售驱动方式，回款周期也大大缩短。

下一步，国家医保局全力推进建立招标、采购、交易、结算、监督一体化的省级招标采购平台，推进全国性联盟采购机制。同时，统筹建设全国统一的医疗保障信息平台药品和医用耗材招采管理子系统，实现全国联动的药品耗材招采、配送、监管，满足统一编码、统一模式、统一监管、属地管理的需求。国家医保局将推动药品、医用耗材信息动态挂网，加速药品、医用耗材目录全面更新，逐步推进医用耗材的集中带量采购。按照国家医保局下一步的工作目标显示，招采合一的平台建成后，医用耗材全国范围内的价格联动和统一挂网也将很快落地。招采平台投入使用后，招采合一、价格联动的全国一盘棋之下，医用耗材带量采购的范围和力度也将非比寻常。

二、国家持续推进进口替代，扶持医疗器械产业发展

国家对医疗器械行业加大扶持力度，鼓励医疗器械创新研发，不断提高公立医疗机构国产医学诊疗设备等医疗器械的市场份额，鼓励进口替代。2021年3月2日，广东省卫生健康委发布了《关于2021年省级卫生健康机构进口产品目录清单的公示》（以下简称《进口产品清单》），132种进口医用设备清单缩减至46种，国产

设备进口替代超速发展。按照规定，政府采购应当采购本国货物、工程和服务，确需采购进口产品的要按有关规定进行审核论证，经财政部门核准后方可购买。也就意味着，除了本次纳入《进口产品清单》的 46 种医疗设备，省级公立医院在政府采购中，均须优先采购国产设备。进口替代加速，在成本竞争的同时对于企业可持续发展竞争力也提出了新的要求和挑战。成本战争的同时，企业的竞争力要保持乃至有所突破，就必须强化研发，开辟、引领新的高端产品竞争领域，研发能力和研发战略将成为未来企业可持续发展竞争力的重要驱动。

三、行业监管更严格，违法者成本增大

医疗器械直接关系人民群众生命健康。党中央、国务院高度重视医疗器械质量安全与创新发展。2000 年，国务院制定了《医疗器械监督管理条例》（以下简称《条例》），2014 年、2017 年分别做了全面修订和部分修改。该《条例》对保障医疗器械质量安全、推动行业健康发展发挥了重要作用。

2021 年 2 月 9 日公布修订后的《医疗器械监督管理条例》（以下简称新《条例》）。新《条例》自 2021 年 6 月 1 日起施行。新《条例》加大对违法行为的处罚力度，提高违法成本。一是大幅提高罚款幅度。特别是对涉及质量安全的违法行为，最高可处以货值金额 30 倍的罚款。二是加大行业和市场禁入处罚力度。为净化市场环境，将严重违法者逐出市场，视违法情节对违法者处以吊销许可证、一定期限内禁止从事相关活动、不受理相关许可申请等处罚措施。三是增加"处罚到人"规定。对严重违法单位的法定代表人、主要负责人、直接负责的主管人员和其他责任人员，没收违法行为发生期间自本单位所获收入，最高可以并处 3 倍罚款，5 年直至终身禁止其从事相关活动。随着医改的深化，行业监管日趋严格，将很大程度提高企业的专业化成本和管理成本。

第二章

发展热潮：
我国医疗器械供应链
发展现状与展望

第一节　市场整体分析

一、政策导向推动行业变革

医疗器械产业作为关系到人类生命健康的战略性新兴产业，在庞大而稳定的市场需求下，长期以来一直保持着良好的增长势头。2020年新冠肺炎疫情席卷全球，在这不同寻常的一年里，我国对医疗行业发展愈发重视，医疗器械行业迎来了新的政策变革，实现了新的发展。

政策方面，在新型冠状肺炎疫情全球蔓延的形势下，为控制疫情，各国先后出台了多项医疗器械的利好政策。2020年，我国除针对疫情出台多部政策法规外，医疗器械政策也在持续稳步推进。国务院及国家卫健委、国家药品监督管理局、国家医疗保障局等部门出台发布了多项关于医疗器械行业的政策。从鼓励创新、加快审批、集中采购、UDI编码等多维度，为行业发展提供全方位引导支持，给医疗器械行业创造了良好的发展环境。

新冠肺炎疫情发生后，国家药监局紧急开辟了医疗器械应急审批的绿色通道，以保障应急防控及防疫所需的医疗器械。后疫情时代，国家发展改革委发布《公共卫生防控救治能力建设方案》，下达的资金使用覆盖在"长三角发展区""粤港澳大湾区""一带一路建设区"等21个省份的医疗产业。重点提升康复器械、骨科植入物等领域和方向的检验检测水平，补齐新技术领域的检验检测能力短板。

同时，我国快速推动医疗器械集采进程。以降价和控费为政策目标，重点解决高值医用耗材虚高价格问题。出台了《关于印发第一批国家高值医用耗材重点治理清单的通知》、《国家组织冠脉支架集中带量采购文件》（GH-HD2020-1）等一系列政策，推动了医疗器械行业，尤其是高值耗材进入重新"洗牌"期，逐步提高行业集中度。

二、经济形势增压行业发展

2020年是全面建成小康社会和"十三五"规划收官之年，这一年，百年一遇的新冠肺炎疫情重创全球经济。世界经济贸易增长放缓，各国封锁措施一度使经济大面积停摆、失业率飙升。国内经济下行压力仍然较大，但依然实现小幅增长。

据国家统计局统计，经初步核算，2020年全年国内生产总值达101.60万亿元，突破百万亿元大关，比上年增长2.99%，如图2-1所示。分季度看，一季度同比降低5.27%，创历史新低；二季度增长3.1%；三季度增长5.55%；四季度增长7.04%，经济态势逐步回升。分产业看，第一产业增加值7.78万亿元，增长10.33%，对GDP增长起主要拉动作用；第二产业增加值38.43万亿元，增长0.94%；第三产业增加值55.40万亿元，增长3.48%。在如此严峻的经济形势下，医疗器械行业仍旧逆流而上、稳中向好，彰显了蓬勃的生命力。

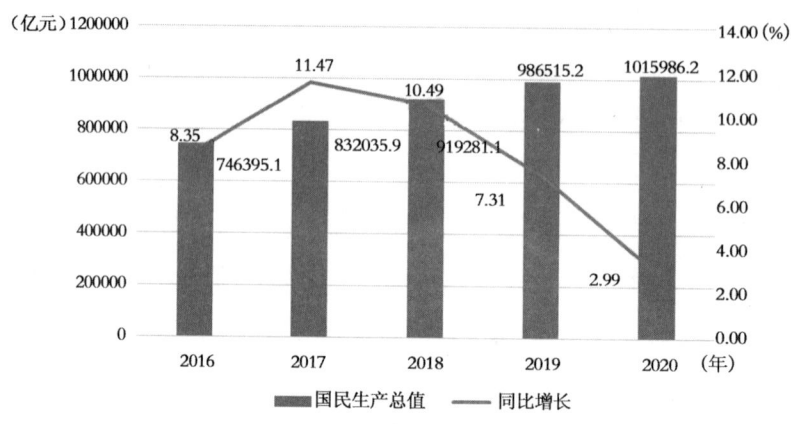

图2-1　2016—2020年中国GDP增长趋势分析

数据来源：国家统计局、中物联医疗器械供应链分会整理。

三、社会环境保障行业需求

从GDP总量数据来看，2020年GDP超过1万亿美元的国家有16个，中国排名第二。此外，中国也是唯一一个GDP正增长的世界主要经济体。据国家统计局统计，2020年我国人均国内生产总值72000元，比上年增长2.38%。国民总收入1008782.5亿元，比上年增长2.54%。随着宏观经济的小幅提升，我国居民可支配收入也保持小幅增长，居民消费能力得到提升。2020年全国居民人均可支配收入32189元，比上年名义增长4.7%。

随着经济水平的提高，居民生活得到大幅改善，但老龄化形势日益严峻。联合国人口基金发布的《2021世界人口状况》全球报告显示，现阶段世界人口总数为78.75亿人，与2019年发布的世界人口总数77亿人相比虽仍保持正增长的趋势，但增速在持续放缓，更多国家开始出现人口萎缩的现象。全球人口进入负增长时期。伴随着经济发展，人口负增长和人口老龄化成为常态问题。国家统计局数据显示，2020年我国总人口为141178万人，比上年末增加170万人。其中，65周岁及以上人口 19059 万人，同比增长了 1334 万人，占总人口的 13.5%，创 11 年以来新高，如图 2-2 所示。

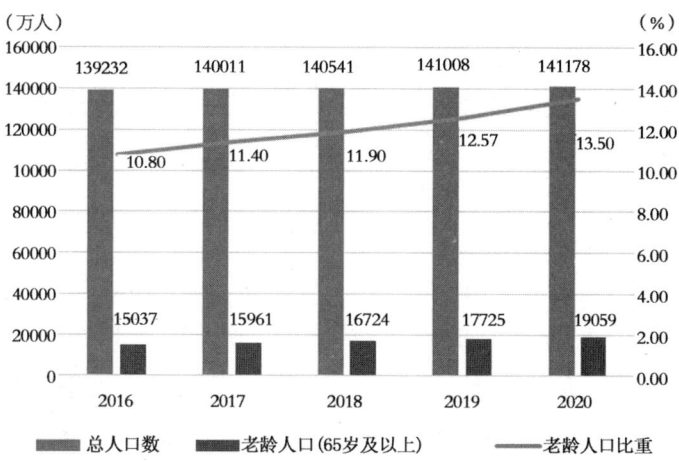

图 2-2 2016—2020 年中国老龄人口数量

数据来源：国家统计局、中物联医疗器械供应链分会整理。

2020 年，世界经济环境受疫情影响较大，疫情的全面暴发也直接导致了我国经济下行压力加剧。但伴随着居民人均可支配收入水平提高、国内医疗消费升级、人口老龄化趋势严重等因素影响下，人们普遍开始注重提高生命质量，自我保健意识也有所增强，从而保障了医疗器械产品的消费需求，进一步推动了医疗器械行业的高速发展。

四、技术创新助力行业兴盛

医疗器械行业事关人体健康和生命安全，是多学科交叉、知识密集、资金密集型的高技术行业。随着全球新技术的不断出现，医疗器械行业始终保持着较快的增速。

2020 年的疫情恰如一剂催化剂，大大加速了社会全行业的数智化进程。随着 5G、人工智能及物联网等技术的发展，远程医疗、远程诊疗数据共享开始发挥越来越重要的作用。慢性病在线问诊、药品配送及开具电子处方等业务成为互联网医疗朝阳业务。另外，政府不断鼓励拓展数字化医疗服务，经过一年"互联网+"的积极实践，互联网与医疗器械行业紧密结合，数字化医疗已经进入发展拐点。企业积极进行战略布局，未来随着数字化信息技术的不断发展，以及企业的升级运用，行业将涌现出更多新型零售方式。医疗器械供应链将逐步实现整体智能化的转型，形成医疗器械产品及物流设备智能化、远程问诊服务等，打造互联互通互享的供应链生态。

我国医疗器械产业将向更高科技、人性化、智能化的方向发展，有望在未来的医疗器械中加入高科技的元素，如机械传感器材、智能器械临床试验系统等。我国医疗器械技术不断实现创新与改革，助力了行业兴盛。

第二节 我国医疗器械工业市场发展现状

一、医疗器械工业市场环境分析

2020年是不同寻常的一年，全球疫情肆虐，医疗器械行业迎来了新的政策变革，实现了新的发展。政策环境上，一方面，国家药品监督管理局制定了一系列鼓励创新医疗器械发展的政策，疫情防控期间也启动了医疗器械应急审评审批；另一方面，在深化审评审批制度改革的同时，我国更加重视医疗器械上市后的监管，保障公众用械安全有效。同时，在药品"带量采购"政策快速推进的过程中，针对医疗器械的"带量采购"政策拉开了帷幕。市场环境上，2020年也主要围绕新冠肺炎疫情发生了许多变化，具体如下：

（一）国内医疗器械企业产品迎来出海新浪潮

2020年新冠肺炎疫情席卷全球，世界各地对检测试剂、医用口罩、呼吸机等医疗器械产品的需求暴涨，我国凭借强大的制造业产业链和高质量产品生产能力成为防疫医疗器械的主要出口国之一，实现了疫情下的逆风腾飞。特别是我国体外诊断企业，过往将产品出口到欧美发达国家有较大的困难，这次疫情国际上产品迎来了很好的国际化的窗口期。新冠肺炎检测试剂在国内激烈的市场竞争状况下，出口试剂盒仍然能够保持较高利润。统计数据显示，出口的抗体试剂均价在4美元/人份，核酸检测试剂均价在7美元/人份，产品净利率能够在40%以上。

（二）医院新基建带来新的市场需求

新冠肺炎疫情给全球掀起了新一轮医疗新基建浪潮，这将在需求端为中国医疗器械"黄金十年"提供更加强力的支撑。当前，全球公共卫生建设的顶层设计正在加强，公共卫生补短板提速，国内国外均掀起了新一轮医疗新基建的高潮，医疗器械市场规模扩张斜率更加陡峭。在国内，2020年5月，国家发展改革委、国家卫生健康委、国家中医药局制定了《公共卫生防控救治能力建设方案》，提出加强疾病预防控制体系现代化建设、全面提升县级医院救治能力、健全完善城市传染病救治网络、改造升级重大疫情救治基地、推进公共设施平台两用改造五大建设任务。6

月，国家卫生健康委发布了《关于完善发热门诊和医疗机构感染防控工作的通知》，在海外，西班牙、意大利、法国等欧盟国家和其他发展中国家均计划扩大医疗支出水平，提升应对公共卫生危机的能力。

（三）企业跨界进入医疗器械市场

新冠肺炎疫情催生了其他行业企业跨界进入医疗器械领域。天眼查数据显示，以工商注册变更信息为标准，自2020年2月1日至4月15日就有超过8万家企业经营范围新增了"口罩、呼吸防护、额温枪、防护服、医疗器械"等相关业务。其中不乏来自各行业的龙头企业，包括阿里巴巴、腾讯等互联网巨头，格力、海尔、美的等家电企业，比亚迪、上汽五菱等汽车厂商，富士康、OPPO、vivo等手机厂商等。以格力电器为例，格力继成立医疗科技全资子公司生产口罩机、体温枪、口罩后，又研发出可以杀灭新冠肺炎病毒的空气净化器。美的也通过并购万东医疗进入医疗器械领域。各行业龙头的加盟，为医疗器械带来了更多元、更丰富的资源，医疗器械领域的跨界融合也将促进行业竞争。

二、医疗器械工业市场现状分析

（一）中国医疗器械工业市场特点

1. 中国医疗器械工业市场规模持续保持高速增长

国内医疗器械市场近年保持20%左右的增速发展，未来市场空间巨大。中国物流与采购联合会医疗器械供应链分会（以下简称分会）经不完全统计，2020年我国医疗器械市场规模约为7517.7亿元，增速约为20.52%，接近全球医疗器械行业增速的4倍。我国医疗器械与药品人均消费额的比例约为0.35∶1，低于0.7∶1的全球平均水平，更低于欧美发达国家0.98∶1的水平。由于我国消费群体庞大、老年化的加剧、健康需求不断增加及政府的积极支持，我国医疗器械市场发展空间极为广阔。

2. 中国医疗器械市场格局高度分散且高端市场国产化不足

根据国家药监局数据，截至2020年底，全国医疗器械生产企业数量达26465家，较2019年底增长46.5%。其中，可生产Ⅰ类产品企业15536家，可生产Ⅱ类产品13011家，可生产Ⅲ类产品2181家。如图2-4所示。我国在医疗导管、敷料、手套、采血管和口罩等低端产品方面，我国产量居世界第一，大量出口海外。但在高端医疗器械领域，如MRI（Magnetic Resonance Imaging，磁共振成像）、CT（Computed Tomography，电子计算机断层扫描）、DSA（Digital Subtraction Angiography，数字减影血管造影）、软式内窥镜和放疗设备等方面自主生产能力较弱,关键技术瓶颈尚待突破,进口依赖程度较大,甚至存在"卡脖子"的技术难点。我国医疗器械生产型企业市场高度分散,缺乏国际化大型企业。截至2021年8月,我国近100家A股和港股上市龙头企业的营收规模也都偏小,2020年度,我国医疗器械企业排行榜第一名为迈瑞医疗为210.3亿元,其营业收入规模不足美敦力营收的10%。从上市公司的财务数据来看,2020年营业收入超过100亿元的仅有迈瑞医疗、威高股份、英科医疗、迪安诊断和振德医疗,超50亿元的还包括新华医疗、华大基因、乐普医疗、蓝帆医疗、润达医疗、鱼跃医疗和达安基因。

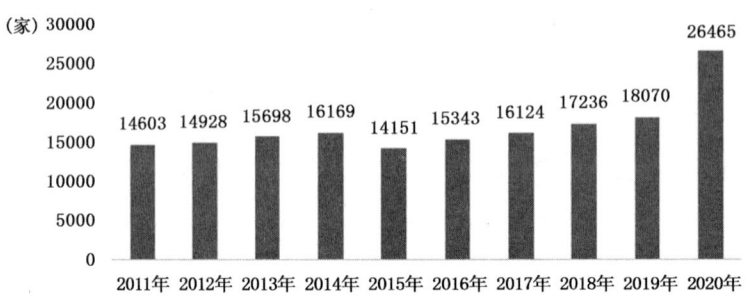

图2-3 中国医疗器械生产企业数量

数据来源:国家药监局官网。

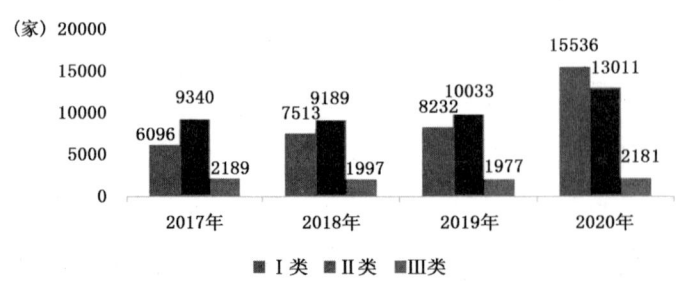

图2-4 中国近十年各类型医疗器械生产厂家分布

数据来源:国家药监局官网。

3. 我国医疗器械高端市场进口替代加速

2017—2020年的医疗器械国产化变化情况来看,国内医疗器械国产化程度在不断加深。2017年,国内仅有518项二类医疗器械产品国产化率超过50%,到2020年,这一数字达到881项,增长了70%。国内越来越多的医疗器械产品实现国产化突破。2017年,国内二类医疗器械产品中有166项产品未实现国产化替代,而到了2020年,仅剩60项产品无国产化。

国产医疗器械的进口替代从低端产品市场开始,已经渗透到高端市场。尽管在高端器械产品研发方面仍存在着一定的差距，但在部分领域的研发技术已居世界前列，如国内超声、冠脉支架等产品已实现了进口替代，目前，我国在低端、中端、高端超声市场上国产超声销售额占比分别为 76%、24% 和 4%。在同等技术条件下，"中国制造"性价比远高于进口产品。

4. 中国医疗器械市场呈现小批量、多品种的特点

医疗器械细分行业众多，包括医疗设备（如 CT、MRI、超声）、体外诊断（如生化、免疫、分子诊断）、高值耗材（如人工关节、晶状体、血管支架）、低值耗材等，是多个细分行业概念的集合。医疗设备各个类型的产品技术原理和工业流程差异较大，且分为多个型号，各个型号产品需求量不大。体外诊断试剂检测的原理多样，包括生化诊断、免疫诊断、分子诊断和 POCT（Point-of-Care Test，即时检验），而免疫诊断又包括胶体金、酶联免疫、化学发光等技术原理。由此可见，医疗器械行业具有细分赛道多、市场规模小的特点，所以企业较难在单一赛道做到较大的营收规模。我国医疗器械工业发展历史相对不长，多数专注于一个细分领域耕耘，企业产品管线普遍单薄，包括很多上市公司产品也是聚焦于一个细分领域，如祥生医疗专注于超声诊断仪器，爱朋医疗专注于精密微量注射，启明医疗专注于心脏瓣膜高值耗材。

（二）医疗器械工业市场区域分析

1. 中国医疗器械工业企业区域分布格局

我国医疗器械产业分布有明显的区域特征，全国已形成了几个医疗器械产业集聚区和制造业发展带，珠三角地区、长三角地区及环渤海湾地区 3 大区域成为国内的医疗器械产业集聚区。据不完全统计，3 大区域医疗器械的总产值和总销售额占全国总量的 80% 以上。因为各区域所具有的条件不同，这 3 大产业集聚区呈现出不同的地域特点。

（1）珠三角地区。以研发、生产医疗设备和体外诊断仪器及试剂产品而引人瞩目，主要包括监护设备、生化分析仪、诊断试剂、超声诊断设备、MRI 等影像设备和伽玛刀等大型设备。深圳是我国最早发展医疗器械产业的城市，其产值曾占全国近 25%。在过去的 30 年时间里，深圳医疗器械产业得到了迅速的发展。现已拥有千余家医疗器械生产企业，1500 多家医疗器械经营企业，年产值超过 250 亿元，产品外销比例超过 60%，成为中国最重要的医疗器械产业集群之一。早期的深圳安科高科技股份有限公司有医疗器械"黄埔军校"之称，后期涌现了如迈瑞医疗、华大基因、安科、理邦仪器、开立、亚辉龙和新产业等优秀企业。

（2）环渤海湾地区。以北京为中心的环渤海湾地区（含天津、辽宁、山东）医疗器械发展势头迅猛，形成包括DR（Digital Radiography，数字X线摄影）、MRI、加速器、骨科器材和心血管器材生产企业群，比如万东医疗、威高集团、东软医疗和新华医疗等。以北京地区为核心的研发成果向外扩散是环渤海湾地区医疗器械产业的一个突出特点，由于北京地区生产成本较高，导致许多技术成果向其他地区转移，其中向粤港澳大湾区和长三角地区转移较多。清华大学、北京大学、北京航空航天大学分别在深圳建立了分院，中国科学院也分别在深圳、苏州建立了医疗器械研究院等。

（3）长三角地区。以上海为中心的长江三角洲地区（含江、浙）其医用耗材的市场占有率很高，优质企业包括凯利泰、三友医疗和微创医疗等。长江三角地区医疗器械产业聚集区中小企业活跃，产业特色比较明显。长三角地区的一次性医疗器械和医用耗材在国内市场的占有率超过一半，代表性的产业有苏州的眼科设备、无锡的医用超声、南京的微波设备和射频肿瘤热疗设备、宁波的MRI产业等。加之以高科技为特征的上海医疗器械产业，长三角地区医疗器械产业聚集区已成为我国医疗器械创新、研发与生产的重要基地。

华中地区产业区武汉占据了医疗激光设备市场的半壁河山，包括奇致激光等企业。另外，乡镇特色医疗产业区，包括"中国医疗器械第一乡"江西进贤，"中国卫材之乡"河南新乡。

2. 中国医疗器械工业企业省域聚集格局

如表2-1所示，据国家药监局公布数据，2020年全国医疗器械生产企业数量稳步增长，其中广东省以4368家位居全国第一；江苏省、山东省分别以3559家、2754家，排名第二、第三；其次为浙江省（2060）、河北省（1656）、河南省（1030）、安徽省（982）、北京市（964）、上海市（963）、江西省（961）。广东省医疗器械产业发展迅猛，生产企业全国占比逐渐升高，企业数量增幅全国第一，得益于广东省优越的政策环境、完整的产业配套及完善的产业服务。

表2-1 我国医疗器械生产企业数量TOP10

序号	省份	数量（家）
1	广东省	4368
2	江苏省	3559
3	山东省	2754

续 表

序号	省份	数量（家）
4	浙江省	2060
5	河北省	1656
6	河南省	1030
7	安徽省	982
8	北京市	974
9	上海市	963
10	江西省	961

数据来源：国家药监局。

三、医疗器械工业市场面临挑战及发展建议

（一）中国医疗器械工业市场发展面临的挑战

1. 研发投入不够，创新水平不高，核心技术欠缺

目前我国医疗器械企业产品研发仍以仿制和改进设计为主，如IVD技术的原始创新能力严重不足，主要体现在缺乏原创性的新型诊断生物标记物。企业研发投入金额不足，其主要原因是我国医疗器械产业企业规模偏小。2020年我国医疗器械全部上市公司的研发投入合计不及国外美敦力一家企业研发投入，导致科技成果转化能力薄弱，没有技术和实力去超越跨国企业，只能走仿制的道路。同时，我国医疗器械的研发还存在产、学、研结合不紧密，医学界与学术界不能真正满足企业的需求，研发与临床的结合不紧密等创新方面的问题。中国医疗器械行业的整体竞争力仍然有待提升。国产医疗器械尚未实现全品类的突破，导致国内市场部分高端设备仍以进口为主，国际市场"能打"的国产设备仍是少数，国产品牌与国际巨头"拼刺刀"的能力不足。

2. 与上下游产业链条合作还须加强

医疗器械产业与其上游的材料、电子、计算机、机械、光学和能源等其他产业有着非常密切的关联。这种上下游产业链条是以市场需求为引导的，随着分工的细化和市场交易的更加活跃，医疗器械产业链将在延伸的同时得到完善和优化。我国医疗器械的上游产业对医疗器械产业的发展有较大的制约作用，很多关键材料和技术面临"卡脖子"问题，直接影响到医疗器械的技术走向。采取专业化协作和择优

选择的模式是摆在国内医疗器械企业面前的重要问题。然而跨学科、跨产业的协作不畅问题也正是我国医疗器械产业发展面临的一个阻碍。

3. 医疗器械产品同质化严重，竞争越来越激烈

我国医疗器械生产企业的产品同质化较严重，具备生产一类和二类器械产品资质的企业有近3万家，而能够生产三类产品的企业仅2400家左右。生产组装型企业占比90%以上，独立研发型企业少，原创技术与原创产品较少，特别是医疗设备领域，企业主要集中在中低端市场，造成的产品同质化现象严重，以及高端市场竞争力不足等问题，严重阻碍着行业的发展。如拥有DR产品注册证的企业达数十个，但是产品主要靠组装，集中于低端市场。在医保控费背景下，同质化的产品及商业模式将导致行业竞争愈加激烈，造成企业盈利能力不强。目前国内近100家上市医疗器械企业，有近40家企业净资产收益率（Return on Equity，ROE）小于10%，低端产品靠OEM（Original Equipment Manufacturer，原始设备制造商）模式赚取较低的利润。

4. 产业链上游的关键核心技术亟待突破

我国IVD和医疗设备的产业关键核心原料和零部件生产技术基础薄弱，质量不能满足临床产品开发需求，如超导磁体、梯度线圈、大热容量球管、高分辨率探测器、抗体诊断酶、加样针、鞘流池、激光器等。在关键技术方面，由于自动化、智能化、快速精准技术的相对落后，导致新兴应用领域的拓展缺乏相应的技术支撑。

5. 产品质量控制体系还需加强

医疗器械是关乎群众健康的产品，必须保证产品"安全和有效"。一方面是产品的研发和技术升级需要反复的验证，另一方面是生产质量控制体系必须保障产品的批量性稳定。目前我国很多器械生产企业缺乏完善的质量控制体系，或者仅仅是为了通过审查而维持的质量体系，导致产品质量检测数据稳定性或者精密度不够，非常不利于产品的品牌形象，也就很难进入国内三甲医院的高端市场。

（二）中国医疗器械工业市场发展建议

1. 加强医疗器械行业顶层设计和资源分布

国内医疗器械行业要加强医疗器械产业规划，做好顶层设计。建议组织国内产业、技术和政策等领域一流专家团队制定未来十年医疗器械产业发展规划和三年行动计划，为医疗器械产业高质量发展做好顶层设计，减少产业重复性建设，合理布局产能。在全国医疗器械聚集区域开展共享基础设施及实验室试点。通过共享实验平台的建设，降低初创、中小型医疗器械企业的成本、人员压力，将企业有限的资

金和人员集中用于技术创新研发和生产工艺提升。

2. 加强医疗器械产学研联合攻关

中国在技术、材料、装备和工艺水平等方面薄弱，缺乏自主创新技术，阻碍了医疗器械高附加值新产品的研发，核心零部件技术有待于攻克。国内要加强集聚创新科技资源要素，围绕人工智能、大数据、医学影像技术和新材料等建设高端医疗器械产业平台。

3. 推动医疗器械行业加速整合

国家医疗器械监管部门应加强产品的事后应用监管，开展质量整治专项行动，包括虚假注册申报、违规生产、非法经营、夸大宣传、使用无证产品等行为。通过淘汰落后产能，倒逼医疗器械行业整合加速，提升行业集中度，培育一批200亿~500亿元的大型龙头企业，集中研发资源进行创新攻关。

4. 加大国产医疗器械支持力度

进一步加大对医疗器械产业扶持力度，重点围绕高端影像设备、高值耗材和新型生物材料等细分领域出台专项支持政策，支持国内医疗产业转型升级。

第三节 我国医疗器械商业市场发展现状

一、医疗器械商业市场发展背景

我国医疗器械的崛起离不开政策的支持，近年来，从中央到地方，各级政府对医疗器械发展的扶持力度持续加大，我国医疗器械迎来发展良机。一方面，分级诊疗持续推进，基层诊疗量增加，扩大了基层采购需求，医院终端医疗设备配置增量进一步扩大。另一方面，国家鼓励创新，设置特别审批通道，创新产品注册时长大幅缩短，加快创新产品上市变现，激活我国医疗器械企业的研发创新活力。此外，2016年3月，国务院印发《促进医药产业健康发展指导意见》，明确严格落实《中华人民共和国政府采购法》规定，国产药品和医疗器械能够满足要求的，政府采购项目原则上须采购国产产品，逐步提高公立医疗机构国产设备配置水平。2021年6月，国家税务总局发布《关于修订〈研发机构采购国产设备增值税退税管理办法〉的公告》，即日起至2023年12月31日，凡是符合条件的研发机构采购国产设备，将全额退还增值税，在一定程度上将直接带动相关设备的采购率。国家支持采购国产设备，有助于提高国产化率,加快进口替代进程,有利于打开国产医疗器械的销路。

二、医疗器械商业市场现状分析

(一) 总体情况

2020年,受新冠肺炎疫情的影响,生命信息与支持业务的监护仪、呼吸机、输注泵,医学影像业务的便携彩超、移动DR,体外诊断业务的新冠肺炎IgG/IgM抗体检测试剂等和疫情直接相关的产品的需求迅猛增加。但是全球医疗器械生产供应链的断裂,使得各国产品产量跟不上急迫的使用需求。在此严峻形势下,我国迅速恢复了生产能力,既保障国内防疫物资需求,又积极响应其他国家的防疫物资需求。在出口订单激增和国内需求扩大的背景下,2020年我国医疗器械产业规模再创新高,以上市公司为例,2020年全国106家医疗器械上市企业总营收达到2534.4亿元,同比增长50.3%。[1]

表2-2 公共卫生系统补齐短板涉及的物资与相关公司(部分)

序号	应急救治物资	相关上市公司
1	监护仪	迈瑞医疗、宝莱特、理邦仪器
2	呼吸机	迈瑞医疗、鱼跃医疗
3	输注泵	迈瑞医疗、威高股份
4	便携式彩超	迈瑞医疗、开立医疗、祥生医疗
5	移动DR	迈瑞医疗、万东医疗
6	CT(含车载CT、方舱CT)	万东医疗、新华医疗、东软集团
7	荧光定量PCR仪	达安基因、艾德生物、透景生命、凯普生物、硕世生物、华大基因等
8	多重呼吸道病原体快速核酸检测系统	达安基因、艾德生物、透景生命、凯普生物、硕世生物、万孚生物、安图生物、迈克生物、东方生物等
9	超低温冰箱	海尔生物
10	生化分析仪	迈瑞医疗、安图生物、新产业、迈克生物、九强生物、科华生物、利德曼
11	可视喉镜	开立医疗
12	制氧机	鱼跃医疗

数据来源:国家药监局国产产品注册数据、众成医械研究院。

另外,2020年我国医疗器械对外贸易额达1398.53亿美元,同比增长112.0%;

---

[1] 数据来源:各上市企业公布的年报。

其中，进口额为383.83亿美元，同比增长5.2%；出口额为1015亿美元，同比增长244.0%。根据中国海关总署公布的数据，2020年我国医疗器械出口金额在5月份达到峰值，如图2-5所示。

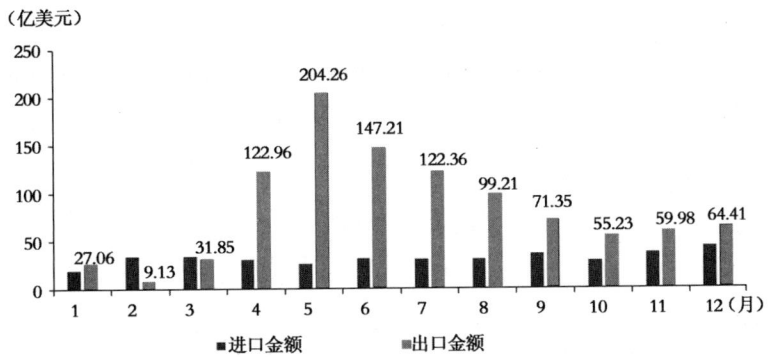

图2-5 2020年我国每月医疗器械对外贸易结构情况

数据来源：中国海关总署、众成医械研究院。

（二）进出口市场

1. 市场分布

在进口市场方面，2020年我国医疗器械商品进口总额为383.53亿美元，同比增长5.2%；美国、德国、日本、瑞士、爱尔兰等为主要输入国家。其中，美国进口额达94.31亿美元，占比24.6%；另外，从韩国、法国、德国进口医疗器械的增幅较高，分别为25.8%、13.8%和8.1%，如表2-3所示。

表2-3 2020年我国医疗器械主要进口市场情况

来源地	进口金额（亿美元）	同比增长（%）	占比（%）
全球境外	383.5	5.2	100.0
美国	94.3	-0.8	24.6
德国	79.5	8.1	20.7
日本	35.2	7.8	9.2
瑞士	20.2	3.0	5.3
爱尔兰	18.5	-22.7	4.8
墨西哥	15.6	6.8	4.1
韩国	9.8	25.8	2.6
英国	8.7	2.8	2.3
荷兰	8.4	0.2	2.2
法国	8.4	13.8	2.2

数据来源：中国海关总署、众成医械研究院。

此外，2020年我国从"一带一路"沿线国家进口医疗器械商品总额达37.04亿美元，同比增长18.8%；主要包括新加坡、马来西亚、以色列、越南、泰国等国家，如表2-4所示。

表2-4 2020年我国医疗器械主要进口市场情况（"一带一路"沿线国家部分）

来源地	进口金额（亿美元）	同比增长（%）	占比（%）
"一带一路"沿线国家	37.04	18.8	100.0
新加坡	7.86	-14.1	21.2
马来西亚	6.03	63.7	16.3
以色列	5.43	-1.8	14.7
越南	3.75	28.8	10.1
泰国	2.94	35.9	7.9

数据来源：中国海关总署、众成医械研究院。

在出口市场方面，2020年我国医疗器械出口总额为1015.0亿美元，同比增长244.0%；产品主要出口美国、英国、德国、日本和法国等国家。其中，出口美国的金额达260.36亿美元（含148.04亿美元的口罩与防护服产品）。另外，我国医疗器械出口法国、英国、加拿大的增幅显著，分别为755.5%、659.7%和637.8%，如表2-5所示。

表2-5 2020年我国医疗器械主要出口市场情况

目的地	出口金额（亿美元）	同比增长（%）	占比（%）
全球境外	1015.0	244.0	100.0
美国	260.4	209.6	25.7
英国	80.8	659.7	8.0
德国	73.9	319.4	7.3
日本	63.4	208.5	6.3
法国	48.6	755.5	4.8
意大利	36.4	633.9	3.6
加拿大	33.0	637.8	3.3
荷兰	25.3	202.6	2.5
中国香港地区	24.3	44.6	2.4
西班牙	22.7	591.8	2.2

数据来源：中国海关总署、众成医械研究院。

此外，2020年我国向"一带一路"沿线国家出口医疗器械商品总额达176.77亿美元,同比增长181.6%;产品主要出口俄罗斯、新加坡、印度、阿联酋和波兰等国家,如表2-6所示。

表2-6 2020年我国医疗器械主要出口市场情况("一带一路"沿线国家部分)

目的地	出口金额（亿美元）	同比增长（%）	占比（%）
"一带一路"沿线国家	176.77	181.6	100.0
俄罗斯	20.56	336.5	11.6
新加坡	14.35	261.8	8.1
印度	10.69	35.4	6.1
阿联酋	9.74	407.8	5.5
波兰	9.03	159.5	5.1

数据来源：中国海关总署、众成医械研究院。

2. 产品分析

2020年,我国医用耗材出口额达729.19亿美元,占总出口额71.8%;其中,口罩与防护服类低值耗材商品出口总额达645.0亿美元,占总出口额63.5%。体外诊断试剂进口额达110.90亿元,占总进口额28.9%。此外,呼吸机进口额达28.94亿元,如表2-7所示。

表2-7 2020年我国医疗器械主要商品进出口贸易金额清单

商品类别	贸易总额（亿美元）	进口额（亿美元）	出口额（亿美元）
医用耗材	824.09	94.90	729.19
诊疗设备	193.23	94.34	98.89
保健康复	41.07	4.56	36.51
医用敷料	24.67	4.34	20.33
口腔设备与材料	18.95	9.06	9.89
体外诊断试剂	163.99	110.90	53.09
体外诊断仪器	50.43	29.24	21.19
其他	82.12	36.18	45.94
合计	1398.54	383.52	1015.03

数据来源：中国海关总署、众成医械研究院。

(三) 区域分析

1. 企业数量

截至2020年底,全国共有Ⅱ、Ⅲ类医疗器械经营企业898591家,同比增长51.4%。其中,仅经营Ⅱ类医疗器械产品的企业583198家,仅经营Ⅲ类医疗器械产品的企业77021家,同时经营Ⅱ、Ⅲ类医疗器械产品的企业238372家,如图2-6所示。

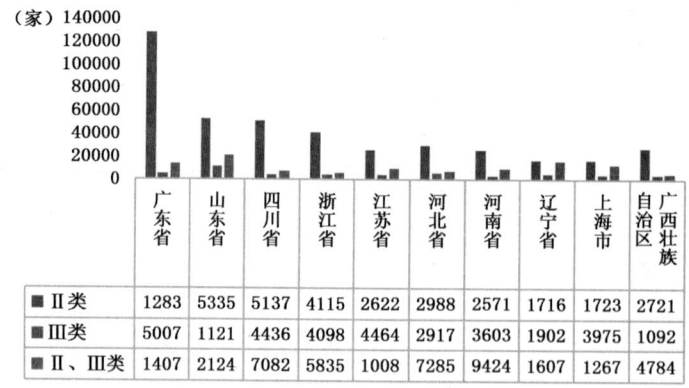

	广东省	山东省	四川省	浙江省	江苏省	河北省	河南省	辽宁省	上海市	广西壮族自治区
■Ⅱ类	1283	5335	5137	4115	2622	2988	2571	1716	1723	2721
■Ⅲ类	5007	1121	4436	4098	4464	2917	3603	1902	3975	1092
■Ⅱ、Ⅲ类	1407	2124	7082	5835	1008	7285	9424	1607	1267	4784

图 2-6　截至 2020 年底全国各省市医疗器械经营企业数量分布（TOP10）

数据来源：国家药监局《2020 年药品监督管理统计年度报告》。

从各省份数量分布看，广东省医疗器械经营企业数量达 147396 家，领跑全国。其后，山东省和四川省分别以 85815 家和 62893 家位居第二和第三，如图 2-7 所示。

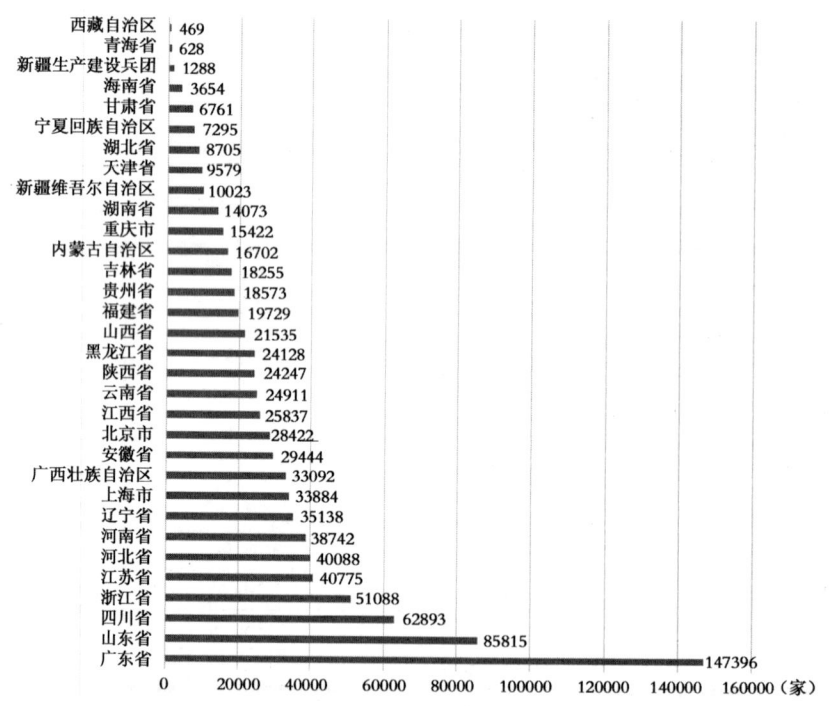

图 2-7　截至 2020 年底全国各省份医疗器械经营企业情况

数据来源：国家药监局《2020 年药品监督管理统计年度报告》。

2. 企业类型

从企业类型看，全国医疗器械经营企业主要以经销商和药房为主，如图 2-8 所示，总量占比 95.2%。根据企业经营备案证和经营许可证的整理信息，全国医疗器械经营企业主要以零售和批零兼营两种经营模式为主，两种经营模式的企业占总体的 80% 以上。

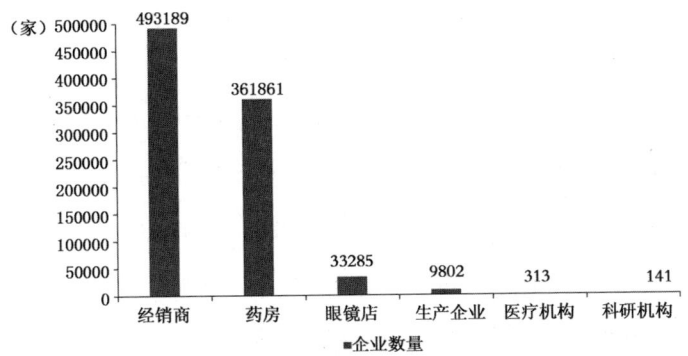

图 2-8　2020 年全国医疗器械经营企业各类型企业数量分布

数据来源：国家药监局、广东省药监局、广东省各市市监局经营备案/许可信息、众成医械研究院。

其中，药店作为医疗器械零售的主力军，截至 2020 年底，全国共有药店 361861 家（总体占比 40.3%），其中广东省以 42544 家（省内经营企业占比 28.9%）药房先拔头筹，其后山东省和四川省分别以 26421 家（30.8%）和 26411 家（42.0%）居于第二和第三位。从地理环境看，广东省全省占地 179725 km^2，平均 0.24 家药店/km^2；山东省 157900 km^2，平均 0.17 家/km^2；四川省 486000 km^2，平均 0.05 家/km^2；截至 2020 年底，广东省常住人口 12601.25 万，山东省 10152.75 万，四川省 8367.49 万。综合对比看，三省药店人均分配相近。

三、我国医疗器械商业市场面临挑战

（一）两票制压缩商业企业数量

2016 年 6 月，九部委联合下发《2016 年纠正医药购销和医疗服务中不正之风专项治理工作要点》，明确在耗材采购中实行"两票制"；这是国家级文件中两票制政策第一次提到医疗器械领域。2019 年 7 月，国务院发布《治理高值医用耗材改革方案》，明确：鼓励各地结合实际通过"两票制"等方式减少高值医用耗材流通环节。截至目前，全国已有多个省份开始试点或者全面实施耗材两票制。在两票制等综合政策的引导下，市场压缩中间多余的企业，医疗器械销售渠道结构发生变化，经营难度加大。三级渠道（四票）和二级渠道（三票）须转变为一级渠道（两票）和零级渠道（一票），或是企业间兼并重组加速，增强企业竞争力，成长为大型经销商，跻身销售前列。

（二）集采改变购销模式，清洗市场环境

在医疗改革严格推进的背景下，全国范围内推行高值耗材带量采购，部分省开始开展低值耗材带量采购，过去的购销模式已被逐步淘汰。目前，医院终端医疗器

械购置任务主要通过招标采购的方式完成，其余 C 端（Consumer，消费者端）用户的购置需求主要通过药店、医院推荐门店以及互联网平台等途径满足。企业一旦中标，将迅速占有大量市场份额，同时可根据确定的销量更好地安排采购、生产，配备资源，节约管理成本，能够节省大量促销、流通等环节的费用，逐渐取缔回扣为主的销售驱动方式，整理此前混乱的市场环境。未中标企业将面临着要争抢小市场份额的困境及由此带来的巨大不确定性和非常有限的腾挪空间，如果经营不当，企业最终将被淘汰出局，简化当前市场主体复杂多样的环境。

（三）医疗器械供应链合作关系亟须破旧立新

在外部竞争环境和需求端发生显著变化的背景下，过去通过扩大生产产量、降低生产成本来增加利润的时代已经过去，合理的供应链管理是企业有序发展的基本。目前，医疗器械市场份额主要来自医院终端，少量来自于零售药店和理疗体验店，由于医院购销需求主要通过公开招标采购满足，虽然需求明确，但全国医院数量众多、需求多样，将不断加大医疗器械企业经营的不确定性。同时，由于招标采购的性质，医院终端对交货期、所需产品和服务的要求更高。如何借助企业之间的战略合作，最大限度地减少内部消耗，实现供应链上合作企业达到同步化、供应链整体利润最大化，使得竞争优势更稳定是当务之急。

四、我国医疗器械商业市场发展方向

（一）供需信息数字化

就供需双方而言，传统的交易模式已无法满足快速发展的医疗器械行业。在过去很长一段时间内，医疗器械采购信息相对闭塞，且购买过程不够透明，监管难度大。此外，由于医院终端医疗器械采购货款不由医疗保障系统直接结算，加上监管有难度，容易出现货款拖欠等交易纠纷。同时，医疗器械行业是一个高风险行业，一旦研发、注册、生产、上市这些环节管理不到位，就有可能给企业带来损失。在此市场环境下，医疗器械行业数字化不仅能帮助企业实现工作效率的提升、内部信息协同共享、企业间市场信息的快速交互，而且能保障医疗器械采购信息的畅通、购置器械的过程公开透明、供需双方的权益。

（二）销售渠道多元化

为寻求新的业务增长点，各大医疗器械经营企业将引入新的经营策略，构建多元化的销售渠道，例如通过自建网站或入驻网络交易服务第三方平台，即时搜集用户需求反馈信息，探索更大的市场空间；结合线上线下渠道推广，将药店作为医疗器械的线下体验网点,提高宣传效果;未来实体药店可作为医疗器械的仓储点,开拓线下配送业务。同时,大型连锁实体药店可根据自身条件拓展第三方医疗器械物流业务。

(三) 供应链规范化

合同销售组织(Contract Sales Organization,简称CSO)是近年来国外颇受欢迎的商业机构组织,主要依靠提供信息、物流和服务推广等来获取利润;为客户在产品或服务的销售和市场营销方面提供全面的专业帮助,扩大产品覆盖面,降低相关风险。在多轮医疗保障制度改革的背景下,国外医疗器械CSO机构、国内药品CSO机构成功的案例,对中国械企的良性发展有着极其重要的借鉴作用。未来,专业化、大型化的CSO机构将是我国医疗器械供应链中的重要角色。

(四) 商业流通集中化

随着耗材集采的常态化、制度化,医疗器械领域将加速提升行业集中度。商业及流通市场呈现集约化发展格局,医疗器械商业及流通企业将通过多种方式加快兼并重组步伐,提升智能化水平,延伸供应链服务,创新业务模式,积极转型升级,实现多元化、规模化、集约化经营发展。

第四节 我国医疗器械终端市场发展现状

一、我国医疗器械终端市场分类

根据终端使用场景的不同,医疗器械分为医用医疗器械和家用医疗器械两大类(见表2-8)。

表2-8 终端医疗器械分类

类别	定义	市场渠道	代表
医用医疗器械	医用医疗器械是指临床集中预防、诊断和治疗过程中所用的各种检测设备、诊断仪器、试剂耗材及信息软件等,医用医疗器械在市场上占据绝对主导地位。	各级别和类型的医疗服务机构	影像设备类:PET-CT、核磁共振、血管造影等; 体外诊断类:生化/免疫/分子/血球分析仪及试剂等; 高值耗材类:心脏介入类器材、骨科介入、植入性人工器等; 诊断监护类:单/多参数监护仪、监护站、麻醉机等; 低值耗材类:注射器、采血管、手术包、透析耗材等; 软件信息类:医院信息系统、远程医疗系统等。

续表

类别	定义	市场渠道	代表
家用医疗器械	家用医疗器械是指在家庭使用的医疗器械，相对于医院医疗器械，家用医疗器械具有操作简单、体积较小、方便携带等特性。	药店、超市、电商网站等	家用检测类：电子血压仪、血糖仪、体温计等； 家用治疗类：家用制氧机、家用呼吸机、按摩仪、视力治仪； 家用保健类：按摩捶、养生保健壶、拔罐器、刮痧板等； 家用理疗类：特定电磁波治疗仪、电疗机器、光疗仪器等； 家用康复类：家用跑步机、瑜伽球和哑铃等。

资料来源：公开数据。

从人均药品和医疗器械消费额比例来看，2020年我国仍为1∶0.35左右，远低于1∶0.7的全球平均水平，更低于发达国家1∶0.98的水平，未来发展空间可期。以过去几年的终端占比趋势看，2020年我国医用医疗器械市场规模约5262.39亿元，家用医疗器械市场约2255.31亿元，如图2-9所示。

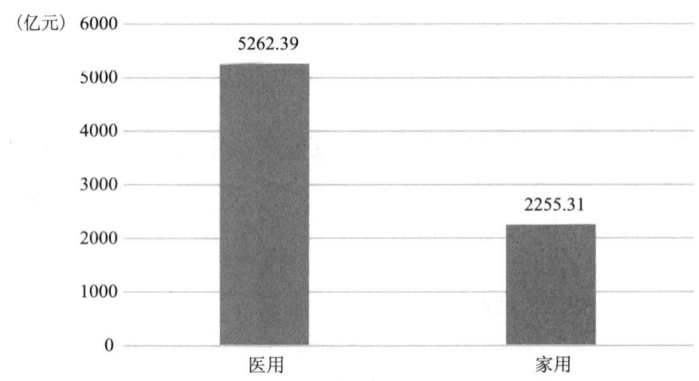

图2-9 2019年国内医疗器械各终端场景市场规模

资料来源：中物联医疗器械供应链分会。

从市场渠道上看，医用医疗器械主要是临床所需的检测设备和诊断试剂耗材，主要在各种类别的医疗机构采购和使用。而家用医疗器械产品如电子血压计、低频治疗仪、血糖仪、电子体温计等均属于二类医疗器械，目前按照国家相关规定，没有《医疗器械经营企业许可证》的单位也可经营，因此大部分家用医疗器械产品的销售可以直接通过电商平台、商超、零售药店、专卖店等一般商业渠道进行，销售网络广。

二、我国医用医疗器械发展现状

(一) 各类医疗卫生机构数量飞速增长

医用医疗器械因为主要在医疗机构终端采购和使用，各类别医疗机构的数量是关键。自2017年以来，我国各类医疗卫生机构数量飞速增长。据《2020年我国卫生健康事业发展统计公报》显示，截至2020年底，我国各类医疗卫生机构数量已达1022922家，比上年增加15377个。其中医院35394个，基层医疗卫生机构970036个，专业公共卫生机构14492个。与上年相比，医院增加1040个，基层医疗卫生机构增加15646个。各类医疗卫生机构数量的增长推动了对医疗器械的需求，极大地促进医疗器械行业的发展速度，如图2-10所示。

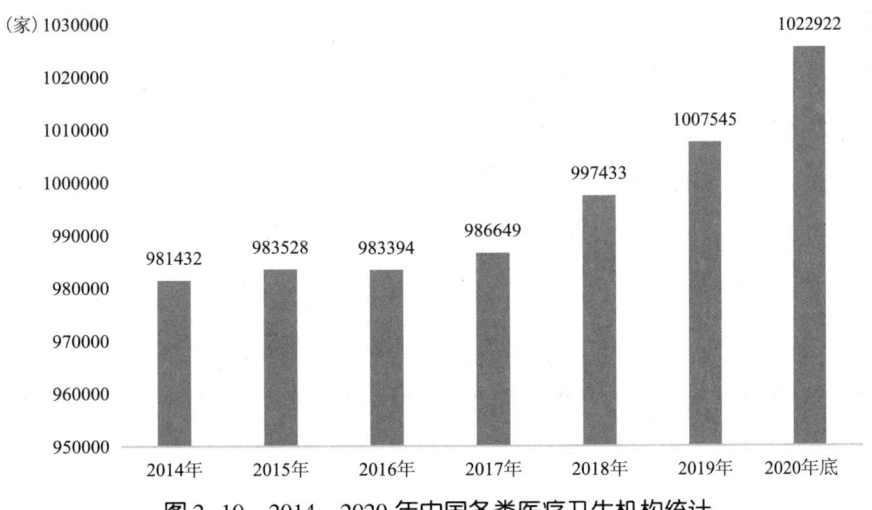

图2-10 2014—2020年中国各类医疗卫生机构统计

资料来源：国家卫生健康委员会、前瞻产业研究院整理。

(二) 2020年诊疗人次有所下降

受疫情影响，2020年全国诊疗人次有所下降。全国医疗卫生机构总诊疗人次达77.4亿人次，比上年减少9.8亿人次（下降11.2%），如图2-11所示。2020年居民到医疗卫生机构平均就诊5.5次。2020年总诊疗人次中，医院33.2亿人次（占42.9%），基层医疗卫生机构41.2亿人次（占53.2%），其他医疗卫生机构3.0亿人次（占3.0%）。与上年比较，医院诊疗人次减少5.2亿人次，基层医疗卫生机构诊疗人次减少4.1亿人次。2020年公立医院诊疗人次27.9亿人次（占医院总数的84.0%），民营医院5.3亿人次（占医院总数的16.0%）。

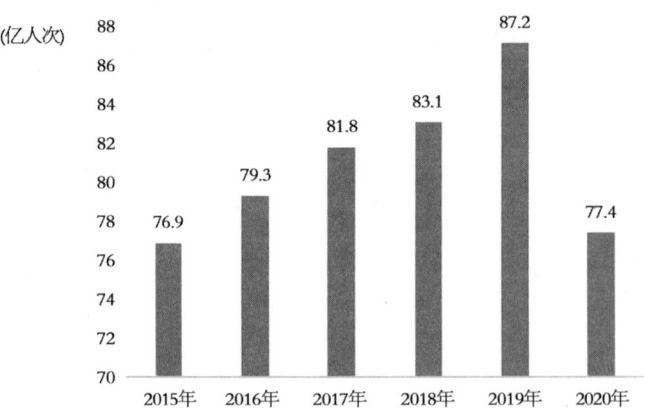

图 2-11　全国医疗卫生机构门诊量及增长速度

(三) 医用医疗器械终端市场情况

从不同的市场定位来看，高端市场基本由外资品牌占据，如全球最大医疗器械企业美敦力、强生等；而本土品牌则占据中低端市场，如新华医疗、乐普医疗等。中国高端市场进口额占全部市场的40%。但进口设备价格高昂，比原产地价格要高50%~100%不等，如TOMO放射治疗系统等设备，在欧美日等原产国为250万美元，在中国则为500万美元以上，这成为了国内企业可以凭借价格优势实现进口替代的可能，如表2-9所示。

表 2-9　医疗器械细分领域品牌竞争格局

类别	代表产品	全球龙头企业	中国上市公司
医学成像	MRI、CT、PET、X光机、超声等	西门子、GE医疗、日立、佳能医疗（前东芝医疗）、飞利浦	迈瑞、上海联影、开立、万东、东软、理邦、宏达高科
体外诊断	生化、免疫1分子、血球分析仪及试剂等	罗氏、雅培、生物梅里埃、丹纳赫、西门子、希森美康、碧迪医疗、赛默飞世尔	达安、利德曼、理邦、迈克生物、美康生物、科华生物、万孚生物、三诺生物、凯普生物、博晖创新、透景生命、新华医疗、基蛋生物
高值耗材	心脏起搏器、心脏介入类器材、骨科介入、植入性人工器官等	雅培、强生、美敦力、贝朗、波士顿科学、史赛克	威高、微创、乐普、凯利泰、大博医疗、冠吴生物、春立医疗、先键科技、爱康医疗
病人监护	单/多参数监护仪、中央监护站、麻醉机、呼吸机	西门子、GE医疗、飞利浦金科威	迈瑞、理邦、宝莱特、谊安、航天长峰、鱼跃

续 表

类别	代表产品	全球龙头企业	中国上市公司
医疗信息化	医院信息系统、远程医疗系统等	Cemer	东华、卫宁、万达信息、东软、尚荣医疗
低值耗材	注射器、采血管、手术包、帽子、口罩、手套、敷料、透析耗材等	碧迪医疗、柯惠医疗、百特、费森尤斯、贝朗	阳普、鱼跃、千山药机、南卫股份、康德莱、英科医疗

数据来源：艾瑞咨询。

2020年新冠肺炎疫情暴发，受疫情防控的影响，预防类的口罩、手套、防护服等销量大增；检测类的试剂、体温计、血氧仪等设备采购量增加，而用于重症患者救护的静丙、人工肝、ECOM、监护仪、血氧仪、诊断设备（CRP、血气分析仪等）、CT、DR、呼吸机等销量也大幅上升。

三、我国家用医疗器械现状

（一）零售药店家用医疗器械量逐步上升

家用医疗器械因为不受销售渠道的限制，销售较为灵活。零售药店渠道是家用医疗器械零售市场的主战场之一。国家药品监督管理局发布的《药品监管管理统计年度报告（2020年）》报告显示，根据国家药品监督管理局发布的《药品监督管理统计年度报告（2020年）》报告，截至2020年底，全国共有药品零售企业56.02万家。其中，单体门店数24.10万家，占药店总数的43.02%；连锁门店企业和门店数量31.92万家，占药店总数的56.98%。数据显示，全国药店连锁率超56.50%，呈现持续提升态势。如表2-10所示。

相较于2019年末的6701家，2020年末全国共有连锁药店6298家，数量上减少了403家，这与企业并购存在一定关系。连锁企业控制的门店及单体药店数量均有增长，相较于2019年末的29.0万家，连锁药店门店数量净增2.29万家，约为31.3万家，单体药店数量则从23.4万家增加到24.1万家。

表2-10 近4年全国零售药店发展情况

年份	2017	2018	2019	2020
药店总数	454000	489000	524000	554000
#连锁门店数	229000	255000	290000	312920
#单体门店数	225000	234000	234000	241000

续 表

年份	2017	2018	2019	2020
连锁企业数	5409	5671	6701	6298
总数增幅（%）	1.56	7.71	7.16	5.72
#连锁门店数增幅（%）	3.76	11.35	13.72	7.9
#单体门店数增幅（%）	-0.59	4.0	0	3.0
连锁企业数增幅（%）	-3.57	4.84	18.16	-6.01

资料来源：2016—2017年数据来自于中国药店，2018—2020年数据来自国家药品监督管理局。

相关数据显示，在零售药店领域，医疗器械销售额占比约为30%左右，受疫情影响，与往年相比占比有所上升。

（二）"互联网+医疗器械"逐渐成为家用医疗器械销售的重要方式

近年来，得益于"互联网+"与电商消费的大趋势，网络逐渐成为医疗器械销售的重要方式，特别是在家用医疗器械方面，逐渐进入成熟期，市场规模持续扩大。尤其在本次疫情中，互联网电商涌现活力，足不出户、一键购物、"无接触"配送发展火热，成为了人们的日常生活方式，发挥了不可替代的作用。据众成医械数据统计，2018年零售药店医疗器械总规模为741亿元，其中网上药店器械规模约为507亿元，占68.4%市场。

疫情期间，家用医疗器械产品的需求量不断激增，用户数量不断增长，带动了各类医疗电商的业绩上浮。京东仅3天即售出1.3亿只口罩。2021年618期间，健康相关消费数据表现亮眼，京东健康新增用户数同比增长超过110%。用户对于健康消费的理解也变得更为全面、精细。6月18日前1小时，健康血糖仪、隐形眼镜、美容敷料等家用医疗器械走俏。开场8分钟，隐形眼镜日爆款成交额破百万。开场15分钟，健康监测品类成交额同比增长超100%。618期间，基因检测服务成交额同比增长23倍，口腔齿科服务成交额同比增长447%，体检类目成交额同比增长260%。

一方面，电商巨头瞄准医疗器械重点布局，运用互联网大数据监控耗材、医疗服务等过程。另一方面，随着消费需求的不断增长，渠道产品的迅速升级，专业能力的明显提升，家用医疗器械市场体量预计将持续增加，未来几年实现17%以上的年增长率。

尤其是在2020年全球严峻的防疫形势下，医疗器械产品需求与行业关注度持续走高，腾讯、百度、美团等互联网巨头企业也纷纷"跨界"进入医疗器械领域。与此同时,在 GSP(Good Supply Practice,药品经营质量管理规范)核查、集中采购、两票制等行业政策组合拳下,国内医疗器械市场资源和渠道加速整合,医疗器械网络交易服务第三方平台搭载"医疗器械第三方物流"共同发展,成为行业实现集中化、专业化发展必然趋势。

据众成医械大数据平台统计,截至 2021 年 6 月,全国医疗器械网络交易服务第三方平台数量达 417 家,其中 2021 年 1 月—6 月新增 67 家,如图 2-12 所示。

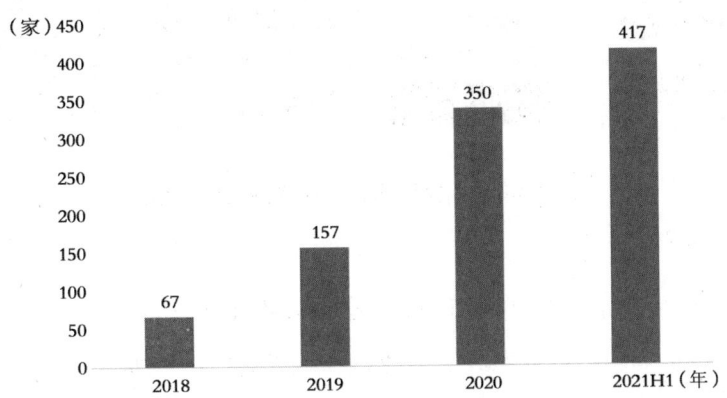

图 2-12　2018—2021 年 6 月中国一些网络交易第三方服务平台数量变化趋势图

数据来源：国家药监局、众成医械。

艾媒咨询数据显示,2020 年中国移动医疗市场规模已达到 544.7 亿元,如图 2-13 所示。国内"互联网+"在医疗领域的应用规模也逐步扩大,医疗器械设备与电商行业发展使中国互联网医疗行业市场迎来新的机遇,如图 2-14 所示。

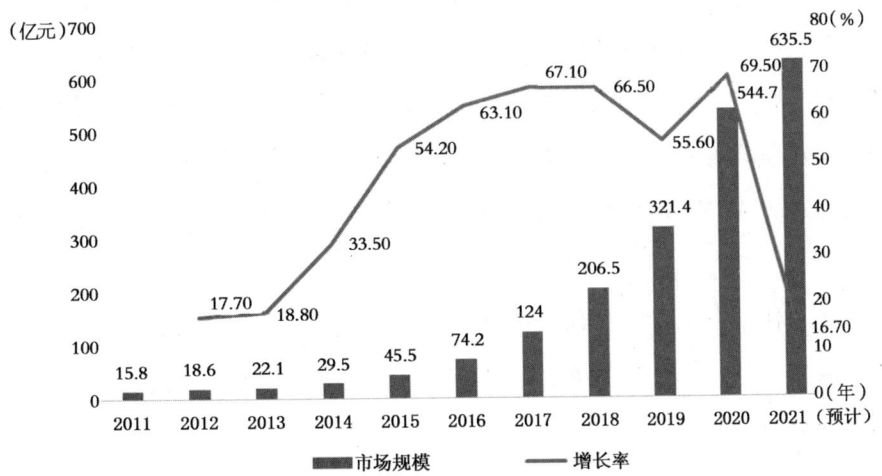

图 2-13　2011—2021 年中国移动医疗市场规模及预测

数据来源：艾瑞咨询。

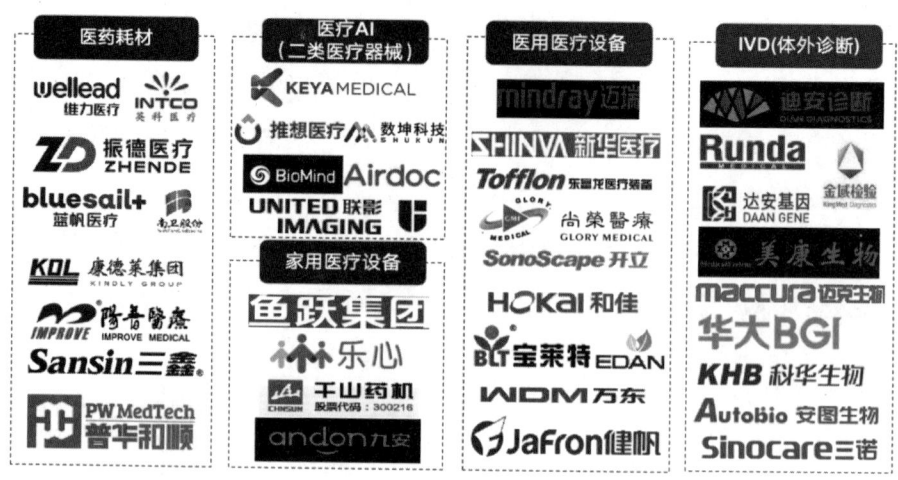

图2-14 "互联网+"医疗器械行业图谱

数据来源：艾瑞咨询。

无论线上还是线下，随着我国人口老龄化程度的不断加深和居民养生保健意识的不断增强，我国家用医疗器械的消费仍将处于发展的重要战略机遇期。这是因为老年人对血压针、血糖仪、助听器、呼吸机等家庭医疗器械都有着强大的需求。与此同时，轮椅、护理床、按摩椅、康复训练仪等康复理疗用品也将成为刚需。

四、终端医疗器械面临的挑战

总的来说，国产进口替代和消费升级是国内医疗器械市场的重要主题。一方面，国家将医疗器械行业发展置于战略高度，出台各类政策扶持国内企业自主研发，努力实现进口替代；另一方面，医院终端高端医疗设备市场80%以上的份额仍被跨国公司控制，在贸易形势趋紧的大背景下，相关部门也开始未雨绸缪，通过规划核心领域技术和产品的重点扶持计划，解决关键核心产品可能会面临的"卡脖子"难题。

与产品和技术市场进口替代和消费升级的主题不同。在终端市场领域，随着医保"腾笼换鸟，降价控费"工作的不断推进，医疗器械领域带量采购工作也正在各地区如火如荼地展开。

2018年，我国国家机构打破重组，新组建的国家医疗保障局开始接手集中采购制度设计，紧密部署"搭建全国统一采购平台""管控高值耗材使用""部分品种带量谈判""统一全国医保编码""取消耗材加成"等深化改革任务。随后，医保局指出"带量采购不仅药品领域要搞,器械领域也要搞"的总基调后,各地区开始八仙过海、各显神通。医用耗材带量采购、取消加成实行零差价、购销"两票制"、价格监测和规范治理及医保支付标准等药品领域的改革政策逐步在医疗器械领域演绎成型。

市场终端价格趋势变化、政策规制演绎变迁及消费者群体和行为习惯的变化将对未来一段时期医疗器械市场的消费趋势产生重要影响。

五、我国医疗器械终端市场发展方向

(一)基层医疗开始补短板

突如其来的新冠肺炎疫情,打乱了全球既有的发展节奏,社会生产与生活秩序都受到了极大影响,医疗器械行业也同样如此,疫情在一定程度上反映了我国在重大疫情防控体制机制、公共卫生应急管理体系等方面的现状,公立医疗资源长期处于超负荷服务状态,基层医疗资源利用率不足。基层市场的拓展也将引领行业持续高增长,为了合理配置医疗资源,我国各级政府持续推进分级诊疗制度建设,依托广大医院和基层医疗卫生机构构建分级诊疗服务体系。随着新农合、大病医保覆盖率与报销比例的提升,基层市场对各类型手术的需求逐渐得到释放,促使对不同功能的医疗器械产生更大的需求。我国基层医疗市场潜在容量巨大,随着多方政策的落实和患者意识的逐渐提高,医疗器械行业将长期享受增量市场带来的高速增长,分级诊疗、医疗资源下沉已是大势所趋,优质医疗器械触达基层也变得迫在眉睫。随着基层终端服务体系的逐步完善,将会使器械市场进一步下沉,基层终端市场将会进一步扩容。

(二)电商触达成为新方式

经过近30年的快速发展,现我国医疗器械行业已成为一个产业门类比较齐全、创新能力不断增强、市场需求旺盛的朝阳产业。与此同时,医疗器械触达的方式也正在发生变化。目前,互联网对于医疗器械行业的影响也已进入新的阶段,医疗器械电商的消费人群不断扩大。尤其值得我们关注的是,当下医疗器械电商企业已经不再是单纯的商品买卖平台,多元渠道、多元产品、多元服务、多元模式已将医疗器械电商企业的触角延伸至整个产业链,成为推动医疗器械电商乃至全产业链发展的力量。随着互联网、电子商务的高速发展,近医疗器械行业逐步趋于成熟的同时,其电商化将是必然发展趋势。

（三）从治疗到预防，服务医疗体系，践行以预防为中心的服务模式

新冠肺炎疫情暴露出既往疾控体系话语权弱、医防割裂的问题。痛定思痛，疫情进入常态化防控阶段后，政府对于公卫体系的重新构建非常重视。公卫体系的建设重心将同时关注疾控体系现代化和重大疫情救治能力提升。相关的医疗服务，不论是"防控"还是"救治"均将有较大的建设需求。同时，慢性病的预防、早期筛查和综合干预对于全人群的基本健康至关重要，基本公共卫生服务也将增强。因此，医疗器械企业也不妨拓宽思路，从人群全生命周期的角度更全面地审视自己的产品和服务价值，从诊断、治疗向早诊早治和综合预防拓展，围绕患者旅程打造更全面的解决方案。

（四）医疗器械终端服务数字化、智能化深化发展

中国的数字经济发展走在全球前列。到2025年，数字经济的核心产业对我国GDP的贡献将超过10%。2021年6月4日发布的国办发〔2021〕18号《关于推动公立医院高质量发展的意见》中再次强调推动云计算、大数据、物联网、区块链、5G等新一代信息技术与医疗服务深度融合。随着政府和公立医疗机构的更主动接入，医疗服务将更加以人为本，提升便捷化和智能化，在线医疗的监管和运营体系也将逐步完善。

近年来，国家药监局和国家卫健委还出台了一系列针对医疗器械软件、人工智能和深度学习产品的注册审批和监管政策，以明确这些新型产品的界定和监管。"人工智能+医疗"也成为未来医院信息化的建设方向。病案信息更完整、医疗设备更智能、远程医疗助力分级诊疗、医学影像辅助判读、临床辅助诊断等应用，将借助大数据和人工智能，提升监管能力和医疗机构的服务水平。

第五节　医疗器械供应链发展趋势

回顾2020全年发展，在国内国际双循环相互促进的新发展格局下，医疗器械供应链不仅抗住了疫情的考验，而且取得了亮眼的行业发展成绩。同时新时期、新发展、新趋势，站在"十四五"发展新阶段，未来我国医疗器械供应链整体将朝数智化、高端化、国产替代化等方向发展。

一、政策红利持续推进高质量发展

近年来，我国陆续发布的多项政策，都极大助推了医疗器械产业的发展。2021年3月，新修订的《医疗器械监督管理条例》作为我国医疗器械监督管理的"基本法"，提出创新医疗器械优先审批，加强医疗器械监管信息化建设，推进医疗器械全生命周期质量管理。未来行业监管的不断强化，将有力助推医疗器械产业结构调整及行业高质量发展。

二、加速整合提升行业集中度

未来集中采购仍是医疗器械行业主旋律，并将不断扩围扩面。以降价控费为目标，量价挂钩、招采合一、价格联动，继续进入新一轮政策调整期，流通领域集中度进一步大幅提高，配送商业将出现功能分化。目前经不完全测算，2020年，国药、上药、华润、九州通四家全国医疗器械市场主要占有者的市场占有率不足25%，市场占有率较低。未来国内外医疗器械龙头企业也将持续积极地通过投资、并购等多样化方式加强上下游产业链整合，提升协同效率。随着行业集中度的进一步提升，行业竞争也将愈发激烈。

三、加速自主创新，进军国际市场

创新力是医疗器械行业"十四五"甚至将来永久的发展动力引擎。未来医疗器械市场的竞争重点必将集中在技术创新等核心能力，亟须聚力自主核心技术攻关，强化发展韧性，逐渐消除产品性能同质化等现象，进一步加速进口替代，向国家高端化市场发力。数据显示，受防疫物资带动，2020年我国医药出口额约1238亿美元，同比增长约68%，其中医疗器械出口730亿美元，同比增长155%。免疫类诊断试剂的同比增幅甚至高达1540%。未来将有更多具有实力的企业、产品走向国际市场，同时吸引更多跨国企业入驻中国市场，扎根本土。

四、数智化不断赋能医疗器械生态圈

在两票制、零加成、集中采购等政策的逐步推行下，医疗器械行业已经转变过去传统、粗放式发展，通过信息智能化手段提高质量及效率，使用智能技术实现流程自动化及医疗器械供应链端到端的可视化。我国已迈进5G时代，数字化进程也处在世界领先水平，但大多数医疗器械企业有待进一步提升信息化应用。

未来随着数字化信息技术的不断发展，以及企业的升级运用，医疗器械供应链将逐步实现整体智能化的转型，形成医疗器械产品及物流设备智能化、远程问诊服务等，打造互联互通互享的供应链生态。

五、加强供应链扁平化、柔性化应急管理

2020年，耗材集中带量采购陆续落地，未来随着集采品类的逐步增加和相关政策的推行，医疗器械供应链势必会进一步扁平化发展，链条上下游的协同性也进而更加紧密。同时，新冠肺炎疫情中暴露的供应链短板与不足，将是"十四五"国家及企业的重点推进工作。致力加强供应链管理、体系建设及能力提升，优化供应链条，提高医疗器械供应链柔性管理及应急能力，加强医疗智慧供应链建设。

六、医疗器械电商化趋势明显

随着互联网、电子商务的高速发展，近年来，我国医药电商发展得如火如荼，逐渐进入成熟期，市场规模持续扩大。尤其在本次疫情中，互联网电商涌现活力，足不出户、一键购物、"无接触"配送发展火热，成为了人们的日常生活方式，发挥了不可替代的作用。

疫情期间，家用医疗器械产品的需求量不断激增，用户数量不断增长，带动了各类医疗电商的业绩上浮。一方面，电商巨头瞄准医疗器械重点布局，运用互联网大数据监控耗材、医疗服务等过程。另一方面，随着消费需求的不断增长，渠道产品的迅速升级，专业能力的明显提升，家用医疗器械市场体量预计将持续增加，未来几年实现17%以上的年增长率。医疗器械行业逐步趋于成熟的同时，其电商化将是重要发展趋势。

第三章

细分赛道：医疗器械行业细分领域分析

第一节 高值医用耗材领域现状与发展趋势

一、高值耗材市场发展现状

高值耗材作为医疗器械重要细分领域，在近几年获得了快速发展。据分会推算，按照生产口径，2020 年我国高值耗材市场规模为 1375.49 亿元人民币（以下均同此单位），与 2019 年市场规模 1247.5 亿元相比，年增长率为 10.26%，受带量采购政策和疫情的双重影响，高值耗材低于医疗器械行业整体市场增长率的 20.52%（见图 3-1）。高值耗材相关细分领域，血管介入类占比最高，为 32.03%，其次是骨科植入类，占比为 26.21%，具体各类占比见图 3-2。

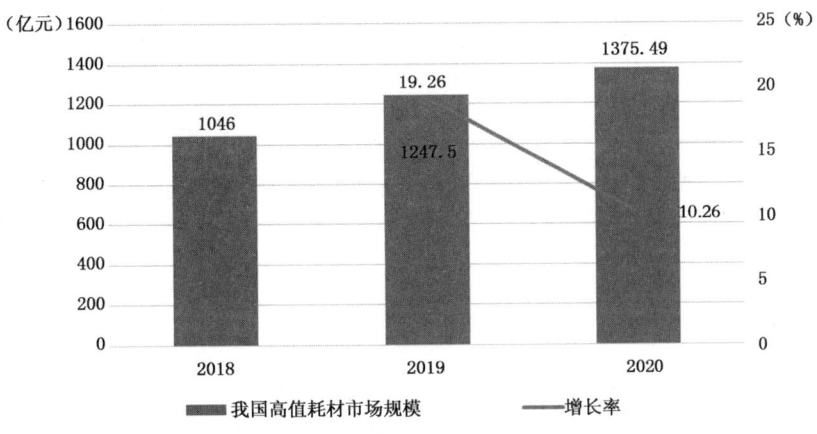

图 3-1 近三年我国高值耗材市场规模

数据来源：中物联医疗器械供应链分会。

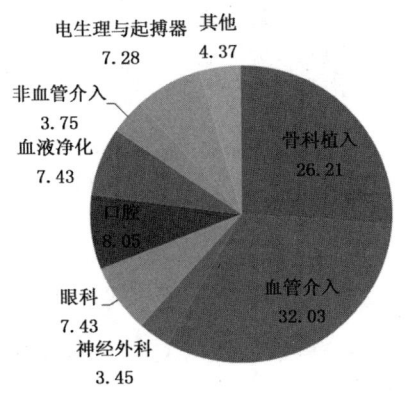

图 3-2 2020 年我国高值耗材各细分领域占比（%）

数据来源：医械汇 2021 中国医疗器械蓝皮书。

高值耗材各个细分领域发展情况不一，增速各有快慢。2020年在耗材带量采购以及疫情的双重影响下，高值耗材的相关细分领域增长率受到了较大的影响。由于2020年国家开展了高值耗材支架的国家级带量采购，在疫情的影响下，截至2020年6月份，诊疗人次下降了21.6%（见图3-3）。同时也在双重影响下，血管介入领域变成了唯一的负增长（-12.9%）（见图3-4）。

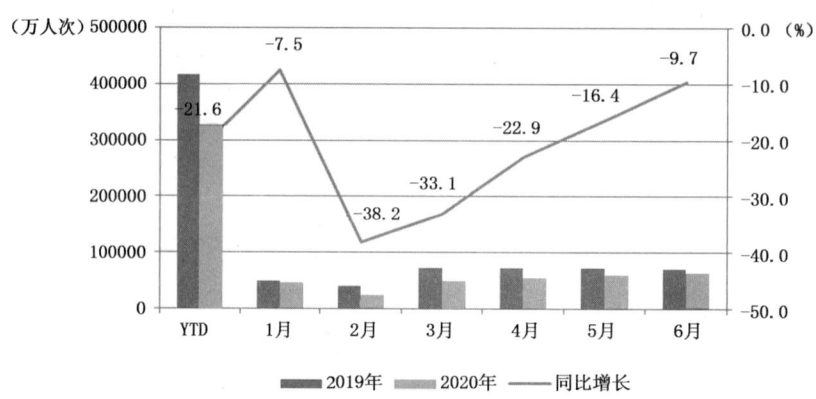

图3-3 2019年与2020年诊疗人次对比

数据来源：国家卫健委网站数据。

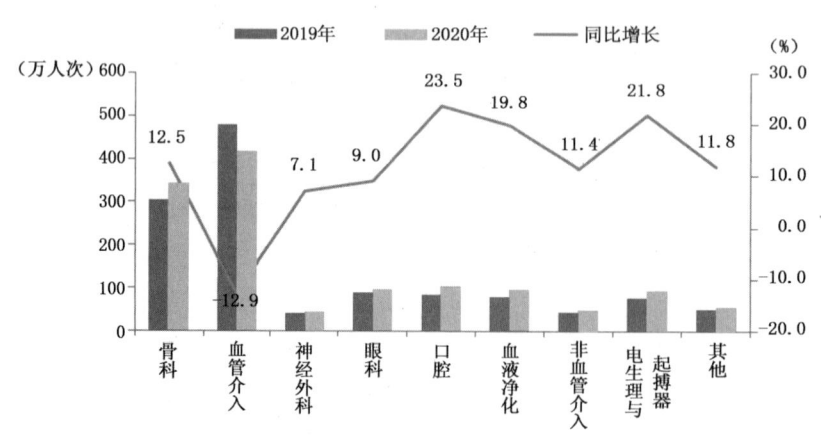

图3-4 高值耗材各细分领域的增长速度

数据来源：医械汇2018、2019、2020年蓝皮书。

2021年6月，国家组织医用耗材联合采购平台发布《国家组织人工关节集中带量采购公告》提出初次置换人工全髋关节、初次置换人工全膝关节实施集中带量采购。2021年7月20日，豫、晋、赣、鄂、渝、黔、滇、桂、宁、青、湘、冀十二省（区、市）骨科创伤类医用耗材联盟采购信息公开大会在河南召开,并顺利产生拟中选结果,本次集采覆盖12个省份,约占创伤骨科耗材市场份额的三分之一,最终拟中选产品平均降幅达88.65%,最高降幅达95.78%。因此可预见骨科耗材的市场增长速度会有一定回落。随着带量采购常态化的执行,在国家级带量采购、联盟带量采购、省级带量采购的联合政策推动下,高值耗材领域的增速会受到一定的影响。但随着创新产品的不断上市,也会进一步提升市场的发展速度。整体来看,高值耗材会进一步发展壮大,同时产品和产业结构也会发生较大变化。

二、高值耗材生产细分领域的分析

(一) 血管介入器械市场发展状况

中国血管介入器械行业起步较晚,但在市场因素驱动下,发展速度较快。根据《中国心血管病报告(2018)》,我国心血管病人群有2.9亿,患病群体大,患病率逐年升高,在此因素持续推动下,2016—2019年期间,血管介入器械市场将持续增长。

2020年受疫情影响,加上省级、省市联盟级,以及国家级带量采购、医保控费等政策的影响,使得血管介入器械规模增速同比下降12.9%,2020年市场规模为418亿元,如图3-5所示。

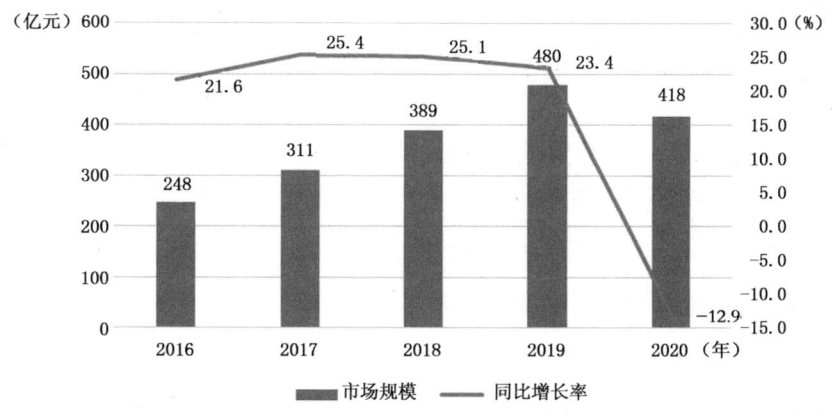

图3-5 血管介入器械市场规模

数据来源:医械汇2018、2019、2020年蓝皮书。

血管介入治疗是经心血管穿刺途径进入心腔内或心血管内实施诊断或者治疗的技术,按照治疗部位不同可以将血管介入器械分为心血管介入器械、脑血管介入器械、外周血管介入器械,三者的市场占比如图3-6所示,市场规模如图3-7所示。

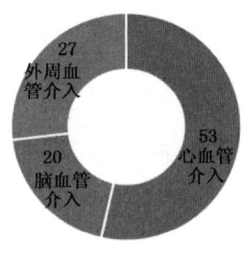

图3-6　2020年血管介入细分市场占比（%）

数据来源：医械汇2018、2019、2020年蓝皮书。

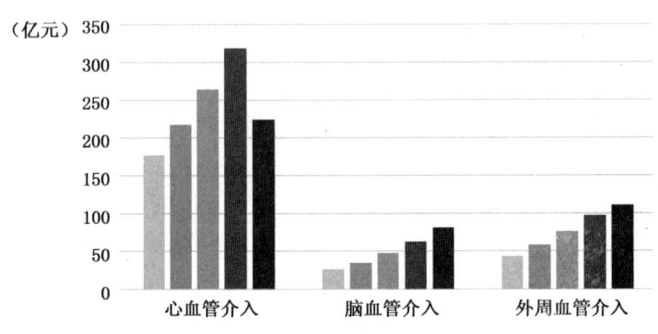

图3-7　中国血管介入细分领域市场规模

数据来源：医械汇2018、2019、2020年蓝皮书。

1. 心血管介入市场增速放缓

随着心血管患者对介入治疗需求的增加，心血管介入领域的器械市场迎来快速增长。据测算，2020年心血管介入器械市场规模约为224亿元，同比下降29.78%。虽然数量需求不断增加，但受限于带量采购、医保控费等政策影响，心血管介入市场的增速将逐年趋缓。心血管介入市场目前国产化率大于60%，市场上主要厂家包括微创、乐普、吉威、雅培、美敦力、万瑞飞鸿等。

2. 国产脑血管介入成长空间大

脑卒中是我国居民的第一位死亡原因，以每年9%的速度增长，脑血管疾病主要高发在缺血性脑中风。据测算，2020年脑血管介入市场规模为82亿元，同比增长30.16%。目前，脑血管介入器械基本由美敦力、泰尔茂、波科、强生等四家美国一线厂商垄断，国产化率小于20%，国产厂家有心玮医疗、沃比医疗、艾柯医疗等少数企业，目前该细分领域还处于发展初期。

3. 外周血管介入增长动力更强劲

外周介入疾病类型多样、术式复杂，主要以进口市场为主导。长远来看，外周介入将进入高速增长的黄金时期，2020年外周动脉心血管介入器械市场规模达到112亿元，增长率高达14.29%。我国该领域市场主要被国外企业占据，行业处在导入期，国际竞争对手包括美敦力、库克、戈尔等，心脉医疗是国内首家上市腹主动脉覆膜支架的企业，之后多个主动脉相关产品实现国内第一甚至全球首款，竞争力较强。除此之外，国内的主要玩家还包括先健科技，华脉泰科、杭州唯强等。

2020年9月，冠脉支架被定为高值医用耗材首批带量采购品种。10月16日，国家组织高值医用耗材联合采购办公室发布了《国家组织冠脉支架集中带量采购文件》，11月开标产生拟中选产品10个，平均降幅92%，最高降幅达96%。按意向采购量计算，预计节约医保资金109亿元。中标企业销售收入将面临大幅下滑，未中标企业将失去2021年全国公立医院的入场资格。随着冠脉支架的市场规模被压缩，未来竞争将更加激烈。

各省联盟及省市将以临床价值高、终端使用量相对较大、技术壁垒已有突破、存在进口替代机会的产品加速带量采购。例如，冠脉支架仅仅为冠心病治疗环节上的一个重点器械，配套的高值耗材还有球囊、导丝导管。现阶段，要实现真正降价的目的，配套器械同样需要降价，可见各省开展的球囊带量采购即为补充完善冠脉手术的整体价格下降机制。

未来，血管介入高值耗材领域国产替代将不断发展，厂家将积极加大研发创新力度，有助于创新产品的涌现，新的竞争格局也将重新塑造。整体来看，该领域替代空间较大，竞争将更加激烈，朝着规模化、创新化发展。

（二）骨科植入市场发展状况

2020年上半年骨科行业受疫情影响，部分医院手术量开展受限，加上全国骨科多地带量采购影响，增速放缓，得益于老龄化进程加速及疫情的良好控制，整体行业保持平稳增长。中国骨科耗材市场规模为342亿元，同比增长12.5%，如图3-8所示。

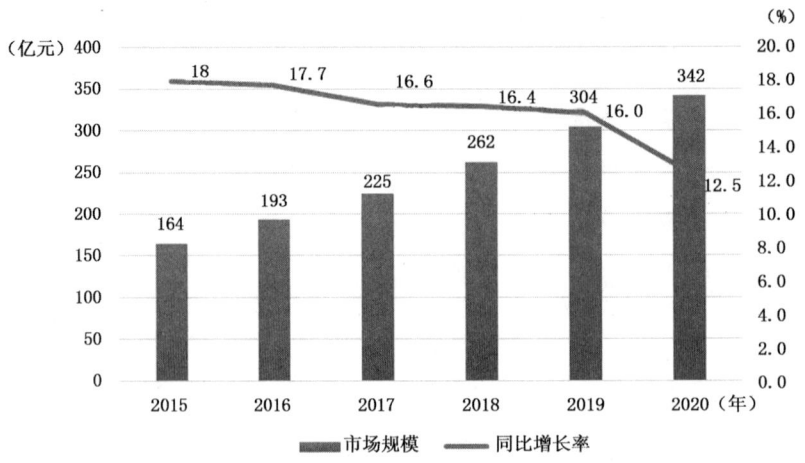

图 3-8 中国骨科耗材市场规模及增速

数据来源：医械汇 2018、2019、2020 年蓝皮书。

2020 年创伤、脊柱和关节类分别占据 29%、29% 和 28% 的市场份额，运动医学和其他领域占据 14% 左右的市场，如图 3-9 所示。

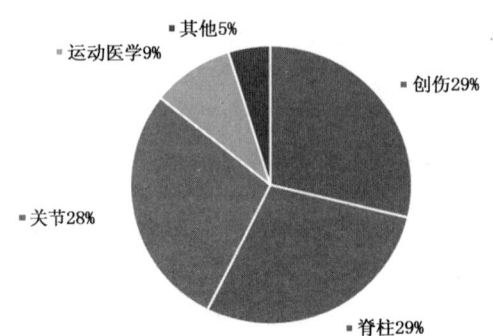

图 3-9 2020 年中国骨科耗材细分领域市场占比（%）

数据来源：医械汇 2018、2019、2020 年蓝皮书。

从国产化角度看，创伤类国产已占据 70% 左右的市场，脊柱占据近 42% 市场，关节市场份额 35%，运动医学市场份额为 8%，如图 3-10 所示。

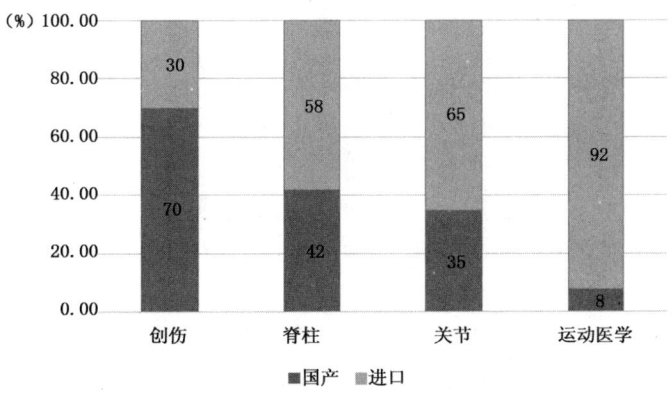

图3-10　2020年中国骨科耗材细分领域国产化比例

数据来源：医械汇2018、2019、2020年蓝皮书。

（1）创伤是骨科最为成熟的领域，2020年市场规模约98.4亿元（如图3-11），近年来增速是四大细分领域中最慢的领域，同比增长15.76%；创伤类产品的技术门槛相对较低，导致国内创伤生产厂家超100家，行业集中度较低。国产厂家龙头企业大博医疗市场占有率约10%。

（2）脊柱作为相对成熟的市场，2020年市场规模约98亿，同比增长11.36%；我国骨科脊柱植入物市场中，强生、美敦力、史赛克合计占有58%的市场份额。国产替代潜力较大，国产品牌有威高、三友、大博、凯利泰等。

（3）关节技术门槛较高，目前渗透率较低。2020年关节市场规模约为97亿元，同比增长11.49%。随着老龄化加剧和基层患者需求的释放，关节置换市场将达到20%以上的增长率。目前我国关节植入物主要依赖进口。国产品牌主要有威高、爱康、春立等。

（4）运动医学市场规模达到32亿元，同比增长23%，是骨科细分领域中增速最快的板块，如图3-11所示。由于行业技术壁垒高、专利技术封锁等原因，我国运动医学仍处于进口垄断状态，以施乐辉、锐适、强生和史赛克等为代表的国际巨头长期占领着国内90%以上的市场份额。

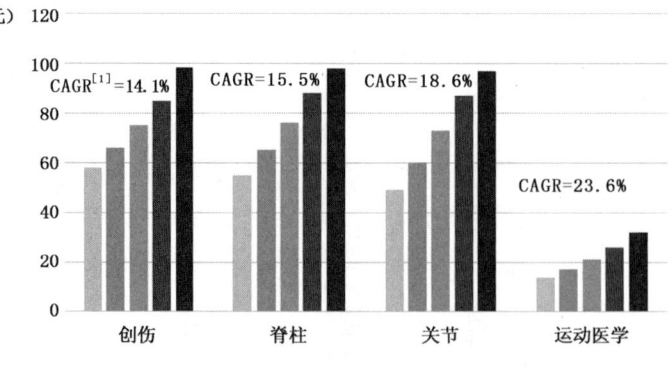

图 3-11　中国骨科细分领域市场规模

数据来源：医械汇 2018、2019、2020 年蓝皮书。

部分骨科耗材因临床用量较大、采购金额较高、临床使用较成熟、市场竞争较充分、同质化水平较高等特点，被国家、联盟和省级纳入带量采购当中。据不完全统计，截至 2021 年 7 月，骨科地方带量采购已开展 15 批，涉及品类涵盖创伤类、脊柱类、关节类、人工合成骨、运动医学等产品，平均降幅范围为 32%~88%，最高降幅范围为 61%~95%。省级及多省联盟集采是骨科耗材集采的"主力军"，近期开展的十二省联盟创伤集采体量最大，平均降幅达 88.65%，最高降幅达 95.78%。

经过地方不断试水后，国家关节带量采购也不断推进，6 月 21 日，天津市医药采购中心官网发布《国家组织人工关节集中带量采购公告（第 1 号）》，就第二轮国采的采购品种、企业资质及采购规则进行全面说明。

随着骨科集采产品覆盖面不断扩大，更多产品价格将大幅下降，更多的企业将迎来生死局，中标企业以价换量，未中标企业面临淘汰出局风险，行业将重新洗牌。与此同时，集采也为创新能力强的企业带来更多的发展机遇，未来将在政策推动下进入发展的快车道。

（三）口腔高值医用耗材市场发展状况

近年来，随着大众健康意识的不断增强，口腔疾病越来越引起重视，口腔市场得到较快发展，其中应用于口腔科疾病广泛治疗的高值医用耗材市场更是发展飞速。2020 年我国口腔耗材市场规模约为 105 亿元，同比增长 23.5%，如图 3-12 所示。

---

[1] CAGR：Compound Annual Growth Rate，复合增长率。

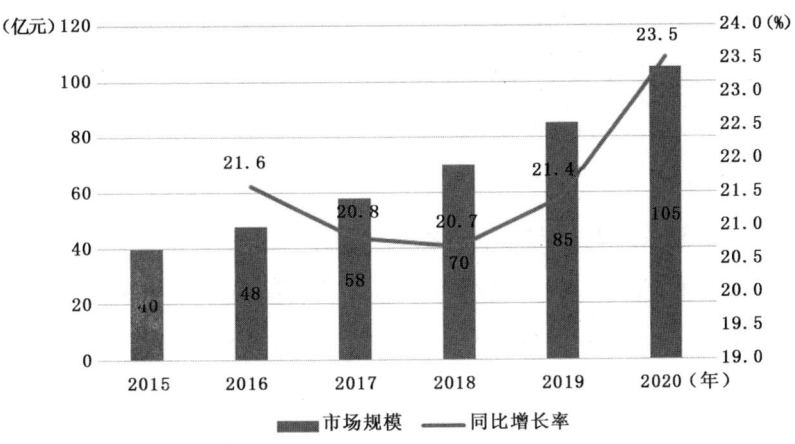

图 3-12　我国口腔高值医用耗材市场规模（单位：亿元）

数据来源：医械汇 2018、2019、2020 年蓝皮书。

我国口腔医疗领域起步较晚，90%的口腔医用耗材都依赖于进口，除正畸材料领域国产企业能与进口企业抗衡以外，口腔颌面外科植入材料和义齿材料领域市场均把持在进口企业手中，进口替代程度低，如表 3-1 所示。

表 3-1　口腔高值医用耗材品牌情况

产品	进口品牌	国产品牌
口腔颌外面植入材料	强生、史赛克、美国豪迈	百易得、艾迪尔、双申、德骼拜尔
骨修复材料	盖氏制药	正海生物、贝奥路生物、瑞盛生物
种植体材料	美国百康、士卓曼、瑞典诺贝尔、德国贝格、韩国奥齿泰	华西 CDIC、莱顿 BLB、百康特
正畸材料	登士柏、丹纳赫、隐适美、士卓曼、3M	时代天使、正雅齿科、恒惠科技、正丽科技、埃蒙迪

口腔医疗器械数字化解决方案方兴未艾，随着 VR/AR 技术、3D 打印、云计算、SaaS、新材料等技术的发展，口腔行业也面临着巨大的变革。3D 打印被认为是"可以引发全球制造业巨大变革"的技术，随着这项技术向口腔医疗器械的渗透，个性化定制器械将迎来全新的时代。目前，3D 打印在口腔医学修复领域、正畸领域、种植领域和颌面外科领域的相关设备和耗材产品上正在逐步兴起，各大生产企业也在纷纷加码口腔医疗器械数字化领域。

"颜值经济"将是驱动口腔产品升级换代的重要动力。近年来，满足患者"颜值"需求的技术和产品得到了快速发展，种植牙技术逐步取代假牙、隐形矫正市场份额不断扩大等就是其中的典型。未来，相信还会有更多的新技术和产品服务于"颜值"需求。

民营口腔医疗机构将成为耗材销售的主战场。随着国家政策的放开,越来越多的社会资本进入口腔医疗领域,随着医生自由执业制度的逐步落地,民营口腔医疗机构将加快发展进程,抢占更多的市场份额,设备和耗材销售主战场也将逐渐转向民营口腔医疗机构。

(四)眼科高值医用耗材市场发展状况

近年来,我国眼科疾病患者数量增长迅速,但受限于技术和经济发展水平,我国眼科产品市场渗透率还比较低。2020年我国眼科耗材市场规模约为97亿元,同比增长9%。

我国眼科市场起步较晚,高值医用耗材领域是进口品牌占据绝大多数市场份额,国产产品与进口产品在技术上还存在着较大的差距。随着我国近年来技术的提升和国家大力推动国产器械发展,这一差距在不断地缩小,涌现了许多杰出的国产品牌,比如硬性角膜接触镜领域的欧普康视、人工晶状体领域的珠海艾格、河南宇宙等,如表3-2所示。

表3-2 眼科高值医用耗材品牌情况

产品	进口品牌	国产品牌
硬性角膜接触镜	强生、爱尔康、韩国露晰得	欧普康视、菲士康
人工晶状体	爱尔康、眼力见、博士伦	珠海艾格、河南宇宙、爱博诺德
粘弹剂	博士伦、爱尔康	河南宇宙、杭州协和、上海建华

数据来源:医械汇。

国内人工晶状体国产化率19%~20%,处于国产率较低水平。市场共有20个进口品牌、3个国产品牌,从参与者数量角度看,国内竞争格局相对分散。

眼科耗材的带量采购在采购范围上以性价比较高的中端产品为主,整体上更加看重产品的性能、质量,这在一定程度上降低了性能、质量过关的国内企业产品的准入壁垒,相应弱化了进口在终端覆盖上的先发优势,给产品性能、质量过关的国产产品提供加深医院终端覆盖率的契机。

(五)血液净化类高值医用耗材市场发展状况

2020年我国血液净化类高值医用耗材市场规模约为97亿元,同比增长19.8%,如图3-13所示。

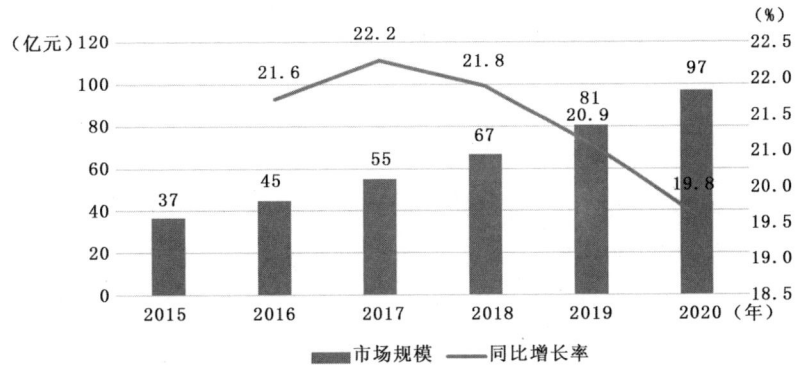

图 3-13 我国血液净化类高值医用耗材市场规模

数据来源：医械汇 2018、2019、2020 年蓝皮书。

以下三大因素助推血液净化高值医用耗材市场持续增长。

（1）2001 年，我国血液透析救治人数仅为 3 万人，据测算，截至 2019 年底，我国约有血液在透析患者 71 万人。近 20 年来，血液透析人数翻了 23 倍，中国慢性肾病患病率逐渐提升。

（2）大病医保全面落实。2014 年国务院发布《加快推进城乡居民大病保险工作的通知》，终末期肾病被列入大病医保，血液透析报销比例达 90%，极大减轻了患者经济负担，有助于更多患者接受血液净化治疗。

（3）独立血液透析中心快速发展。国家大力放开血液透析中心相关政策，降低建立独立血透中心的要求，作为综合医院的补充，独立血液透析中心将进一步承接快速增长的血液净化市场需求。

我国血液净化市场起步较晚，技术水平相较于国外还有较大差距。血液净化市场主要以进口产品为主，尤其是血液净化类高值医用耗材市场，如透析器，进口产品占据 70% 以上的市场份额。但随着国内厂家技术水平的不断加强，进口替代程度将会进一步提升。其中，血液灌流器基本上已经实现进口替代，如表 3-3 所示。

表 3-3 血液净化类高值医用耗材品牌情况

产品	进口品牌	国产品牌
透析器	费森尤斯、美国百特、日本尼普洛、瑞典金宝、德国贝朗、意大利贝尔克	威高、上海佩尼、成都欧赛、广州贝恩、杭州旭化成
透析管路	费森尤斯、美国百特、柯惠医疗	威高、三鑫医疗、宁波天益
灌流器	美国百特	健帆生物、淄博康贝
透析干粉/透析液	费森尤斯、美国百特、瑞典金宝	威高、宝莱特、天津泰士康

数据来源：医械汇 2020 年蓝皮书。

（六）电生理与起搏器领域

2020年电生理与起搏器领域市场总规模95亿，同比增长21.8%。其中电生理领域主要用于治疗心律失常相关疾病，国产化率不足10%，国产厂商的很多产品已经完全具备国产替代的能力。未来，随着国内企业研发实力的不断增强，市场环境的不断改善，利好政策的陆续出台，国产电生理器械的市场份额将不断提升。

起搏器其实是指整个起搏系统。起搏系统由起搏器、起搏电极导线及程控仪组成，其中起搏器和起搏电极导线植入人体，起搏器由安装在金属盒中的电路和电池组成。按照电极线植入的部分，起搏器可以分为单腔、双腔、三腔和四腔起搏器。主要的区别在于电极导线的数量及放置位置。腔数越多，越能准确模拟心脏跳动，研发生产壁垒越高。目前我国使用的起搏器大都是进口的，市场高度集中，国内起搏器处于发展的初级阶段，只有乐普医疗、先健科技和创领心律医疗三家有产品获批。

（七）非血管介入领域

非血管介入类高值医用耗材大致可以分为呼吸介入材料、消化介入材料、泌尿介入材料、肿瘤介入材料和通用材料。我国非血管介入市场起步较晚，2020年市场规模为48.9亿元，同比增长11.4%。但随着介入治疗的不断发展，市场增长较快。我国非血管介入类高值医用耗材市场目前还是以进口产品为主，相较于血管介入高值医用耗材领域，非血管介入领域受到的关注较少，尤其是非血管支架领域，目前只有极少数国产厂家涉足此领域，进口替代程度低。

（八）神经外科领域

神经外科作为医学领域最为复杂的学科之一，是以手术为主要手段，医治中枢神经系统（脑、脊髓）、周围神经系统和植物神经系统疾病的一门临床外科专科。按产品类别划分，神经外科开颅手术高值耗材主要包括颅骨材料、脑膜材料、止血材料、闭合材料、引流材料等。

我国神经外科高值医用耗材市场起步较晚，发展时间尚短，2020年市场规模为48.9亿元，增速为7.1%。国产产品和国外产品仍有不小的差距，除了人工硬脑（脊）膜市场完成了进口替代，其他细分市场仍由国外产品主导，进口替代程度较低。神经外科高值耗材是目前医疗器械行业的黄金赛道之一。

三、高值耗材流通领域的分析

（一）高值耗材流通供应链的特点

从产品特点来看，高值耗材尤其是骨科耗材存在"多规格、多型号、配套/联合使用、需要专用工具"等特点，相应来讲，在对供应链流通服务要求上，也存在以下特点：

（1）订单个性化高：针对每一个病人，不同医生的手术方案都存在差异。

（2）订单时效要求高：大部分配送要求在下单后几小时内送达。

（3）订单散、规律性差、波动大：没有固定的订单规律，受到患者手术排期及紧急手术等因素影响，订单波动较大。

（4）物流要求高：需要双向物流，送达医院手术使用后，需要回收工具及未使用产品。

（5）伴随服务要求高：除了常规仓储、配送服务，还需要对应的院内消毒、打包及手术跟台服务等，对人员的专业医学知识、与医生的磨合实践经验要求较高。

（6）容错率为零：关系到手术是否成功和生命健康，需要保证100%准确率。

（二）高值耗材流通领域企业类别和模式

高值耗材流通领域主要有以下两大类流通企业及对应模式。

一类为经销商，主要为渠道经销模式。以私营性质为主的经营企业承担着开发市场、促进销量及小批量配送等职能，面临库存和应收压力，同时由于私营企业的性质，融资较为困难，导致目前高值耗材经销商的规模普遍都较小，且由于存在地域的限制，整体显现为"多、小、散、乱"的局面。

另一类为近几年快速发展起来的以国营性质为主的大型高值耗材配送企业，主要为平台服务模式，通过全国供应链一体化的服务，以及比较强的资金优势，替代经销商承担渠道供应链的仓储、配送等功能。随着国家及地区带量采购的影响，该类企业将会进一步替代经销商的原有供应链服务功能，以此形成原厂–大型配送企业–医院的流通业务模式。

（三）高值耗材流通领域的发展方向

在国务院办公厅关于印发《治理高值医用耗材改革方案的通知》国办发〔2019〕37号文件中，提到了"提升高值医用耗材流通领域规模化、专业化、信息化水平。"这也说明了未来高值耗材流通企业的发展方向。

由于现有经销商为主的模式下供应链成本高、效率低，难以满足现代化物流体系、全过程质量监管的要求。生产厂商难以真实把控产品的渠道流向及库存情况，经销商采购成本高、资金压力大；医疗机构手术备货时间长、管理成本高；监管机构信息缺失、全过程可追溯质量困难。随着带量采购的常态化推进，这些弊端将会更加凸显。

在此基础上，部分大型流通企业基于"规模化、专业化、信息化"的发展方向，通过提供覆盖全国的规模化供应链服务，通过产品从进口/出厂到终端手术室的一站式专业化服务，同时通过数字化技术赋能供应链，打造多场景的服务产品，为生产厂商、经销商、终端医疗机构等产业链内参与各方创造更为高效的交易方式，节省交易成本，提高运营效率，形成全程可追溯的信息管理系统，通过对流通环节货物流、资金流、信息流的整合，为生产厂商、终端医疗机构、监管机构等产业链参与方的业务开展或监管进行有效支撑。

四、高值耗材领域发展方向

目前，高值耗材带量采购已经涉及 10 大品类，其中国家带量采购已经涉及支架、人工髋、膝关节。随着带量常态化推进，高值耗材即将迎来"后带量时代"。在新的变化下，高值耗材生产及流通企业将会迎来新的发展方向。

（一）生产企业发展方向

1. **"以价换量"或成带量下唯一出路**

目前带量采购目标领域特点为：临床用量较大、采购金额较高、临床使用较成熟、市场竞争较充分、同质化水平较高的产品。

因此生产企业如果产品线符合此类特点，将会面临降价的挑战。在国家带量采购竞价规则下，如纳入国家集采范围的铬合金雷帕霉素及其衍生物冠状动脉药物洗脱支架采取的"1.8 倍熔断机制"，以及参考了冠脉支架地方带量采购中选价及国际同类产品价格 2850 元入围价等方案设计，企业报价逐步接近成本价格，因此"以价换量"或成带量采购的唯一出路。

在降价挑战之外，同时也蕴含机遇，企业通过"以价换量"将会获取较为稳定的医院用量，且后期国家通过制度设计对用量进行了保证。值得注意的是，在目前已经执行国家带量采购的领域，市场份额占比较高的头部企业依然保留较大用量，因此如何在带量前提升企业市场份额或将也是生产企业需要思考的重点之一。

2. **加速创新、布局消费医疗、多元化发展或成破局方向**

目前从整体趋势来看，非带量采购或暂不执行带量采购领域，基本为创新产品领域或消费领域。目前生产企业纷纷布局创新产品领域，如乐普医疗发布公告称，拟以人民币 2.37 亿元收购博思美 68.4318% 的股权，正式进军隐形正畸赛道，而隐形正畸赛道具有毛利率高且极具成长潜力、渗透率低等特点。乐普在企业战略上制定了三个方向：创新、服务（消费）、国际化。

微创医疗发布半年报显示，微创医疗预期 2021 年上半年业绩亏损 9000 万美元至 1 亿美元，去年同期亏损约 6560 万美元。净亏损扩大主要归因于冠脉支架全国集中带量采购政策带来的降价影响。进入 2021 年，微创医疗加快了多元化布局战略，目前已覆盖心血管、骨科、脑血管、外周血管、外科等板块。同时，鉴于消费医疗产业的崛起，微创医疗也布局了医美赛道，如微创医美（冷冻减脂）、悦肤达（微针）、子牙医疗（牙科）、视神医疗（眼科）、禾髻医疗（植发）。

而对于医械航母美敦力而言，多元化布局一直为其企业战略方向。目前，美敦力布局主要分为 4 大类：心血管、手术及重症、神经科学及糖尿病。此外，美敦力也经营呼吸道与肺部疾病、脑部疾病、消化道及胃肠道疾病、耳鼻喉病、脊柱疾病、泌尿外科类相关器械。8 月 6 日，更是 70 亿收购耳鼻喉（ENT）医疗技术公司 Intersect ENT，将扩大其在耳鼻喉手术过程中使用的产品组合。

因此，加速创新、布局消费医疗、多元化发展或将成为生产企业的重要发展方向。

（二）流通企业发展方向

1. 供应链集成化、一体化或为必由之路

从发达国家医疗器械流通行业的发展历程来看，降低物流成本、提高运营效率的长期趋势推动行业持续向规模化、集约化、专业化方向发展。以美国为例，美国是全球最大医疗器械生产国和消费国，消费总量约占全球总消费量的 40% 以上，20 世纪 80—90 年代，美国医疗器械流通领域也存在企业数量多、企业规模小等现象，经过多次整合、转型，已经出现了三家医疗器械及药品全品类集成供应商，市场占有率超过 95%，并在医学检验、介入耗材等各个细分领域均已出现大型集成供应商，其共同特点为通过供应链的集成化、一体化，提供分销及物流、渠道管理等多种增值服务，具备提供某类产品流通领域整体解决方案的能力。

目前，我国医疗器械流通领域同美国八九十年代较为类似，多级经销商模式使得业内企业数量多、规模小、格局分散，社会经济发展必然推动行业逐步由分散走向集中。对比国内药品 2018 年 17131 亿市场规模、1.3 万家左右批发企业数量、前百名批发企业市场占有率超过 70% 来看，医疗器械流通行业在市场整合、集中度提升方面存在较大潜力。且随着带量采购的推进，行业亟须整合原本松散、低效的供应链，大型流通企业通过供应链集成化、一体化服务或将解决供应链的相关问题。

2. 数字化供应链将会迎来发展机会

随着国家医疗改革的逐步深入推进，结合大数据、人工智能、移动智能硬件等新技术的应用，流通环节有实力的企业也在不同程度地进行技术投入，整个产业所产生的数据资产也越来越丰富，带来的问题也越来越突出，如：数据资产的权属问题、安全问题、存储保管问题、合规合理应用问题、交换及对接标准规范问题、信息孤岛问题，等等，这些问题不仅仅需要政府权威部门牵头制定制度及规范标准，同时也需要一些典型的企业参与进来提供实践落地的场景，推动行业的规范化发展。

2020年12月，由李克强总理主持召开的国务院常务会议通过《医疗器械监督管理条例（修订草案）》，强化企业、研制机构对医疗器械安全性有效性的责任，明确审批、备案程序，充实监管手段，增设产品唯一标识追溯、延伸检查等监管措施。在国家政策的推进下，UDI已经成为统一数据标准的重要抓手。

随着数据标准的统一，未来基于数据各类场景开发的供应链服务产品将会不断涌现，也将会产生对应数字经济形态。随着数据的重要性越来越受到国家及企业的重视，以及市场的不断发展，未来数字化供应链将会进一步发展，成为引领医疗供应链高质量发展的"主引擎"之一。

第二节 低值医用耗材领域现状与发展趋势

随着经济的发展和医疗需求的扩大，低值医用耗材品种不断增多，且临床使用量大、覆盖面广。受益于经济发展和医疗需求刺激，我国低值医用耗材市场持续保持高速增长。

一、低值医用耗材分类及行业发展特点

（一）低值医用耗材分类

根据具体用途不同，低值医用耗材可以细分为医用卫生材料及敷料类、注射穿刺类、医用高分子材料类、医用消毒类、麻醉耗材类、手术室耗材类和医技耗材类。注射穿刺类主要包括一次性注射器、注射针、输液针、留置针、穿刺针、输液器、输血器、血袋、采血针等。

随着医疗卫生事业的发展，医用耗材在医疗服务中的重要程度也逐步提高，作

为临床多学科普遍应用的医用耗材,低值医用耗材有助于提高检查治疗安全性,防止医患及患者间因共用医疗器械导致疾病的传播。

(二) 低值医用耗材行业发展特点

一是低端产品为主,高端产品不足。我国国产低值医用耗材产品门类齐全,行业基础良好,涌现了一批上市公司,但国产产品仍以低端耗材为主,生物用纺织品、手术缝合线和人工透析导管等高端低值医用耗材目前仍以进口为主。国内大多数低值医用耗材企业研发资金投入不足,整体生产研发水平落后于发达国家。

二是产品内销低,出口占比较大。近年来,全球医疗卫生需求不断增长,凭借人力成本优势和技术水平提升,我国低值医用耗材大量出口,很多低值医用耗材龙头企业的业务主要以代工贴牌外销为主,在国际市场占据了较大的市场份额,但产品毛利率较低,利润水平不高。

三是缺乏规模优势,竞争格局分散。低值医用耗材产品技术含量和行业门槛较低,因此,我国低值医用耗材行业呈现企业多、产品同质化严重且附加值不高的局面,行业竞争激烈、集中度总体偏低,呈现小而散的状态。

二、低值医用耗材市场规模分析

2020年受新冠肺炎疫情影响,我国医疗卫生机构入院人数为23013万人(2019年26596万人)同比下降13.5%,床位数量为911万张。临床常规低值耗材的增长整体与卫生机构入院人数呈正相关性,随着卫生机构床位数量及入院人数持续增长,我国临床常规低值耗材将有望维持稳健增长趋势(见图3-14)。

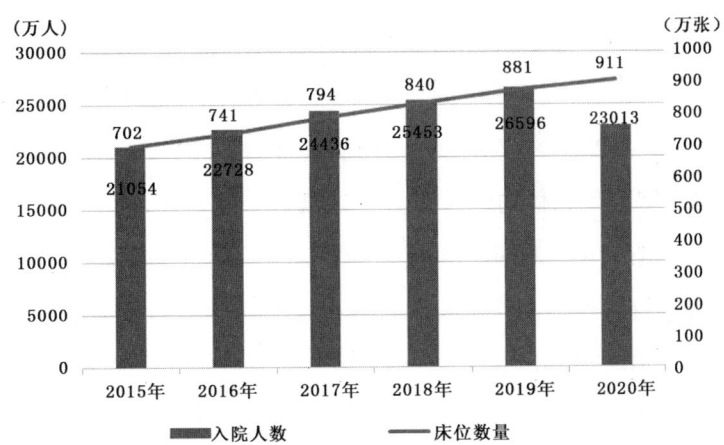

图3-14 2015—2020年中国医疗卫生机构入院及床位数量

数据来源:国家卫健委、九州通医疗器械整理。

随着中国经济发展与社会老龄化加速，医疗需求与科技水平的不断提高，全球与我国医疗器械行业进入快速发展期。

（一）全球低值医用耗材市场规模

近年来，全球低值医用耗材市场规模年均增长10%左右。2019年全球低值医用耗材市场规模为615.39亿美元，2020年达到663.29亿美元（见图3-15）。

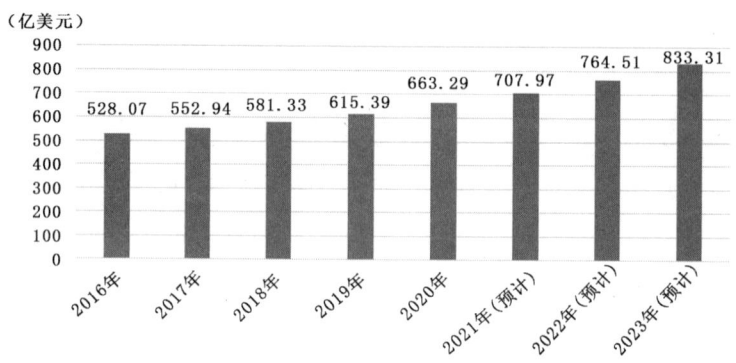

图3-15　2016—2023年全球低值医用耗材市场规模及预测

数据来源：中商情报网、九州通医疗器械整理。

在美国、欧洲等发达国家和地区，低值医用耗材的销售额已经占到其医疗器械销售总额的45%。美国是全球最大的医疗器械市场，也是全球最大的低值医用耗材市场，其低值医用耗材销售额约占全球低值医用耗材销售总额的40%以上。欧洲是全球第二大低值医用耗材市场，约占全球市场29%的份额。日本、中国、印度及其他亚洲新兴工业国家合计占17%~18%。其他国家和地区约占13%的份额。

根据国际评级机构惠誉旗下研究机构BMI Research 在 *Global Medical Devices Report Q2 2017* 报告中分析，预测2021年全球低值医用耗材市场规模约为707.97亿美元，预计2022年和2023年市场规模分别将达到764.51亿美元和833.31亿美元。

（二）我国低值医用耗材市场及细分领域规模

我国近年来低值医用耗材发展迅速，受益于生活水平的提高，医疗需求的增长，低值医用耗材市场继续保持高速增长，根据分会不完全统计推算，2020年我国低值耗材市场规模约为1045.62亿元，与2019年市场规模810.9亿元相比，其增长率为28.95%，如图3-16所示。

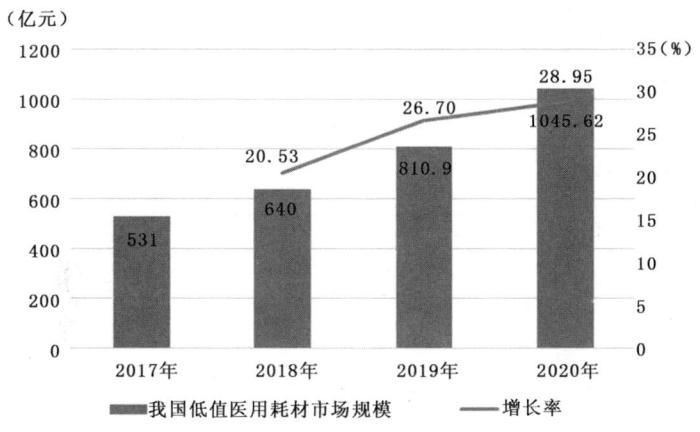

图 3-16　2017—2021 年我国低值医用耗材市场规模

数据来源：中物联医疗器械供应链分会。

在我国低值医用耗材市场各细分领域中，市场份额排名前五的领域分别是注射穿刺类、医用卫生材料及敷料类、医用高分子材料类、医技耗材类及医用消毒类。其中，注射穿刺类市场占比达 30%，医用卫生材料及敷料类市场占比 22%，医用高分子类占比为 16%，医技耗材类占比为 12%，医用消毒类产品占比为 9%，剩余产品占比相对较小（见图 3-17）。总体来说，我国低值医用耗材市场细分种类多、市场格局分散，各相关企业中仅威高医疗市场占比较高，达到 13.9%，康德莱占比 4.26%，维力医疗占比 3.15%，其他企业占比均不到 1%。[1]

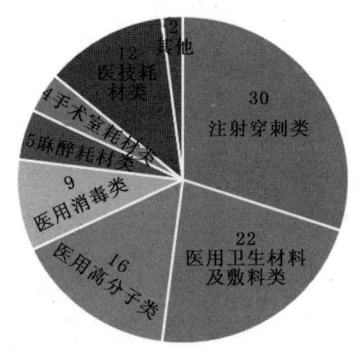

图 3-17　我国低值医用耗材各领域占比（%）

数据来源：医械研究院、九州通医疗器械整理。

随着我国人口老龄化的加剧，就诊人数大幅增加，接受注射治疗、诊断检测和疫苗接种的频次也将增加，注射穿刺类医疗器械需求量将保持增长。

---

[1]　数据来源：2020 年《中国医疗器械行业市场需求预测与投资战略规划分析报告》。

三、低值医用耗材领域代表企业及分析

目前我国已上市低值医用耗材企业共计 12 家，分布于医用敷料、手套、采血管和输液穿刺等细分领域。

我国低值耗材待上市公司情况显示，已披露招股书的待上市低值耗材企业包括伟康洁婧、康基医疗、安特医疗、中红普林、天益医疗、林华医疗等。排队申报上市企业较多，但低值耗材企业上市通过率较低。目前市场集中度不高，未来提升空间巨大。

受 2020 年新冠肺炎疫情影响，低值医用耗材上市公司业绩都有较大幅度增长，2020 年营收超 100 亿元的有稳健医疗、振德医疗和英科医疗；另外营收超 50 亿的有 1 家，为蓝帆医疗，营收超 10 亿元的有 4 家，其他为 10 亿元以下（见图 3-18）。

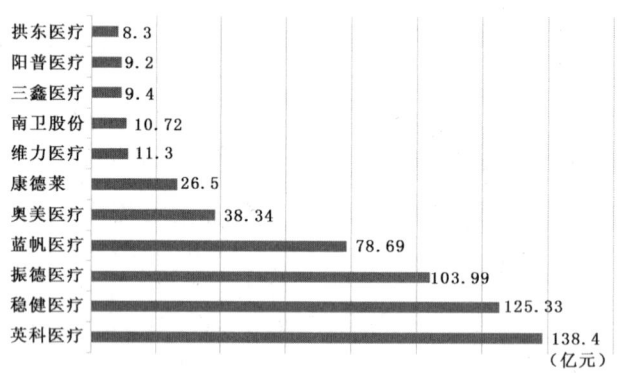

图 3-18　2020 年低值医用耗材相关企业营业收入

数据来源：九州通医疗器械整理。

奥美医疗主要收入来源是医用敷料，占比高达 87.90%；阳普医疗主营真空采血系统及其配套的仪器设备、软件等业务，在该领域覆盖较为全面，研发人员也较多，其中耗材占其主营业务收入的 61.13%；三鑫医疗主营注射穿刺产品及血液净化类产品，注射类产品占比 45.63%，血液净化类占比 53.30%；英科医疗主要业务为医用高分子手套，占比 84.75%；振德医疗主营传统医用敷料、压力固定、现代伤口护理、手术室防护隔离产品、工业用医用防护产品，占比高达 96.30%；南卫股份主营透皮产品、医用胶布胶带及绷带、运动保护产品、急救包及护理产品等，占比高达 95.91%；康德莱主要经营穿刺针、穿刺器、介入类及袋管类医用耗材，占比 99.72%；蓝帆医疗主要经营医用手套，是全球生产销售医疗级 PVC（Polyvin Chloride，聚氯乙烯）手套的龙头企业，该部分产品占比 60.27%，收购血管介入耗材企业后营收增速显著上升；稳健医疗主要产品为医用敷料等医用耗材，占比 70% 左右；维力医疗主营

业务为与麻醉、呼吸、透析类相关的医用导管,其占比为99.22%。[1]

四、细分产品领域中我国医用敷料行业发展概况分析

近年来,我国医用敷料市场稳步增长,特别2020年受新型冠状肺炎病毒疫情影响,医用敷料产值增长率显著提升。2019年我国医用敷料市场规模约73.12亿元,据预测2020年我国医用敷料市场规模将达82.25亿元(见图3-19)。

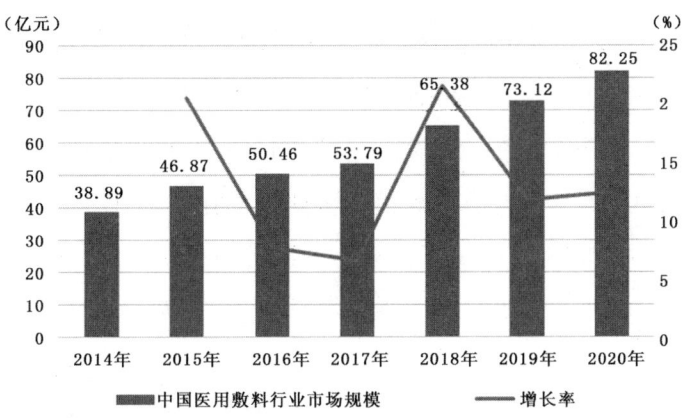

图3-19 2014—2020年中国医用敷料出口规模及市场变化

数据来源:BMI Research、九州通医疗器械整理。

与全球医用敷料的市场增速对比来看,2015-2019年期间,我国医用敷料的市场规模增速始终快于全球增速,这说明了在全球医用敷料市场中,中国市场的发展速度及发展潜力较为突出(见图3-20)。

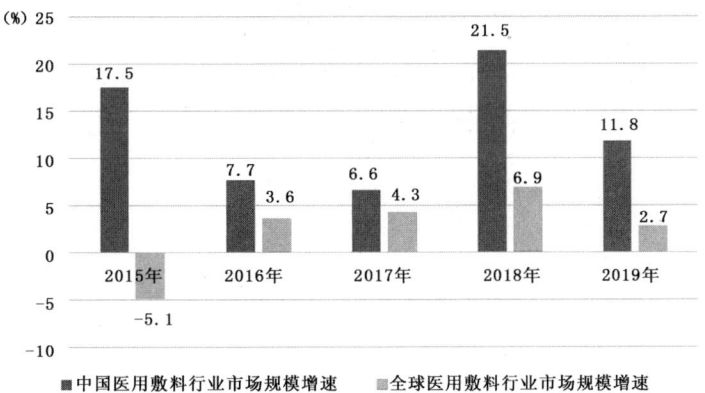

图3-20 2015—2019年中国及全球医用敷料市场规模增速对比

数据来源:BMI Research、九州通医疗器械整理。

---

[1] 数据来源:2020年中商产业研究院《中国医疗器械行业市场前景及投资机会研究报告》。

早在20世纪90年代,随着大型跨国医疗器械企业将敷料生产环节转移至生产成本更低的发展中国家,中国随之诞生了一批医用敷料OEM（Original Equipment Manufature,原始设备制造商）出口企业,中国制造的医用敷料产品在全球市场中的地位日益凸显。目前,中国已成为全球医用敷料第一出口国。在出口规模企业排名中,奥美医疗、振德医疗和英科医疗出口规模在2017—2020年稳居行业前三名。

我国医用敷料行业规模以上企业多以出口起家,依靠出口逐渐形成规模优势,并构建了完整的生产线及完善的管理体系,传统的伤口护理类产品质量已达世界先进水平。我国已是全球最大的医用敷料出口国,医用敷料出口产品主要销往美国、英国、德国、日本等国际市场,大多数是国际知名医疗器械品牌厂商的代加工产品。2014—2019年,中国医用敷料出口规模占全球市场比重均在20%以上,2019年中国医用敷料出口规模达27.2亿美元,同比增长4.21%。目前,中国已经成为全球医用敷料第一大出口国（见图3-21、图3-22）。

图3-21　2014—2019年中国医用敷料出口规模及增长情况

数据来源：中国医保商会、九州通医疗器械整理。

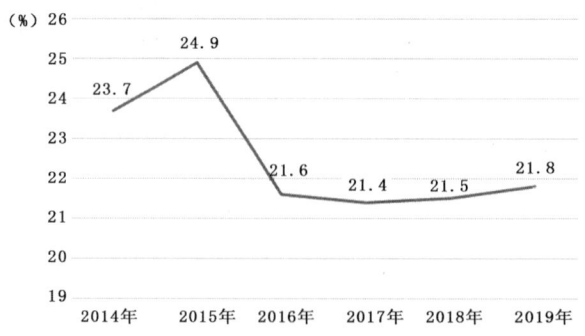

图3-22　2014—2019年中国医用敷料出口规模及市场变化

数据来源：前瞻产业研究院、九州通医疗器械整理。

我国医用敷料行业处于传统敷料占据主导地位阶段，产品以纱布类、棉类为主，新型医用敷料所占比例较低，高端敷料市场尚处于培育阶段，但从全球趋势来看，下游市场对多功能、新材质、高附加值的医用敷料的需求日渐迫切，高端医用敷料产业迎来了良好的发展机遇。未来，医用敷料行业将呈以下发展趋势。[1]

一是医用敷料产业链将向价值链高端环节转移。随着医改及医疗质量和医疗安全水平的进一步发展，行业集中度正在逐步提升，有利于经营规模较大、实力雄厚、管理完善的大中型企业进一步扩大市场份额。同时，大型跨国医疗器械公司逐渐将医用敷料中劳动力需求较大、技术含量较低的传统伤口护理产品（例如纱布、绷带）的生产环节转移至亚洲、南美等地区和国家，保留研发和营销环节，在市场上以自主品牌进行销售。凭借人力成本优势和产业链优势，中国承接了此轮产业转移浪潮，逐渐形成了一批为国际大型医用敷料品牌商从事贴牌生产（OEM）、以出口为主的医用敷料生产企业。随着行业技术不断创新，国内企业自身技术、工艺及研发能力不断提升，研发投入增加，国内医用敷料产业预计将逐渐向价值链的高端环节转移，在高端医用敷料市场实现进口替代。

二是手术室感染控制产品市场规模增长，向一次性使用型及定制化组合包转变。由于外科手术数量的增长及对感染控制措施的加强，手术室感染控制产品市场呈持续增长态势。根据CMI机构的统计，手术室感染控制产品市场规模预计将于2026年达到36.88亿美元，年均复合增长率4.9%。手术室感染控制产品可分为重复使用型和一次性使用型，从重复使用型产品向一次性使用型产品转变，成为行业的发展趋势，主要原因包括：一方面，一次性手术感染控制产品相比重复使用产品能够显著降低交叉感染风险，根据Coherent机构的报告，一次性手术室感染控制产品能够使得手术中的交叉感染风险降低60%，中华护理学会手术室专业委员会编制的《手术室护理实践指南》亦推荐手术室使用一次性无菌产品。另一方面，一次性手术室感染控制产品在便利性、成本等方面相比重复使用产品亦具有优势，使得一次性产品需求更加旺盛。相比于单个产品，定制化手术组合包产品的市场规模将呈快速增长趋势。根据CMI机构的统计，全球定制化手术组合包市场规模预计将于2026年增长至213.47亿美元，年均复合增长率为10.2%，其中，我国定制化手术组合包规模预计将上升至15.04亿美元，年均复合增长率12.2%，市场前景十分广阔。

---

[1] 资料来源：前瞻研究院《中国医用敷料行业市场调查研究及发展前景预测报告（2021—2026年）》。

三是高端医用敷料国产替代空间领域发展前景良好。从全球趋势来看，下游市场对多功能、新材质、高附加值的医用敷料的需求日渐迫切，高端医用敷料产业将迎来良好的发展机遇。根据 BMI 的统计，全球高端敷料市场规模预计将于 2022 年达到 70.15 亿美元。随着国内厂商在技术与品质上的不断进步，及相关政府部门和机构制定的支持包括高端敷料在内的医用敷料行业的发展的法律法规和行业政策出台落实，高端医用敷料领域未来有较大的国产替代空间。

五、低值医用耗材领域发展挑战及趋势

（一）低值医用耗材发展挑战

1. 受国家带量采购和行业竞争加剧的双重挑战

为完善医用耗材价格形成机制，治理价格虚高问题，进一步明显降低患者医械负担，国家医保局等八部门印发的高值医用耗材集中带量采购价格和使用的指导意见，提出逐步扩大医用耗材集中带量采购覆盖范围，促进医用耗材价格回归合理水平。自 2019 年医用耗材带量采购在全国各省市加速试点，医疗耗材集采政策在全国快速推进，集采领域也从高值耗材向低值耗材快速覆盖。

2020 年初，山西省推进低值耗材带量采购试点，主要针对一次性使用医用耗材，包括静脉留置针、血液透析器、一次性输液器等低值医用耗材，最终全省 11 个市首批低值医用耗材集中带量采购价格平均降幅超过 55%。2020 年 10 月，河南省完成首次医用耗材带量采购，人工晶体、留置针两类医用耗材价格平均降幅为 66.5%，最高降幅达 94.34%，多个产品中选价创全国新低。同时，多个地市级推进的以输液器、留置针为主的低值医疗耗材集中采购数据显示，通过集中采购，低值医疗耗材的价格最高降幅甚至高达 90% 以上。目前，全国范围内医疗耗材集采已实现常态化，频次大幅提升，并且范围逐渐扩大。医疗耗材行业正经历一场大洗牌，同质化严重的耗材已进入微利时代。依托单一留置针产品的医用低值耗材企业已经尝到了医疗耗材集采带来的阵痛，在一定程度上面临产品价格下滑和市场萎缩双重压力的挑战。

2. 产品研发投入经费较少，缺乏创新性产品单一

目前我国共有耗材生产企业 2.6 万家，多数企业规模小、产业集群度低，低水平竞争现象还没有得到根本性转变。纵观两万多家生产企业中，共有 12 家低值医用耗材上市企业，除蓝帆医疗 2020 年研发费用 3.47 亿元、英科医疗 2020 年研发费用 2.93 亿元、振德医疗研发费用达 2.60 亿元、康德莱 1.26 亿元、奥美医疗 1.18 亿元

这 5 家外，其他 7 家上市公司的研发投入均不超 6000 万元/年，研发投入最少的两家企业仅 3000 万元/年左右。12 家低值医用耗材上市公司研发投入总体保持上升态势，但低值医用耗材企业研发投入比例普遍较低，制约着创新产品的研发面市，企业的核心竞争力与市场突破力较弱，不能适应快速发展的医疗需求。

3. "后疫情时代"对医用耗材管理提出挑战

2020 年这次疫情中，由于诊疗需要，医疗耗材需求量暴增。以"中国医疗耗材之都"河南长恒为例，疫情发生后，面对一夜暴增的医疗防护物资需求量，长垣共 42 家口罩生产企业陆续复工，工人轮班上岗，机器 24 小时不停工，企业产量在 10 余天内增至平时 30 倍……除了用量紧缺，在医院内部，每天数量巨大、种类繁多的耗材管理也成了很大的难题，本就紧缺的医护人员很多时候还要分出精力管理耗材，这不仅仅是医院内部的事，也是企业的事。疫情期间，国家也出台发布了各类规范、标准，做好医用防护口罩、防护服、护目镜等耗材的保供与合理使用。在应急情况下稀缺的耗材如何合理管控、高效使用非常重要。此次疫情后，耗材管理的应急预案该如何去做、如何快速推进医疗耗材信息化管理、如何对医疗耗材进行精细化管理和无接触配送管理，实现科学高效，都应该引起各大医院与耗材厂家重视。

（二）低值医用耗材发展趋势

1. 政策出台助推规模化企业发展

《"健康中国 2030"规划纲要》明确指出要重点部署医疗器械国产化，深化医疗器械流通体制、审批审评制度改革。同时，医疗器械领域成为"十四五"规划中重要一环，科学技术部发布《"十四五"医疗器械科技创新专项规划》，提出发展前沿关键技术，引领医疗器械创新等重大任务，并具体要求要引领国际前沿技术，加快颠覆性技术创新。另一方面，医疗器械行业监管不断趋严，行业市场进一步得到规范，劣质、无序的小企业将被不断淘汰，从长远来看，有利于实力雄厚、科技创新、管理规范的规模化优秀低值医用企业的发展。

2. 国内市场重视程度不断提高

多年以来，得益于全球医疗卫生需求的不断增长，凭借着低廉的劳动力成本和高速发展的技术水平，我国国产低值医用耗材产业发展迅速，很多国产低值医用耗材企业业务主要以外销为主，在国际市场占据了较大的市场份额。但随着我国社会经济的不断发展，劳动力成本提高，同时来自印度、东南亚等市场的强力竞争，外销业务增长缓慢，尤其是近年以来，国际之间贸易争端不断，反倾销和贸易保护主义时有发生，严重影响了外销企业的业务收入。而国内随着人口老龄化和生活水平的提高，医疗需求不断增长，市场空间巨大，因此越来越多的外销型企业纷纷加快国内市场布局。

3. 带量采购推进常态化

带量采购政策将对医疗行业产生深远影响。低值医用耗材，往往是临床多学科普遍应用的价值较低的一次性医用材料，相较于医疗器械其他领域，技术含量和行业门槛较低，因此多年以来参与企业众多，竞争激烈。如一些低值医用耗材企业不能持续保持核心竞争力，未能持续推出具有竞争性和差异化的临床更安全、更便捷、更高效的新产品，在新一轮医疗行业变革中将可能失去竞争优势。据分析，带量采购政策下，随着技术的发展、医疗需求的提高及市场竞争的加剧，拥有更多创新产品将成为医疗器械企业寻求市场突破的发力点，行业集中度将迅速向研发能力强、企业成本控制好的头部企业靠拢。低值医用耗材市场必将面临优胜劣汰的过程，市场将逐渐集中在具有核心竞争力的企业手中，而产品单一、缺乏创新性的企业将面临被淘汰。

4. 多元化发展成主流

低值医用耗材行业门槛较低，市场竞争激烈，要想在众多企业中脱颖而出，行业大佬们的思路如出一辙，除了加强新材料、产品和生产工艺的创新研究，还加强了产业链布局，特别是经受2020年新冠肺炎疫情及疫情持久战的影响，越来越多的企业选择多元化经营方式，在激烈的行业竞争和变革中做大做强，抢占先机。其中比较具有代表性的企业有威高和蓝帆医疗，两家都是主营低值医用耗材业务，在做大的同时纷纷将产业布局延伸到同属医用耗材领域的高值医用耗材市场，并且都选择了血管介入市场，威高股份收购了美国爱琅，蓝帆医疗收购了新加坡柏盛国际，而两者不同之处则在于，威高很早就涉足高值医用耗材市场，主营骨科、血透等业务，并取得了巨大的成就，其中骨科业务经过多年的发展在国产品牌居于龙头地位。

第三节 医疗设备领域现状与发展趋势

一、医疗设备领域现状分析

作为关系到人类生命健康的战略性新兴产业，医疗器械的发展与医疗健康行业整体发展强相关，医疗健康行业发展受经济周期影响相对较小，行业稳定性较高。

在庞大而稳定的市场需求下，全球医疗器械产业长期以来一直保持着良好的稳步增长势头。2020年，新冠肺炎疫情在全球范围的暴发，使得监护仪、呼吸机、输注泵和医学影像业务的便携彩超、移动DR（移动数字化X线机）的需求量大幅增长，全球各国对医用防护用品、核酸检测盒、ECMO（Extracorporeal Membrane Oxygenation，体外膜肺氧合）等医疗器械订单量激增，销售价格出现较大幅度上涨，部分医疗器械持续脱销。

与发达国家相比，中国医疗器械产业起步较晚，但受益于庞大的国内需求、随着全球居民生活水平的提高和医疗保健意识的增强，多年来医疗器械产品需求始终呈现高位增长，特别是随着近年来全国居民人均可支配收入的增加、人口老龄化带来的医疗需求增加，以及医保覆盖范围及深度的提升，我国对医疗器械需求持续增加，目前是全球第二大医疗器械市场，市场增速高于全球市场规模增速。经分会不完全统计，2020年中国医疗设备市场规模达到4147.63亿元人民币，保持了较快增长，如图3-23所示。

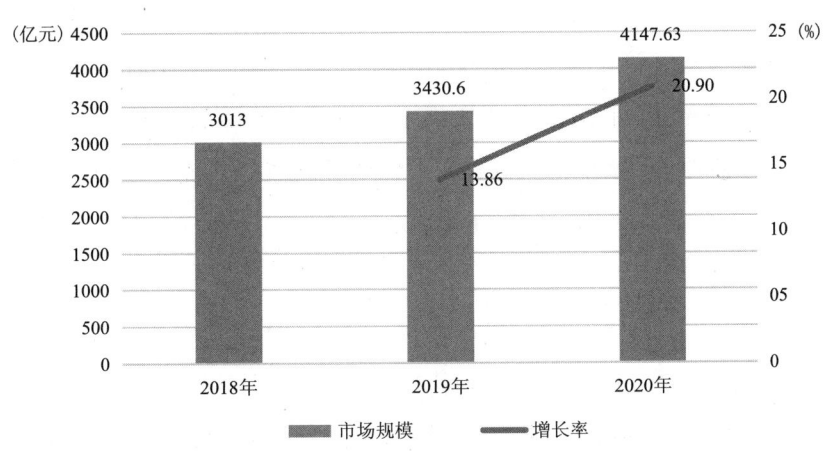

图3-23 近三年我国医疗设备市场规模

数据来源：中物联医疗器械供应链分会。

二、医疗设备细分市场分析

（一）放疗设备行业形态

放疗设备随着放射线的发现与应用逐步发展，已经涵盖了医用直线加速器、射波刀、伽马刀、质子重离子设备等多种细分产品。目前，国内放疗设备行业呈现以下特点。

1. 放疗设备产业生态逐渐强壮

肿瘤治疗服务的市场空间远大于单纯设备的生产销售，随着中国放疗设备产业链的参与主体不断丰富，产业生态逐渐强壮，行业上市公司不断增多，范围涉及设备、诊断、治疗、服务，肿瘤治疗中心的前景广阔。

2. 从业人数不断增加，人员比例配置仍须优化

放射治疗作为肿瘤治疗的有力武器，在头颈部肿瘤的治疗中发挥着重要作用。随着放疗设备和放疗技术的发展，放射治疗成为恶性肿瘤治疗的重要方式，带动了放射治疗设备行业的发展。随着放疗设备行业规模的不断扩大，从业人员数量不断增加，但在人员比例配置方面，存在着研发人员数量少、人员结构不合理等问题，急需优化人员比例配置。

3. 企业入行壁垒提高

经过近二十年的发展，随着国内市场对于放疗设备需求的增加，市场增长率高速增长，技术渐趋定型，产品特点、产品竞争状况及用户特点已经比较明朗，企业进入壁垒提高，在市场准入、技术、人才等方面对新进入者都有着非常高的要求。

一是市场准入壁垒。我国医疗器械行业主管部门为国家药监局，负责制定医疗器械安全监督管理的政策、规划并监督实施；参与起草相关法律法规和部门规章草案；负责医疗器械行政监督和技术监督，制定医疗器械研制、生产、流通、使用方面的质量管理规范并监督实施。县级以上地方食品药品监督管理部门负责本行政区域内的医疗器械监督管理工作。

二是技术壁垒。大型的放疗设备制造涉及诸多学科和技术，如加速器物理、核物理、无线电、电工学、电子学、自动化控制、电磁学、微波技术、电真空、机械、精密加工、电子计算机、制冷、流体力学，等等。市场上有资格和能力进行研发和制造的企业主体本身有限，高端设备依赖于进口。

三是人才壁垒。人才壁垒和高技术壁垒带来的也是人才的匮乏，其复杂的多学科交叉特性，也决定了能适应其技术标准的人才十分稀缺，设备的研发设计人员需要有过关的理论知识，更需要在一线的设备调试和使用环节中积累经验，短时间很难全面地掌握各项治疗技术。

（二）放疗设备市场现状与规模

到2020年底，全国规划配置大型医用设备22548台，其中新增10097台，分3年实施，甲类大型医用设备根据工作需要按年度实施，乙类大型医用设备由省级卫生健康部门制订年度实施计划，为社会办医配置预留合理空间。

1. 甲类大型医用设备

（1）质子治疗肿瘤系统：全国总体规划配置控制在 10 台内，全部为新增配置，按区域功能定位、医疗服务辐射功能和医疗机构诊疗水平等实际情况，到 2019 年底前，在华北、华东、中南、东北、西南、西北 6 个区域各配置 1 台。到 2020 年底，在人口密集、医疗辐射能力强，集中京津冀、长三角、珠三角和成渝经济区的华北、华东、中南、西南再各规划配置 1 台。

（2）正电子发射型磁共振成像系统（PET/MR）：加强对在用设备使用状况的跟踪和评价。到 2020 年底，全国暂规划配置 33 台，按华北、东北、华东、中南、西南、西北等 6 个区域配置，其中新增 28 台。

（3）高端放疗治疗设备：到 2020 年底，全国规划配置 216 台，其中新增 188 台。需要强调的是，方案指出，加强事中事后监管，推行"双随机、一公开"监管模式。加大信息公开力度，建设大型医用设备信息化管理平台，依托平台实现中央和地方的信息互联互通，做到全透明、可核查。

加强设备使用评价和分析比较，防范和治理过度利用，控制医疗费用过快不合理增长。充分发挥专业协会作用，建立完善自我约束机制，加强行业自律和相互监督。

2. 乙类大型医用设备

（1）X 线正电子发射断层扫描仪（PET/CT，含 PET）：到 2020 年底，全国规划配置 710 台，其中新增 311 台。

（2）内窥镜手术器械控制系统（手术机器人）：到 2020 年底，全国规划配置 197 台，其中新增 154 台。

（3）64 排及以上 X 线计算机断层扫描仪（64 排及以上 CT）：到 2020 年底，全国规划配置 8119 台，其中新增 3535 台。

（4）1.5T 及以上磁共振成像系统（1.5T 及以上 MR）：到 2020 年底，全国规划配置 9846 台，其中新增 4451 台。

（5）直线加速器（含 X 刀）：到 2020 年底，全国规划配置 3162 台，其中新增 1208 台。

（6）伽马射线立体定向放射治疗系统：到 2020 年底，全国规划配置 254 台，其中新增 146 台。

（三）放疗设备市场面临困境与差距

1. 国产医疗设备企业数量多而不精

2015—2020 年我国医疗诊断、监护及治疗设备制造行业规模以上企业数量总体整体呈上升趋势，但是大部分企业营收较低，低附加值产品居多，呈现企业数量多、产业分散、行业集中度低的特点，医疗诊断、监护及治疗设备制造行业的大而不精的局面依然没有改变。

2. 进出口类别差异显示高端乏力

伴随着我国的医疗诊断、监护及治疗设备生产企业的不断扩大，目前国内的医疗设备产品已经开始逐渐可以覆盖大部分医疗设备需求。但是高端医疗设备仍然有外资企业把控。

我国 2020 年医疗器械进口额 383.83 亿美元，同比增长 5.2%；出口额 1015 亿美元，同比增长 244.0%。喜人的出口成绩下，难掩我国高端医疗设备的乏力。尽管近年来我国高端产品如联影等企业的影像类产品发展较快，进口替代步伐加快，但是目前出口前十大产品没有我国的高端医疗设备。

相反，中高端诊疗设备类依旧是主要进口产品，如光学仪器、彩超、X 射线断层检查仪、植入类产品等。美国、德国、日本是我医疗设备进口的主要来源国。

3. 疫情之下国内产品的短板

疫情期间，我国国产的心电监护仪、血液透析机、血气分析仪等大部分医疗装备满足了疫情防控、救治病患的需要。但是在一些关键的高端医疗装备如 ECMO 等，国内企业无法生产，有创呼吸机等供给不足，部分产品性能有待提升，标准体系尚不健全等种种问题的出现，显示我国高端医疗设备制造水平的短板。

（四）放疗设备市场发展前景及未来走势

1. 放疗市场规模庞大，需求增长稳定

相对于肿瘤手术治疗，现代化精准放疗具有副作用更小、治疗效果更好、综合成本更低等一系列优势，与其他治疗方式配合（如手术）可以取得更好的疗效。从治疗成本角度看，放射性治疗是最具成本效益的肿瘤治疗方式之一。根据瑞典议会医疗保健技术评估委员会（SBU）的预测，放疗费用是手术治疗费用的 50%。

受益于癌症发病率的不断攀升，世界卫生组织国际癌症研究机构（IARC）发布的《2020 年全球癌症负担数据》显示，2020 年全球共新增癌症病例 1929 万例，预计仍将逐年递增，至 2025 年新增癌症病例可能达到 2500 万人，而 2035 年预计将达到 3000 万人。

国家卫生健康委员会统计数据显示：2020年新诊断癌症病例457万人，同年全球因癌症死亡病例996万人，其中我国因癌症死亡病例300万人，均超过对应新增癌症病例的50%。

2. 我国是最具发展潜力的新兴市场

目前经济越发达、医疗理念越先进的国家采用放射性治疗的患者比例越高，其中美国为63%，而中国则低于20%，我国每百万人拥有放疗设备仅1.1台，仅为美国的1/10左右，相关每百万人口的医务人员数量，也只有美国的1/2~1/5，从以上数据看来，近年我国放疗市场增长虽然呈现加速迹象，但需求远远未被满足，未来随着放疗技术的进一步发展及放疗意识的提升，更重要的是随着大病医保及放疗配置政策的进一步实质性落地，预计未来3~5年放疗行业复合增速仍将保持在25%~30%的水平。

3. 从设备到服务，肿瘤治疗中心前景广阔

肿瘤治疗服务的市场空间远大于单纯设备生产销售。在肿瘤设备治疗产业链中，我们认为单纯的设备生产市场空间仍然有限，目前直线加速器存量2000台左右，伽马刀400多台，直线加速器已经比较普及，假设伽马刀每年15%的新增投放量，单台售价800万，则伽马刀设备的产值约为5亿，预计伽马刀、直线加速器等放疗设备的产值在10亿~20亿。

三、医疗设备领域发展挑战与趋势

（一）面临挑战

国内外医疗器械市场的不确定因素增多。首先，国家实行医疗器械集中带量招标采购、重点产品监控、取消加成、鼓励实行"两票制"、医用耗材医保准入机制等政策必然会影响医疗器械市场价格，这对医疗器械销售规模的影响存在着不确定性；其次，国际贸易保护主义抬头，特别是中美贸易摩擦必将影响我国医疗器械出口增速；最后，为了适应带量招标采购的价格竞争，可能有的医疗器械生产企业为了降低产品成本会降低产品质量，这有可能增加医疗器械不合格风险。

（二）发展趋势

1. 政策助力，国产医疗设备发展呈加速之势

在政策层面，国家和地方持续推进"进口替代"，从鼓励国产到优先国产，再到现在的采购国产，政策为国产设备厂商提供了一个更加有利的竞争环境。这些政策也是前瞻性的标志，预计将来会有更多的省份推行类似的文件，为国产设备厂商

带来更多的政策红利。同时这些政策利好也推动了外资企业供应链本土化进程，越来越多的外资企业入驻中国，扩大生产与供应。

2. "十四五"规划对于医疗设备的指导方向

疫情期间，国产化的高端医疗设备短缺反映了当前我国医疗设备制造领域的困局。面对这种局面，国家开始制定相关的政策，"十四五"规划中对高端医疗装备的技术突破给出了明确方向。

对于高端医疗设备，我国的重点方向在突破腔镜手术机器人、体外膜肺氧合机等核心技术，研制高端影像、放射治疗各大型医疗设备及关键零部件。对于高耗值器械，国家大力支持发展全降解血管支架等植入介入产品。

虽然我国医疗设备行业仍面临诸多方面的挑战，但是依然表现出旺盛发展活力，发展前景广阔，未来我国医疗设备行业仍将处于"黄金发展期"。

第四节 体外诊断领域现状与发展趋势

一、体外诊断市场概览

体外诊断，简称IVD（In Vitro Diagnosis），是一种在人体外检测人体样本（血液、体液、组织等）从而获取临床诊断信息，以此检测疾病或机体功能的产品和服务。体外诊断是临床诊断信息的重要来源，能够为医生治疗方案及用药提供重要参考指标，是保证人类健康的医疗体系中不可或缺的一环。

目前体外诊断在临床医学上使用率极高，约有80%的疾病诊断依靠体外诊断完成并且能够贯穿于初步诊断、治疗方案选择、治疗检测、预后及体检等疾病治疗全过程，对于疾病预防、确定病因和预后效果、提高治疗有效性和减少医疗成本都有重大意义。近几年体外诊断市场高速发展，在2020年新冠肺炎疫情中是一种用于判断人群中有无感染者的重要手段。

我国体外诊断行业起步于20世纪80年代，经过30多年的发展，逐步建立起完整的产业链，并实现技术突破。随着我国人口老龄化进程加速、经济水平的提升，人民健康意识日趋增强，对医疗卫生服务的需求大幅增加，为体外诊断行业的发展带来一个规模庞大且发展迅速的市场窗口期。同时，自2005年以来，国家对包括体外诊断在内的生物高新技术颁布了一系列鼓励、支持政策，国内体外诊断企业在产品技术、设备市场上不断取得突破。

（一）我国体外诊断行业发展概况

1. 行业市场规模

随着中国人口老龄化及对于自身健康的重视程度不断提高，中国体外诊断市场规模呈现出高速增长的态势，如图 3-24 所示，据分会不完全统计，2019 年我国体外诊断市场规模约 748.5 亿元，2020 年我国体外诊断市场规模达到 948.95 亿元，同比增长 26.78%。

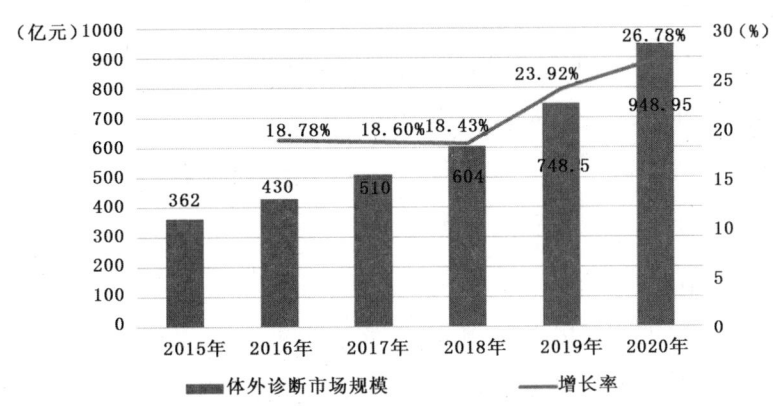

图 3-24　2015—2020 年中国体外诊断市场规模

数据来源：中物联医疗器械供应链分会整理。

相较于欧美等发达国家，中国体外诊断设备行业增长迅猛。未来我国体外诊断设备行业市场规模将继续保持增长势头。行业得以保持快速增长，主要因为受到以下三个因素的影响。

一是政府助推。2020 年，国家出台了多项政策规范、助力行业发展升维。伴随中国经济快速发展，政府对居民健康问题愈加重视，在 2020 年新冠肺炎疫情的背景下，体外诊断在抗疫工作中发挥了重要作用，同时体外诊断是检验医学的关键手段之一，整体行业发展态势向好。随着多项控费医改政策逐步落地，医疗器械利好政策频出，临床诊疗费用降低及医保待遇提升增加了体外诊断设备的使用率。中国医疗服务行业将多维度地均衡医疗资源，全面推行分级诊疗，促使医疗资源逐步下沉、吸引患者选择基层医疗机构就诊，基层医疗系统对体外诊断设备的需求攀升。

二是居民预防观念加强。中国人口老龄化程度加深，慢性病发病率升高，2020 年新冠肺炎疫情导致人们普遍提高了自我保健意识，促使居民对健康管理观念由患病再治疗转变到提前预防，观念的改变带动了和预防疾病相关的家用体外诊断设备销量的增长。家用体外诊断设备的应用作为简单有效的自我健康监控方式，能提前获取准确、实时信息，并用数据共享及远程检测的方式建立健康管理新模式，推动了体外诊断设备的市场扩容。

三是母婴检测需求增加。受二胎、三胎政策影响，一方面，中国备孕期及孕期女性数量不断增长，产前妊娠排卵检测需求增加，相关设备消费量显著提高；另一方面，孕妇通过无创产前基因检测（NIPT）获得胎儿重大遗传疾病信息，成为产前遗传病检验新方法，母婴相关体外诊断设备需求量从而增加。

2. 行业细分市场

体外诊断根据检验原理或检验方法的不同，临床体外诊断主要分为血液学诊断、生化诊断、免疫诊断、分子诊断、尿液诊断、尿沉渣诊断、微生物诊断、凝血诊断等。我国最常用的诊断方法为免疫诊断、生化诊断和分子诊断，在我国市场占比分别为39%、19%和16%，如图3-25所示。

免疫诊断是我国目前规模最大的体外诊断子行业，并仍处于快速发展中，其中中低端试剂取得了较好的国产化成果，但在三级医院的高端市场整体仍被海外巨头垄断。

生化诊断在我国发展较早，多年来一直为医院常规诊断检测项目，目前我国生化诊断试剂基本实现国产化，因此未来增长速度会逐渐放缓。分子诊断在全球范围内都处于发展的初期，也是我国与海外在技术上差异较小的领域，未来将保持快速增长。

我国分子诊断起步较晚，但在消费升级、分子诊断技术进步、政策扶持及资本追捧等多重因素的共同推动下，我国分子诊断行业已具备一定的市场规模和基础，正从产业导入期步入成长期，市场发展前景良好。

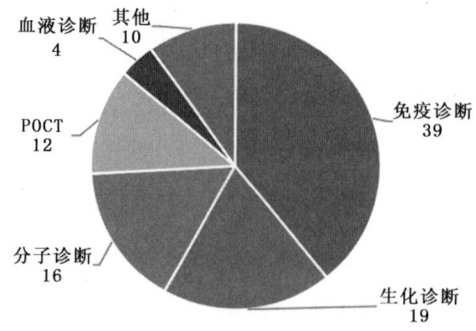

图3-25 我国体外诊断市场分类（%）

数据来源：前瞻产业研究院。

（二）我国IVD企业格局分析

目前国际跨国公司在我国体外诊断的高端市场中占据相对垄断地位，利用其产品、技术和服务等各方面的优势，不断加大在华投资力度，尤其在国内三级医院等高端市场中拥有较高的市场份额，价格普遍比国产同类产品高，同时国内企业由于技术水平及整体产品质量相对较低，其用户主要集中在二级医院和基层医院，以及市场空间趋于饱和的临床生化市场。

但在2020年国内新冠肺炎疫情期间，众多IVD企业业绩亮眼。表3-4显示，从营收方面来看，已披露的2020年三季度财报显示，有11家IVD企业在2020年的前三季度营收超过10亿元，4家IVD企业在2020年的前三季度营收超过50亿元。其中，迈瑞医疗以160.64亿元的前三季度营业收入领跑行业。营收增速方面，4家企业前三季度营业收入同比增长1倍以上，圣湘生物2020年取得超10倍于上年同期水平的营业收入，增速远超同行。净利润方面，根据已有前三季度财报可知，6家企业前三季度的净利润达到10亿以上；净利润增速方面，6家企业三季度的净利润同比增长1倍以上，其中3家企业获得了去年同期10倍以上的净利润。圣湘生物在净利润增速方面表现亮眼，前三季度净利润同比增长高达10702.39%。根据已披露年报显示，2020年IVD企业中获得数倍于上年同期的营业收入和净利润的情况并不少见：迈瑞医疗以210.25亿元的业绩脱颖而出，迪安诊断和华大基因分别以106.49亿元和84.31亿元的业绩紧随其后。营收增速方面，圣湘生物和东方生物分别以1204.67%和787.92%的增速领先，圣湘生物的快速发展得益于疫情的推动，以及体外诊断业务在此背景下得天独厚的行业优势。

表3-4 2020年疫情期间体外诊断行业相关公司业绩表现

	前三季度总营收（百万，CNY）	同比增长（%）	前三季度净利润（百万，CNY）	同比增长（%）	2020全年营收（百万，CNY）	同比增长（%）
迈瑞医疗	16063.66	29.76	5364.28	46.02	21025.85	42.15
迪安诊断	7472.41	20.33	1107.41	109.52	10649.16	25.98
华大基因	6752.08	225.82	2731.94	914.20	8431.66	201.09
金域医学	5827.40	48.65	1099.88	236.59	8243.76	56.45
圣湘生物	3605.27	1381.47	2012.82	10702.39	4767.14	1204.67
达安基因	3559.69	363.61	1501.93	2099.12	5345.01	386.70
万孚生物	2173.09	52.60	567.33	83.18	2810.84	35.64
安图生物	2047.34	8.12	519.95	-5.14	2978.13	11.15
新产业	1570.38	32.30	698.37	24.63	2194.97	30.53
东方生物	1100.67	319.73	664.21	1104.69	3262.03	787.92
基蛋生物	762.90	20.99	221.88	8.17	1130.40	16.75

二、细分领域：POCT 市场发展

（一）POCT 特点及发展背景

1. POCT 特点

POCT（Point-of-Care Test）是指在采样现场即刻进行的、利用便携式分析仪器及配套试剂快速得到检测结果的一种检测方式，省去了标本在实验室检验时"复杂"的处理程序。其含义可从以下两方面理解，一是空间上，在患者身边进行的检验，即"床旁检验"；二是时间上，可进行"即时检验"。因此，POCT 又称为床旁检验、即时检验等，具有快速简便、使用及携带方便、现场分析缩短 TAT（Turnaround Time，样本周转时间）、准确率高等特点，能减少样品转送流程，缩短报告时间，如表 3-5 所示。

表 3-5 传统实验室检验与 POCT 检验对比

方法学	传统实验室检验	POCT
周转时间	长	短
标本鉴定	复杂	简单
标本处理	通常需要	不需要
血标本	血清、血浆	多为全血
校正	频繁	不频繁
试剂	需要配制	随时可用
耗材	相对少	相对多
检测仪器	复杂	简单
对操作者的要求	专业人员	普通人亦可
灵敏度	相对较高	相对较低
单个试验花费	低	高
检测地点	医院检验科	随时随地
应用场景	检验科等少量场景	救灾、军事、医疗服务站、现场监督执法、食品安全控制、移动医疗等

数据来源：安信证券研究中心。

2. POCT 发展背景

如表 3-6 所示，"十三五"以来，我国发布了多项惠及体外诊断行业甚至 POCT 市场发展的相关政策，明确加快 POCT 技术进步、产品研发及产业化。其中，分级诊疗、耗材集采、医疗器械进口替代等国家政策的持续推进，极大地释放了POCT市场需求。同时，随着我国老龄化进程及疫情防控常态化形势，我国POCT市场将不断增长，且发展空间较大。

分级诊疗拓展POCT增量市场。基层诊疗将是我国医改的长期趋势，国家鼓励各地建立基层首诊、上下联动的分级诊疗体系，并以家庭医生签约服务为重要手段推广落地。POCT作为传统检验医学的重要补充，具有小型便携、操作简单、使用方便、即时报告、无须依赖大型检测设备及专业检验医师等特点，且POCT检测仪器一般价格较低，适合基层医疗机构、急诊危重病房和临床科室的应用场景，符合国家分级诊疗政策的要求。随着分级诊疗制度的不断推进，基层下沉需求扩容，POCT行业将迎来更大的发展空间。

集采常态化刺激POCT需求。2019年7月，国务院办公厅关于印发《治理高值医用耗材改革方案》，明确提出取消医用耗材加成。自此，医院耗材收入迎来一定缩减，随即刺激了临床科室通过检验项目创收的需求，POCT应用便成为临床科室应对收入压力的一大有力途径。

老龄化推动POCT市场增长。据中国国家统计局统计，2020年我国人口数量为14.12亿人，其中60岁及以上人口有2.6亿人，仅65岁及以上人口就有1.9亿人，比重达到13.50%，人口老龄化程度已高于世界平均水平（65岁及以上人口占比9.3%）。未来，随着中国社会老龄化的不断发展，患糖尿病、心脑血管疾病、肝肾病等慢性病的老年人将越来越多，该类患病群体不仅需要医院的系统诊治，更需要进行长期跟踪与定期检查情况。在此态势下，POCT市场的刚性需求"水涨船高"，市场将不断增长。

疫情成为POCT增长新引擎。2020年12月7日，国家卫健委印发《关于加强基层医疗卫生机构发热诊室设置的通知》，明确要求基层医疗机构需对全部发热患者进行核酸检测和血常规检查，不具备检测能力的，需通过与其他医疗机构或第三方检测机构合作的方式为发热患者提供检测服务。新冠肺炎疫情为POCT市场带来巨大增量空间，随着疫情防控常态化，核酸检测持续推动基层放量，家用POCT市场也成下一片蓝海，"健康全息"POCT将引领检验医学未来发展，POCT市场仍大有可为。

表3-6 2016—2021年1月POCT行业部分相关政策

序号	文件名称	发布年份	主要内容
1	《冬春季农村地区新冠肺炎疫情防控工作方案》	2021	返乡人员需持7天内有效新冠肺炎病毒核酸检测阴性结果返乡，返乡后实行14天居家健康监测，期间不聚集、不流动，每7天开展一次核酸检测。
2	《鼓励外商投资产业目录（2020年版）》	2020	鼓励外商对全国十三大方面的产业进行投资，如新型诊断试剂的开发、生产，全自动生化监测设备、五分类血液细胞分析仪、全自动化学发光免疫分析仪、高通量基因测序系统制造，PCR仪制造等。
3	《关于加强基层医疗卫生机构发热诊室设置的通知》	2020	基层医疗机构需对全部发热患者进行核酸检测和血常规检查，不具备检测能力的，需通过与其他医疗机构或第三方检测机构合作的方式为发热患者提供检测服务。
4	《"十四五"国家规划纲要》	2020	深化医药卫生体制改革，加快优质医疗资源扩容和区域均衡布局，加快建设分级诊疗体系，加强公立医院建设和管理考核，推进国家组织药品和耗材集中采购使用改革，发展高端医疗设备。支持社会办医，推广远程医疗。
5	《政府工作报告（2019年）》	2019	保障基本医疗卫生服务，加强重大疾病防治。我国受癌症困扰的家庭以千万计，要实施癌症防治行动，推进预防筛查、早诊早治和科研攻关，着力缓解民生的痛点。
6	《医疗器械标准规划（2018—2020年）》	2018	全面贯彻落实药品医疗器械审评审批制度改革和国家标准化工作改革要求，以创新发展为驱动，提升医疗器械标准科研能力，鼓励创新、自主制定标准，着力推动我国医疗器械特色优势领域技术和标准的国际化进程。
7	《增强制造业核心竞争力三年行动计划（2018—2020年）》	2017	加快高端医疗器械产业化及应用，支持高精度即时检验系统（POCT）等产品升级换代和质量性能提升。鼓励国内新型分子诊断仪器、即时检验系统（POCT）等体外诊断产品及试剂升级换代和质量性能提升。
8	《"十三五"医疗器械科技创新专项规划》	2017	加强医疗器械的基础前沿研究，发展医疗器械"新理论、新方法、新材料、新工具、新技术"。体外诊断领域前沿性技术：以"一体化、高通量、现场化、高精度"为方向，围绕林建自动化、快速精准检测、病例智能诊断、疾病早期诊断等难点问题，加快发展微流控芯片等前沿技术。
9	《"十三五"生物技术创新专项规划》	2017	加快发展新型生物医用材料、体外诊断技术与产品、家庭医疗检测健康装备、可穿戴设备、基层适宜的诊疗设备、移动医疗等产品。

续 表

序号	文件名称	发布年份	主要内容
10	《"十三五"国家战略性新兴产业发展规划》	2016	加速发展体外诊断仪器、设备、试剂等新产品,推动高特异性分子诊断、生物芯片等新技术发展,支撑肿瘤、遗传病及罕见病等体外快速准确诊断筛查。
11	《"健康中国2030"规划纲要》	2016	加强专利药、中药新药、新型制剂、高端医疗器械等创新能力建设,推动治疗重大疾病的专利到期药物实现仿制上市。大力发展生物药、化学药新品种、优质中药、高性能医疗器械、新型辅料包材和制药设备,推动重大药物产业化,加快医疗器械转型升级,提高具有自主知识产权的医学诊疗设备、医用材料的国际竞争力。
12	《"十三五"国家科技创新规划》	2016	研发一批重大疾病早期诊断和精确治疗诊断试剂以及适合基层医疗机构的高精度诊断产品,提升我国体外诊断产业竞争力。
13	《医药工业发展规划指南》	2016	重点发展高通量生化分析仪、免疫分析仪、血液细胞分析仪、全实验室自动化检验分析流水线(TLA)及相关试剂,单分子基因测序仪及其他分子诊断仪器,新型即时检测设备(POCT)。加强体外诊断设备、检测试剂、信息化管理软件和数据分析系统的整合创新,加快检测试剂标准建立、溯源用标准物质研制和新试剂开发。

(二) POCT 市场发展现状

1. 全球 POCT 行业发展

站在全球市场角度,目前体外诊断行业已经处于成熟发展阶段。随着全球体外诊断市场持续增长,POCT 作为其中最具发展潜力的领域之一,也处于快速发展阶段。*Global Point of Care Testing Market Outlook 2018* 显示,2018 年全球 POCT 市场规模约为 240 亿美元,其中全球最大的细分市场为血糖监测。*Global Point of Care Testing Market Outlook 2022* 显示,到 2022 年,全球 POCT 市场规模预计将达到 300 亿美元。未来全球 POCT 市场将呈稳定中速增长,其增长速度将远远高于全球体外诊断市场平均增长速度,如图 3-26 所示。

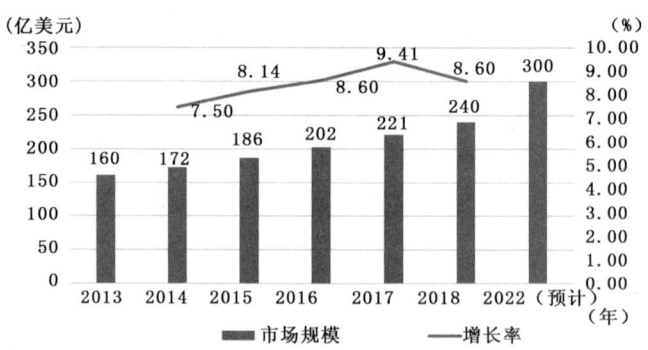

图 3-26 全球 POCT 市场规模

数据来源：Rncos、Wind、华安证券研究所。

其中，美国作为全球最大的 POCT 市场，受益于政策、技术、疾病早检与预防等利好，POCT 市场规模保持着稳定较快增长，各类 POCT 产品医院使用率高，且渗透率仍在不断升高。根据 Allied Research & Arizton 数据，2020 年美国 POCT 市场规模约达 60 亿美元，对体外诊断市场的渗透率约为 32%，且预计渗透率在 2023 年将提高至 36% 左右。

2. 我国 POCT 行业发展

我国 POCT 市场虽起步较晚，但近年来行业增速始终保持在 10%~20%，远远高于全球 6%~7% 的增速，2018 年市场规模达到 95.99 亿元。随着我国老龄化加剧和慢性病高发，以及分级诊断政策的逐步落地，未来 POCT 市场仍将保持高速发展，预计 2020 年市场规模可达 144.69 亿元，发展前景广阔，如图 3-27 所示。

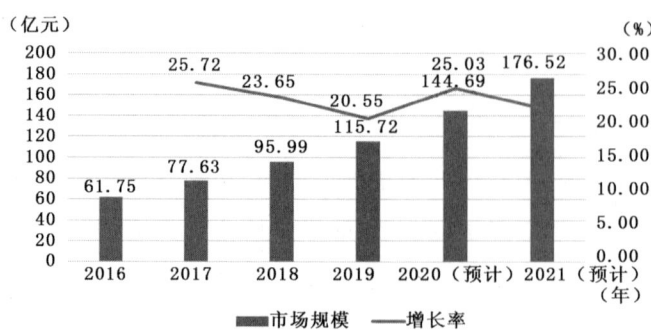

图 3-27 2016—2021 我国 POCT 市场规模及预测

数据来源：中商产业研究院。

POCT 的细分领域较多，按照检测项目可分为传染病及炎症类、血糖类、心血管类、血气及凝血类、妊娠类、毒品类等。随着技术进步与行业逐渐规范，POCT 市场增量将显著向有技术实力的头部企业集中，如表 3-7 所示。

表3-7 POCT细分领域竞争格局

细分领域	市场情况
血糖类	POCT最大细分领域，各级医疗机构主要被罗氏、雅培等外企占据；OTC市场国内企业占比可达到60%，其中三诺生物销量占比约50%。
心血管病类	心脏标志物POCT市场主要被进口产品占据，以罗氏、美艾利尔、梅里埃等为主，国内企业在中、小医院占有率较高，基蛋生物、万孚生物增速较快。
传染病/炎症类	基层医疗需求旺盛，发展潜力较大。目前国产化率较高，主要是万孚生物、明德生物、热景生物等，其中细分领域炎症因子近几年增长较快。新冠肺炎疫情期间，东方生物和圣湘生物在传染病类领域表现突出。
血气/凝血类	属于比较成熟的市场，但由国外巨头占据大部分份额，以雷度米特、雅培为主。随着国内企业的新技术平台和检测项目逐步投入应用，以及五大中心建设、基层扩容带来的对于国产仪器及试剂的需求提升，市场发展逐渐加快，国产化率有望大幅提升。
妊娠检测类	市场趋于成熟，增长率较低。

(三) POCT市场存在问题

1. 行业集中度不高，同质化竞争激烈

我国POCT行业起步较晚，市场主要呈企业较多、规模较小、大多数企业普遍存在研发投入不足及自主创新能力缺乏、新产品新技术开发慢、核心竞争力弱等局面，行业集中度较低。同时，由于行业渗透率及规模化程度较低、质量参差不齐、定制化检测需求发展程度不高等问题，导致POCT产品同质化竞争激烈，缺乏产品线丰富、技术优良、市场占有率高的企业。

2. 中高端产品不足，国际竞争力较弱

纵观国际，欧美日仍在POCT市场中占据主要份额，全球主要的POCT巨头企业也集中在欧美日国家。中高端市场由行业国际巨头所垄断。我国POCT市场相对较为分散，尚无绝对的龙头霸主。目前，国内大多数企业不具备自主创新的科研实力，产业化规模小，国际市场竞争力较弱，竞争压力较大。

3. 行业管理不规范，标准化有待提升

我国POCT行业尚处于发展阶段，目前POCT行业相关法律法规、行政监管政策及企业质量管理体系标准等尚不完善，没有明确的法律法规规范POCT行业市场，亟须合规、专业的标准化管理，推进行业健康发展。

(四) POCT市场发展趋势

1. 向中高端市场发展

POCT行业具有较高的技术壁垒，目前中高端市场主要由国际巨头占领，国内

市场有待进一步技术攻关。基于此,未来我国POCT市场产品端将向高技术壁垒细分领域发展。行业企业通过不断提升技术水平,提高研发能力,加大研发投入,推进POCT市场的加速发展,提升我国行业竞争力与话语权。

2. 从医院转向家用市场

新冠肺炎疫情催生了大量的家庭便捷检测需求,随着健康理念的转变,以医院为核心、对症治疗的诊疗模式正逐步向社区、家庭日常保健的场景发展。行业需求端不断下沉,面向C端的产品应运而生,未来家庭/自检市场将会成为POCT的重要场景。在5G等信息技术的不断发展下,POCT市场也将进一步迎合智能化、智慧化医疗升级的趋势,有更多POCT产品在家庭场景中得以应用,通过网络连接医院终端,更好地帮助医院分流患者,助力分级诊疗。

3. "互联网+POCT"趋势

随着"互联网+"的不断推进,POCT行业也将发展"互联网+移动医疗+POCT"模式,来推动精准诊疗落地、形成个性化诊疗、精准医疗技术衔接与支撑的最佳载体。通过自动化、信息化、智能化等POCT仪器的应用,规避以往手工操作可能造成的误差,提高测定结果精准度,从根本解决POCT质量问题的困扰,同时实现医疗系统大数据的建立。

三、体外诊断市场发展挑战

(一) 行业技术人才储备不足

体外诊断行业是技术密集型行业,体外诊断系统是多种学科技术的复杂集成,其研发和生产需要机械设计、生物工程、医学检验、电气工程、计算机、化学、电子及自动化等大量多学科高素质的专业人员,但上述人员培养时间较长,培养难度较大,因此技术人才较少。随着国内体外诊断行业不断发展,对行业优质人才的竞争也在不断加剧,行业技术人才面临储备不足的不利状况。

(二) 行业监管越趋严格

近两年,体外诊断行业的准入门槛有所放宽,证照分离、上市持有人制度的试点及新修订的免临床试验医疗器械目录等政策对行业的推动作用明显,包括缩短特定产品的上市时间,拥有产品核心技术发明专利、具有重大临床价值的产品纳入优先审查通道,但将产品质量的监管放到了中后端。特别是疫苗事件之后,飞行检查的频率大幅提高。

（三）市场竞争更加激烈

我国体外诊断行业正处于快速发展的阶段，同时由于整体市场规模和人均消费距离成熟市场仍有较大差距，未来在经济发展、医疗体制改革、人口老龄化及居民可支配收入增加等因素的影响下，国内体外诊断市场拥有广阔的市场空间，并将保持较快的增长速度，这将吸引众多国内外体外诊断企业加入竞争，市场竞争层次也将从价格、资源导向转变为技术、应用导向，市场竞争程度愈发激烈。国际巨头依靠产品质量、技术和服务等优势，占我国体外诊断市场一半以上份额，并在三级医院等高端市场占据相对垄断地位。国内中高端市场存在较大发展潜力，进口替代空间广阔，但国内企业仍要加大研发、质量控制等方面投入，对市场逐渐渗透。

四、体外诊断市场发展趋势

（一）化学发光诊断设备、分子诊断设备、POCT 设备及医疗 AI 成为未来趋势

体外诊断设备行业属于高新技术行业，化学发光诊断设备、分子诊断设备、POCT 设备及医疗 AI 相关智能体外诊断设备将是行业内产品研发的四个主要发展趋势。

1. 化学发光诊断设备

化学发光诊断设备是将化学发光体或生物发光体通过免疫反应相结合，通过分析得到待测物浓度与化学发光强度在一定条件下的线性关系，从而检测相应抗原或抗体的一种标记免疫诊断设备。化学发光免疫诊断设备是欧美市场的主流免疫检测设备，对比传统的酶联免疫诊断设备有以下优点：①检测窗口期短：化学发光设备对乙型肝炎病毒、丙型肝炎病毒及人类免疫缺陷病毒的检测窗口期比传统酶联免疫诊断短，为患者争取了更多治疗时间。②检测灵敏度高：化学发光设备检测乙型肝炎表面抗原的灵敏度达 -0.1ng/ml，在检测低病毒载量献血人员时化学发光法有着不可替代的优势。

化学发光诊断设备价格比传统酶联免疫诊断设备高，国产高性价比化学发光诊断设备有望拉低化学发光设备价格，改变中国市场长期依赖高价进口体外诊断设备的现状，对价格敏感的更多基层医疗机构有意愿选择高性价比的国产化学发光免疫诊断设备，因此化学发光免疫诊断设备将抢占更多酶联免疫诊断设备市场份额。

2. 分子诊断设备

基于分子生物学基础，对遗传物质进行检查以提供更精确、更早期的诊断结果。感染性疾病、遗传性疾病患者在服药过程中，药物的疗效和毒性对不同基因型的患

者有差异性。个体化用药将会成为未来的发展趋势，分子诊断设备在个体化诊疗领域将实现更广泛应用。例如：①通过体外诊断设备中的基因测序仪可以找出癌变基因，快速确定病症，节约治疗时间，从而提高了肿瘤个体化治疗的效率；②通量的基因测序技术可以利用个人的遗传基因组信息，实现产前筛查，以达到预防遗传疾病的目的。此外，分子诊断从单个基因的检测转向整个人类基因组的数据收集，通过已有数据的支持，测序范围和深度增加，测序成本显著降低，推动了无创产前诊断技术的变革。

3. POCT 设备

具有空间小、使用方便、高效及准确度高等多项优势，适用于血糖、感染、血气/电解质、妊娠/早孕、肾脏、毒品等多类疾病的预防检测。中国基层医疗机构器械配备水平低，分级诊疗的推进将刺激其新增体外诊断设备的需求，这将成为中国体外诊断设备市场增长的重要驱动因素，同时受限于预算因素，基层医疗机构对价格敏感，因此高性价比 POCT 诊断设备迎来发展良机。

4. 医疗 AI

2017 年 12 月，工信部发布《促进新一代人工智能三年行动计划》，提出建立快速精准的智能医疗体系，并重点发展医疗辅助诊断和疾病预测系统，使医疗 AI 相关产业发展提速，而体外诊断设备作为辅助诊断及疾病预测的关键性设备有广阔市场前景。医疗数据是医疗AI技术发展的基础，而医疗数据的获取需要医疗设备的互联互通，体外诊断设备将在终端为AI医疗系统提供数据。高度智能化的体外诊断设备将有效减少医生的负担，提高诊断效率使体外诊断设备获得更广阔发展空间。

（二）自动化趋势明显

体外诊断涉及各种生物、化学、物理的反应过程和多个操作步骤。在体外诊断试剂行业发展初期，基本所有操作均须人工完成，耗时长、标准性差、误差大。随着技术进步，半自动化诊断仪器上市，部分操作流程由机器自动完成，相比全手工分析仪器，检验效率大幅提升。全自动诊断仪器上市后，除了样本的采集、传递、离心、离心样本处理、保存、倾倒等工作，全自动诊断仪器可以自动完成从加样至出结果的所有操作。流水线进一步将多个自动化分析仪和样本分析前后处理设备利用轨道自动机械传输系统有机串联起来，通过智能信息管理软件系统进行控制的一整套硬软件系统，把容易出错且人工耗时长的环节进行机械化处理，完成了样本的采集、传递、离心、离心样本处理、保存、倾倒等工作，已经成为医学检验自动化解决方案的重要形式。未来随着医疗机构对检验效率、安全性、成本、质量等方面的追求，体外诊断领域的自动化程度将越来越高。

（三）提供整体解决方案的服务能力

我国体外诊断行业经过数十年的发展，已经成为临床诊断的主要途径之一，需求不断增长，行业内也涌现了多种诊断技术平台，如生化诊断、免疫诊断、分子诊断、PCOT诊断，虽然在局部项目上各种诊断技术可能存在竞争替代关系，但整体而言各种诊断技术因各自优点均有相对成熟的应用场景及用途。对大型医疗机构而言，通常也会采购多种技术的诊断产品满足不同的检测项目需求，面临同时向数十家供应商采购数十种诊断仪器、数百种诊断试剂的情况，供应链管理难度、成本较大。在此背景下，如果企业拥有多种诊断技术平台及丰富的检测项目菜单，具备为医疗机构提供整体解决方案的服务能力，将具备更强的市场竞争力，抢占更大的市场份额。

此外，随着未来诊断试剂"集中采购"政策落地，常规诊断试剂的价格将因竞争激烈而下降。如果企业研发能力不强，不具备特色的诊断项目、多种技术平台及丰富的检测项目菜单，可能会在竞争中被淘汰。

（四）技术突破与进口替代

经过多年的发展，国内的体外诊断公司持续进行技术攻关，在多个细分领域实现了突破，在部分领域已经依靠产品较高的性价比占据了大部分市场份额。但在部分技术壁垒较高的领域，如高端生化仪器、高端化学发光仪器、全实验室自动化流水线等领域，技术壁垒高，涉及电子技术、机械等多个领域的产业，进口产品依旧占据了大部分市场份额。近年来随着国内电子、机械等产业链的长足发展，我国本土企业在一些高端设备技术上已经取得突破，高性价比的优势在国内市场上也将更为凸显，体外诊断进口替代逐步成为行业发展的必然趋势。

（五）行业集中度提高

上市企业依靠雄厚的资金实力扩大品牌在行业内的知名度，力图在全产业链上形成集团效应，扩大市场规模，其主要表现在三个方面：一是生产企业向产业链下游延伸，二是下游流通型企业向上游市场拓展，三是流通型企业下游服务化。伴随中国体外诊断设备制造企业技术研发实力的提升和经营规模的壮大，领先企业依托已形成的竞争优势向体外诊断设备其他细分领域渗透以增加盈利点，形成集团化优势，行业集中度也将提高。

五、体外诊断试剂领域物流发展方向

（一）标准化程度逐步提高

体外诊断产品基本都需要冷链运输，因此高标准化的冷链运输至关重要。要保证体外诊断产品的配送质量，就必须严格把控物流供应链上中下游每一个环节的温湿度环境，实现精细化、标准化的管理。

而精细化的温控管理，并非只是简单地升级设备或者增加设备，还需要扩展到整个物流管理，保证从采购到配送的每一个环节都在对应的温层下进行作业。2021年5月31日，由国家发展与改革委员会批准发布的《体外诊断试剂温控物流服务规范》行业标准于2021年7月1日正式实施，该标准的实施将完善体外诊断试剂全程温控物流管理的规范化，进一步推动了体外诊断试剂物流标准化体系建设。

（二）基础设施建设加速推进

随着体外诊断产业的快速发展，其市场规模加速扩容，体外诊断产品迎来需求的大幅增长，医疗器械冷藏车数量显著提高。经分会不完全统计推算，2020年我国医疗器械行业中，仅医疗器械专用的自有冷藏车总数约为3571辆，较去年同比增长21.96%。从冷库建设规模来看，自2015年国家层面提出实施城乡冷链物流基础设施补短板的要求后，我国冷库建设也逐步推进，数据显示，2020上半年，全国冷库需求超过61.22万平方米。

从冷库、冷藏车建设规模来看，我国体外诊断物流基础设施建设加快推进。除此之外，为了推动港口体外诊断物流的发展，我国主要港口陆续建设海港冷链物流中心，实现货品到港快速检验，保障体外诊断冷链不断链，有效弥补我国港口冷链物流的短板。

（三）一体化平台进一步建立

随着信息化快速发展，未来的体外诊断物流及冷链温湿度监控系统将会变得越来越精细化、智能化，甚至还将有可能会诞生体外诊断物流配送行业的智能平台。

目前，平台模式在体外诊断物流中崭露头角，且巧用社会资源不断摸索。未来体外诊断物流发展将加速应用以下两种平台模式，一是平台为供需双方提供交易，收取服务费，例如医采阳光网的模式；二是统筹供应链资源，统一提供服务收取服务费，例如金域达的物流模式。另外平台往往还提供相关增值服务，如金融等增值服务，并收取额外费用。平台模式纳入社会第三方的体外诊断物流资源，能够提高企业对于客户的服务范围及服务深度。

(四) 智能化进程不断加快

新兴互联网技术应用是降低体外诊断物流成本的方法之一。仓库管理、运输管理、温湿度管理监督、定位管理等过程需要更高的信息技术来帮助体外诊断物流配送过程实现安全性、可追溯性、质量监测和订单信息跟踪。使用大数据等互联网技术实现智能体外诊断物流，可以提高体外诊断物流的效率，并更好地管理和控制整个体外诊断物流的流通。

包括仓内运营、运输管理及管理增效等体外诊断物流技术，已广泛被物流企业应用于实际生产，并不断向大数据、人工智能方向发展。其中，运输科技基于物联网技术在温度监测、电子栅栏等过程监控及安全管理中多有实施，运输管理效率及运输标准监控得到有效提升。随着体外诊断物流设备更加广泛地接入物联网，其将在远程、实时控制方向落地更多应用。未来随着大数据及人工智能的发展应用，线路优化、订单整合等功能将不断完善，其在规模化企业的应用有望广泛推进，助力企业运营效率更上一层楼。

第四章

整合加速：
医疗器械物流发展
现状与展望

第一节　医疗器械物流市场加速发展

一、我国医疗器械物流市场稳步提升

随着医改"组合拳"的推动，我国医疗器械流通行业集中度不断提升，企业日益重视供应链及物流成本，加快服务转型，积极与互联网深度融合，打造新型数字化流通模式，整体市场发展势头良好。

分会经不完全统计推算，如图4-1所示，2020年我国医疗器械物流总费用约为147.06亿元[1]，同比增长27.92%。其中，大型医疗设备领域物流费用最高，达58.07亿元，体外诊断领域物流费用次之，为47.45亿元，高值医用耗材和低值医用耗材分别为20.63亿元及20.91亿元。未来，随着我国医疗器械市场的不断扩容，医疗器械物流市场规模也将保持增长态势。

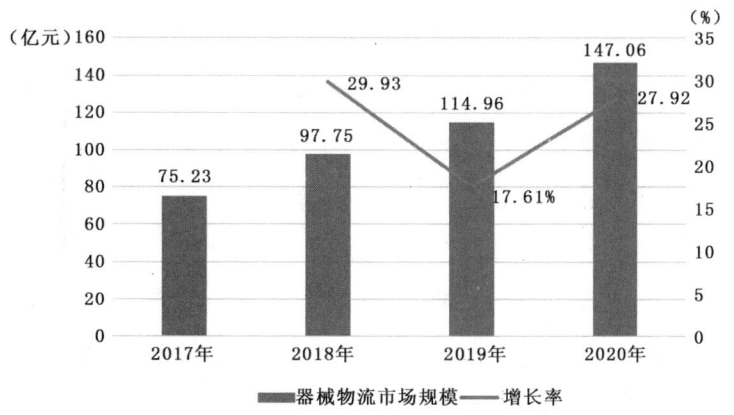

图4-1　我国医疗器械物流市场规模发展

数据来源：中物联医疗器械供应链分会。

2020年是不同寻常的一年，全年在疫情防控常态化下度过。聚焦医疗器械物流行业，疫情好似一把双刃剑，既带来机遇又存在挑战。一方面，IVD市场、低值耗材等市场受需求扩张的影响，其物流市场也迎来了新的发展助力；另一方面，2020年我国医疗器械物流运输不畅、配送受阻等多重困难，也给医疗器械物流整体市场造成一定影响。综合来看，2020年我国医疗器械物流市场整体仍呈稳步增长态势，如图4-2所示。

---

[1]　该统计为国内物流费用规模。

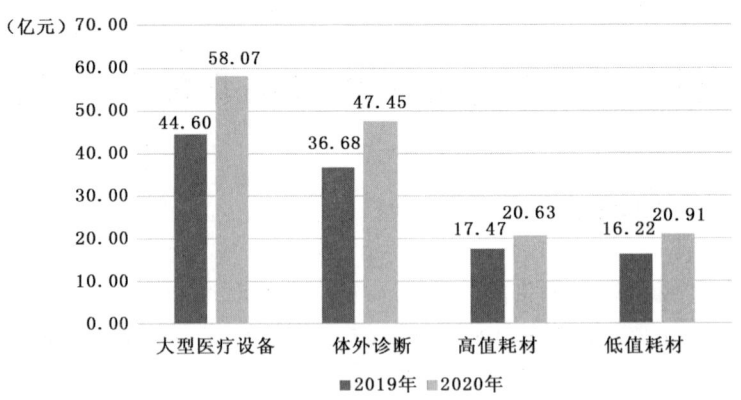

图 4-2 近两年我国医疗器械行业各细分领域物流市场规模

数据来源：中物联医疗器械供应链分会。

二、医疗器械物流运输能力不断增强

(一)物流运输自有车辆逐步增长

近几年我国医疗器械市场得到快速发展，尤其2020年疫情加速了医疗设备和防护用品等医械物资产品需求的大幅度上升，进而极大地推进了我国医疗器械市场的发展。企业加速物流网络布局，提高配送服务能力，逐步增加运输车辆的合理投入。

虽然目前市场上，企业出于业务量及成本把控等因素考虑，一般选择增加外协车辆数量，但在2020年疫情防控常态化背景下，我国医疗器械行业自有车辆的补给仍有明显上升。据分会不完全统计推算，2020年我国医疗器械行业自有车辆总数约34551辆，较去年同比增长9.1%，如图4-3所示。随着医疗器械行业及物流市场的扩大，未来物流运输车辆仍呈可观的上升态势。

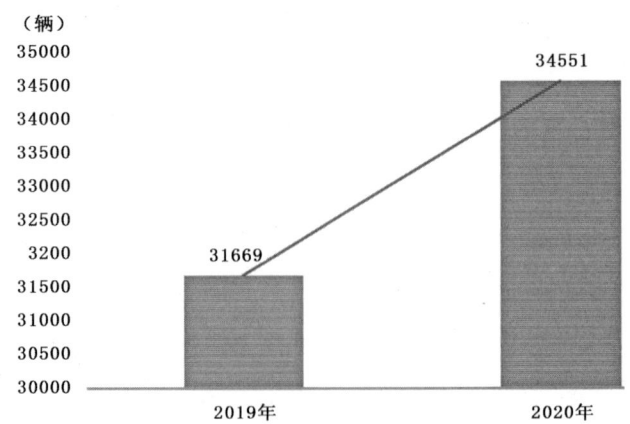

图 4-3 我国医疗器械物流运输自有车辆发展

数据来源：中物联医疗器械供应链分会。

（二）自有冷藏车显著增加

随着IVD产业发展进入快车道，其市场规模加速扩容。同时，冷链运输越来越受到重视，行业监管趋严，严把温控标准，由此冷链运输必备的冷藏车市场随即逐步增长。加之新冠肺炎疫情影响，体外诊断产品、核酸检测服务等迎来需求的大幅增长，医疗器械冷藏车数量显著提高。经分会不完全统计推算，2020年我国医疗器械行业中，仅医疗器械专用的自有冷藏车总数约为3571辆，较去年同比增长21.96%，如图4-4所示。

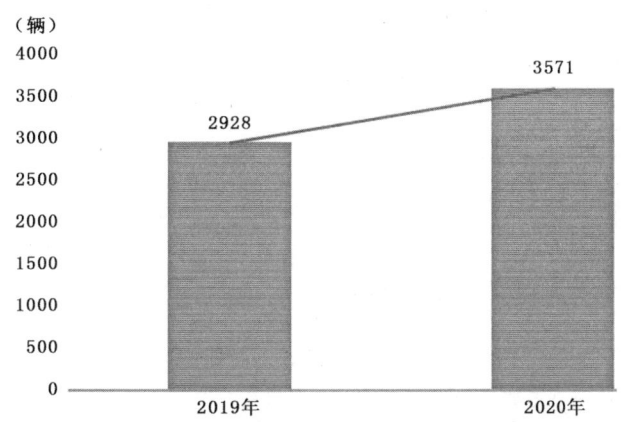

图4-4　我国医疗器械冷链物流运输自有车辆发展

数据来源：中物联医疗器械供应链分会。

三、医疗器械物流仓储面积有所提高

近年来，随着我国医疗器械行业进入黄金发展期，医疗器械企业规模也随之扩大，并通过兼并重组等方式整合资源、建仓设厂、拓展业务地图。根据分会不完全统计推算，截至2020年底，我国医疗器械物流仓储总面积约为2043.60万平方米，较去年有5%左右增幅。主要是由于仓库建设属于大型周期性项目，企业均根据自身战略进行合理性规划。即便疫情促使医疗器械行业整体规模的急速增长，但对于仓储的影响，更多的是提升了仓库的满仓率及周转率。

聚焦各仓库类型，由于医疗设备、高值医用耗材及低值医用耗材主要占据了医疗器械市场仓储资源的主要份额，IVD产业份额比重则相对较小。2020年我国医疗器械常温库占比仍最大，为69.82%；恒温库次之，占比为20.03%；冷藏库及冷冻库面积占比分别为6.88%和3.92%。具体如图4-5所示。

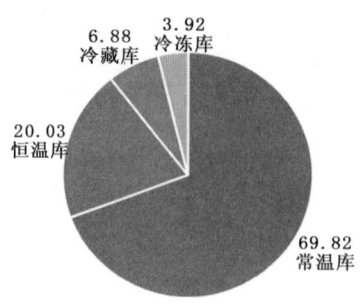

图4-5　2020年我国医疗器械物流仓储面积分类统计（%）

数据来源：中物联医疗器械供应链分会。

四、医疗器械物流成本持续增长

据分会不完全调研统计，2020年医疗器械商业企业物流成本中（见图4-6），仓储成本所占比例最高，占比为36.59%。物流企业成本中（见图4-7），运输成本占比最高，为46.34%。上述情况符合二者不同主体的运营特性，同时无论是商业企业还是物流企业，仓储及运输成本都是双方的主要物流成本，其变化主要受2020年医疗物资需求增加、业务量增大、仓库扩建升级、配备信息化设备、优化仓运网络及本身运输成本略有增加等因素影响。

除仓储成本、运输成本外，商业企业和物流企业在人力上投入的成本占比均较高，在20%以上。这主要是由于医疗器械行业本身的专业高度、业务量激增、对于大数据时代智能化和信息化技术的技能要求高，以及现代化较高的管理水平等因素，造成需要较高的人力成本投入。

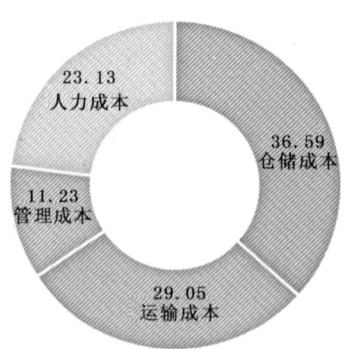

图4-6　医疗器械商业企业物流成本占比（%）

数据来源：中物联医疗器械供应链分会。

第四章·整合加速：医疗器械物流发展现状与展望

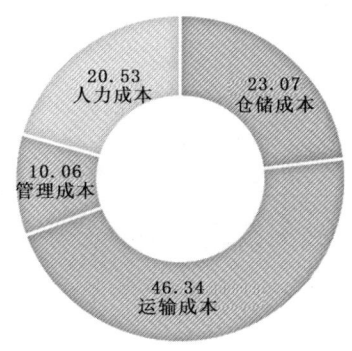

图 4-7　医疗器械物流企业物流成本占比（%）

数据来源：中物联医疗器械供应链分会。

五、医疗器械物流人员现状分析

随着我国医疗器械行业及医疗器械物流市场的快速发展，我国对于医疗器械物流人员的数量及质量都有了更大的需求。根据分会调研样本，简要分析医疗器械物流人才特点如下。

（一）物流从业者男性居多

据分会不完全调研统计，在医疗器械物流从业者中，男性占比 58.83%，女性占比 41.17%，身处一线的男性从业人员数量高于女性从业人员，如图 4-8 所示。

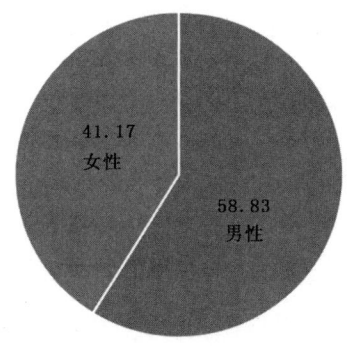

图 4-8　医疗器械物流从业者男女比例（%）

数据来源：中物联医疗器械供应链分会。

（二）本科学历者占比近 50%

据分会不完全调研统计，在人员学历方面，高职及以下学历人员占比 47.21%，本科学历从业人员占比 47.46%，硕士及以上学历从业人员占比 5.33%，如图 4-9 所示。

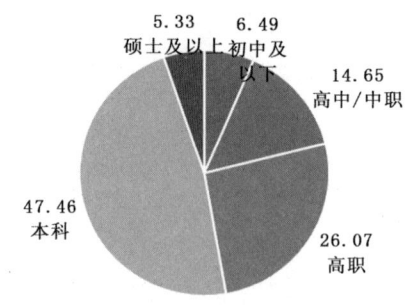

图 4-9　医疗器械物流从业者学历情况（%）

数据来源：中物联医疗器械供应链分会。

（三）物流从业人员较为年轻化

据分会不完全调研统计，医疗器械物流从业人员主要集中在 20～40 岁的年龄段，占比高达 79.51%，其中，30～40 岁从业人员占比为 46.31%，40～50 岁和 50 岁以上人员较少，占比分别为 14.56% 和 5.93%，如图 4-10 所示。

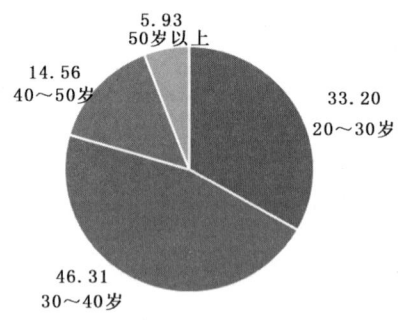

图 4-10　医疗器械物流从业者年龄分布（%）

数据来源：中物联医疗器械供应链分会。

（四）一线从业人员占比最高且需求最大

据分会不完全调研统计，医疗器械物流一线从业人员占比最高，达 57.95%，高级管理人员占比最低，仅为 6.51%，如图 4-11 所示。同时，一线从业人员的流失率也高居首位，达 13.71%，高级管理人员流失率不足 1%，高级管理人员稳定性较高。

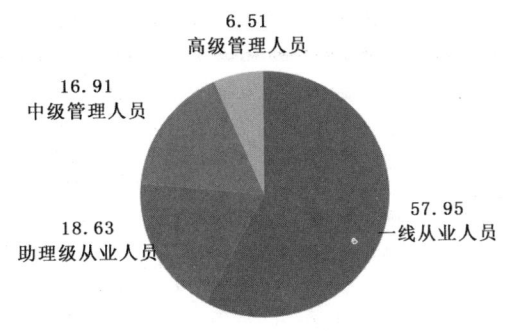

图 4-11　医疗器械物流从业者岗位级别情况（％）

数据来源：中物联医疗器械供应链分会。

第二节　我国医疗器械第三方物流发展现状与趋势

一、我国医疗器械第三方物流发展现状

2014 年，原国家食品药品监督管理总局发布的《医疗器械经营监督管理办法》打开了医疗器械第三方物流的市场。文件以第三方物流企业的权利、义务为突破口，为第三方物流企业发展提供了政策依据，明确了质量安全、贮存条件、设备设施、信息系统等企业要求，为企业发展指明了方向。

近两年，随着耗材两票制、带量采购、高值耗材治理等政策的推出，医疗器械供应链发生根本性变化，经营环节层级压缩，生产企业对全国一体化、多省联动、全省一体化配送需求日益增加。医疗器械第三方物流契合政策和行业需求，迎来了发展的高峰。据分会不完全统计，截至 2021 年 8 月底，我国医疗器械第三方物流企业共有 400 余家，其中上海市（49 家）、湖北省（47 家）、北京市（44 家）、广东省（43 家）、天津市（39 家）、江苏省（33 家）。

当下，我国医疗器械第三方物流行业尚未出台全国性统一规范文件，各地仍处于初步发展阶段。目前，北京、上海、湖北、河南等省市已经开始推行第三方医疗器械物流工作，并发布了相应的《医疗器械经营质量管理规范实施细则》，积极推动医疗器械第三方物流行业的发展。截至 2021 年 7 月，经分会不完全统计，全国共有 28 省份陆续开展了医疗器械第三方物流试点工作，如表 4-1 所示。

表 4-1　我国部分省市医疗器械第三方物流相关政策文件概览

序号	省份	发文日期	文件名称
1	海南	—	《医疗器械经营监督管理办法》（总局第 8 号令） 《医疗器械经营质量管理规范》（总局 2014 年第 58 号公告）
2	黑龙江	2019-12-17	《黑龙江省医疗器械第三方物流企业监督管理办法（试行）》
3	吉林	2021-03-15	《吉林省医疗器械第三方物流企业服务细则》
4	吉林	—	长春市食品药品监督管理局关于印发《长春市医疗器械经营质量管理规范实施细则（试行）》的通知
5	吉林	2021-05-27	吉林省药品监督管理局《关于印发医疗器械第三方物流服务监管工作指南（试行）》的通知
6	辽宁	2015-11-27	《辽宁省医疗机构药品和医用耗材供应配送管理与考核办法》
7	辽宁	2019-11-13	《沈阳市医疗器械经营质量管理规范现场检查评定标准》
8	辽宁	—	《沈阳市医疗器械经营企业为其他医疗器械生产经营企业提供贮存、配送服务技术要求》
9	上海	2016-04-12	《上海市医疗器械经营质量管理规范实施细则》
10	上海	2015-12-14	《上海市医疗器械经营质量管理规范实施细则评定内容及检查要点》
11	上海	2020-01-14	《上海市药品监督管理局关于对医疗器械第三方物流企业开展专项检查情况的通告》
12	江苏	2015-01-06	《江苏省医疗器械经营质量管理规范现场检查实施细则（征求意见稿）》
13	江苏	2018-07-25	《南京市医疗器械经营企业为其他医疗器械生产经营企业提供贮存、配送服务验收标准》
14	江苏	2018-08-03	《南京市医疗器械经营企业现场验收标准》
15	江苏	—	《南京市为其他医疗器械生产经营企业提供贮存、配送服务的企业验收记录表》
16	江苏	—	泰州市《关于实施医疗器械经营质量管理规范有关事宜的通知》
17	江苏	2016-12-01	泰州市《市食药监局规范医疗器械产品委托贮存和配送管理》
18	安徽	2016-11-22	《医疗器械经营企业为其他医疗器械生产经营企业提供贮存、配送服务技术要求》

续　表

序号	省份	发文日期	文件名称
19	福建	2017-06-07	《福建省医疗器械代贮代送监督管理指导意见》
20		2018-03-20	《福州市医疗器械经营企业申请医疗器械代贮代送经营资质条件的补充规定》
21		2017-06-07	福建省食品药品监督管理局关于印发《福建省医疗器械代贮代送监督管理指导意见（试行）》的通知
22		2021-05-12	《福建省药品监督管理局关于医疗器械代贮代送有关事项的复函》
23	北京	2017-12-13	《北京市医疗器械经营监督管理办法实施细则》
24		2017-12-13	北京市食品药品监督管理局关于发布《北京市〈医疗器械经营监督管理办法〉实施细则（2017年修订版）》的通告
25		2015-10-14	《北京市为其他生产、经营企业提供医疗器械贮存、配送服务及互联网药械配送服务监管工作指南（试行）》
26	天津	2018-12-13	《天津市药品监督管理局关于印发天津市医疗器械委托贮存配送管理办法的通知》
27	山西	2021-02-05	《医疗器械委托贮存配送服务基本要求》
28	河南	2018-08-17	《河南省医疗器械经营企业提供贮存、配送服务管理暂行规定（试行）（征求意见稿）》
29	湖北	2019-10-29	《武汉市市场监管局关于执行省药监局医疗器械经营监督管理相关文件的通知》
30		2017-11-24	《湖北省医疗器械经营企业提供贮存、配送服务技术规定》
31		2017-05-01	《武汉市第三类医疗器械经营企业现场检查评定表》
32		2017-05-01	《武汉市冷链贮存、运输医疗器械经营企业现场检查评定表》
33		2017-05-01	《武汉市医疗器械融资租赁企业现场检查评定表》
34	重庆	2019-11-13	《医疗器械第三方物流监督管理暂行办法》
35	内蒙古	2018-01-31	《内蒙古自治区医疗器械第三方物流企业监督管理办法》
36	湖南	2017-05-05	《湖南省医疗器械经营监督管理有关规定》
37		2014-01-28	关于印发《湖南省药品监督抽验及质量公告管理规定》和《湖南省医疗器械监督抽验及质量公告管理规定》的通知
38		2017-10-30	《长沙市为其他医疗器械生产经营企业提供贮存、配送服务医疗器械经营企业检查验收细则》
39	广东	2017-06-02	《广东省食品药品监督管理局医疗器械经营企业提供贮存、配送服务技术规定》
40		2015-10-26	《广东省医疗器械经营质量管理规范现场检查指导原则》
41		2021-04-22	《省药品监管局部署开展2021年〈医疗器械使用质量监督管理办法〉实施效果评估工作》

续 表

序号	省份	发文日期	文件名称
42	广西	2019-12-17	《广西壮族自治区药品监督管理局关于推动医疗器械经营企业贮存配送服务的指导意见（试行）》
43	四川	2016-08-29	《医疗器械第三方物流基本技术要求》
44		2016-09-20	《成都市医疗器械第三方物流企业经营质量管理规范细则（试行）（征求意见稿）》
45	贵州	2019-04-29	《省药品监管局办公室关于提升良好医疗器械营商环境的意见》
46	云南	2015-04-03	《云南省医疗器械代储代配标准》
47		2017-09-30	《云南省医疗器械使用质量管理规范（试行）》
48		2016-03-02	《昆明市医疗器械经营监督管理实施细则（试行）》
49	陕西	2017-11-16	《陕西省医疗器械经营企业为其他医疗器械生产经营企业提供贮存、配送服务监督管理办法》
50	宁夏	2019-11-07	《宁夏医疗器械第三方物流经营企业监督管理办法（征求意见稿）》
51	新疆	2017-10-25	《新疆医疗器械委托贮藏、配送管理办法》
52	山东	—	《济南市医疗器械经营企业为其他医疗器械生产经营企业提供贮存、配送服务检查验收标准》
53	浙江	2014-08-22	《杭州市医疗器械第三方物流企业检查验收标准（征求意见稿）》
54		2018-03-09	《浙江省食品药品监督管理局关于印发浙江省医疗器械经营质量管理规范实施细则的通知》
55	甘肃	2019-12-13	关于《兰州市医疗器械经营许可检查验收标准（征求意见稿）》公开征求意见的通知
56	江西	—	《南昌市医疗器械经营质量管理规范实施细则》
57		—	《南昌市医疗器械第三方物流企业经营质量管理规范实施细则》

但是，目前我国医疗器械第三方物流企业的市场准入条件等规范，仍为各省（区、市）药监部门自行拟定的，没有统一、权威的标准要求，各地的准入条件宽严不同，规范不一。我国医疗器械第三方物流行业亟须出台统一规范文件，推动行业的有序、健康、长效发展。

二、我国医疗器械第三方物流面临挑战

（一）法规门槛较高，企业入市难度大

近年来，国家监管部门出台多项法律法规，加强对医疗器械产品的生产、流通、

使用等环节的全程监管，提高了医疗器械第三方物流企业的市场准入门槛。同时，构建专业、规范的医疗器械物流体系，需要建立现代化的储运中心，如仓库、冷库、运输车队、现代化信息系统、专业的物流服务团队等，资金投入巨大，使得中小型企业压力加剧。除此之外，我国大多数医疗器械第三方物流企业从普通物流企业转型而来，缺乏对医疗器械法规要求的了解，导致企业在摸索中前行，各省市取证难易程度不一，同样也加大了企业入市的难度。

（二）各地标准不一，缺乏统一规范化

我国医疗器械物流根基薄弱，缺少全国性统一规范文件进行约束，医疗器械第三方物流在摸索中前进，各地医疗器械第三方物流政策也存在些许差异，常常伴随着地方保护性及行政分割性，致使跨省市的外地医疗器械第三方物流企业常常在异地面临诸多困难。全国各地的标准不同，文件解读也不一致，缺乏统一指导，导致医疗器械第三方物流企业发展受阻，因此我国医疗器械第三方物流政策有待进一步细化完善，以提升行业规范化。

（三）行业整合不足，尚处于发展阶段

医疗器械行业不同于其他行业，"小、散、乱"的市场格局依然存在，大多数企业仍处在中低端市场，企业之间规模、层次、能力等水平也不平衡，行业内资源整合不足。医疗器械不同于其他产品，包装的不规整性、零部件的精密性使其储运条件、装卸方式、技术等方面异常严苛。它的质量能否得到保证、怎样得到保证，是医疗器械行业的重中之重。然而我国医疗器械第三方物流发展并不完善，试剂生产、经营企业的出货量偏小，货量、冷藏车辆资源整合难度较大，仓库利用率偏低，难以形成规模效益。

（四）运营多方难题，亟待全面优化

医疗器械第三方物流企业在运营过程中面临着许多难题，例如在医疗器械三方物流政策中，对仓库温湿度没有明确的说明从而影响企业的实际运营、三方物流企业在进行异地设库时没有清晰的概念界定及标准要求，并且各省要求不一，导致存在企业打擦边球的情况。目前不少公司有兴趣参与三方业务，但是资质审核问题较大，在证照申请上也屡次碰壁。职责划分也是三方物流企业在运营中面临的一大难点，委托方与受托方的职责任务没有得到明确的划分与界定。各地对于委托，也并没有明确的标准及政策规定，从而导致专业、高效、规范的现代物流企业由于没有价格优势，很难给医疗器械中小型企业带来吸引力。

（五）专业人才缺乏，信息化有待提升

中国的医疗器械物流正在由传统物流向现代物流的方向发展，各类现代物流技术系统都在物流作业过程中大幅应用，很大程度地提高了物流作业效率及物流服务的质量。而这些先进科学技术的应用及统筹管理任务，也对医疗器械物流专业技术人员和物流管理人员的专业素质提出了更高的要求，他们除了需要具备医疗器械相关的基础知识，还须具备更广泛更全面的相关知识架构及更加丰富的实操经验。所以，医疗器械第三方物流行业应该加紧吸引该类专业人员的加入，培养医疗器械和物流的复合型专业人才。另外，现代物流的发展导致对信息化水平的要求进一步提升，计算机系统对于三方物流企业追溯功能的实现很重要，UDI 可能在未来会成为追溯的主要功能，而医疗器械物流中小型公司的业务能力还需要加强，信息化水平有待提升。

三、我国医疗器械第三方物流发展趋势

（一）标准化

目前我国医疗器械物流市场尚不成熟，在医疗器械第三方物流试点工作的推进下，医疗器械经营环节的储运渠道集中度进一步加强，市场流通成本进一步降低，信息化管理也进一步完善，拉开了行业整合的帷幕。随着医疗器械第三方物流行业的迅速发展，国家对其也越来越重视，未来，针对目前医疗器械物流存在的标准化匮乏等问题，越来越多政策性文件以管理标准的形态呈现，医疗器械第三方物流模式将进一步规范化、集约化以满足行业发展需要，在行业企业的共同努力下，实现整个行业的标准化发展。

（二）规模化

目前医疗器械物流市场依然存在的"小、散、乱"的市场格局，原因之一是监管尚不成熟，未来国家和各地主管部门将大力推动医疗器械第三方物流的发展，完善法律法规及监管力度，并鼓励具备物流条件的医疗器械流通企业通过自营或兼并、重组、联合等方式，有效整合市场资源，改变"小、散、乱"的市场格局，重塑市场模式，促进医疗器械第三方物流发展更加规模化。

（三）一体化

随着一系列扶持政策的出台，我国医疗器械第三方物流将迎来更加广阔的市场前景，逐步进入成长阶段。逐渐发展为仓运配全链条一体化模式，有助于为医疗器械物流企业、生产企业等提供一体化的供应链解决方案和整体物流服务，降低企业及客户的物流成本，进一步整合行业资源。可以预见将来也会有更多的社会资本进入医疗器械第三方物流中，整合行业大部分领域，医疗器械第三方物流一体化进程、

全链条管理进程将不断加快。

（四）专业化

随着我国科学技术的发展及越来越多社会资本的进入，医疗器械第三方物流的行业竞争必然会大大提高，从而提升医疗器械物流服务的专业化技术水平。另外，国家也在不断加强对医疗器械行业尤其是医疗器械物流行业的监管力度，一方面令原有的医疗器械配送公司面临不小的生存压力，另一方面监管力度的加强进一步提升了行业规范性，也将促进我国医疗器械第三方物流朝着更加专业化的方向发展。

（五）数智化

现代物流的核心是信息化。尤其医疗器械行业具有特殊性，安全是第一要务，因此国家出台了大量的政策，保证医疗器械全流程必须具有可追溯性。这就要求第三方物流企业必须加强自身的信息化水平，满足主管部门的监管需要，以保障全流程的安全性。另外，随着我国科学技术的不断发展，"互联网+医疗"模式盛行，将进一步促进行业信息化发展，提升医疗器械数智化水平。

第三节　医疗器械智慧物流体系发展

一、医疗器械智慧物流体系发展现状

随着人口老龄化的加剧，人民群众对优质医疗资源的需求越来越旺盛。而医疗器械作为医疗过程中不可或缺的角色，近年来，其发展受到了越来越多的重视，医疗器械产业整体发展势头迅猛，为医疗器械专业物流带来了广阔的发展机遇。但是，由于医疗器械设备的专业性、产品及流通渠道的特殊性，行业整体呈现"小、散、乱"的状态，产业上下游的信息化程度不高，低端产品的同质化竞争严重，行业效率低下。在此背景下，医疗器械物流方面发展还存在明显的不足，专业医疗器械物流企业数量寥寥无几，自动化物流体系仍有待建设。

从仓储设施建设的角度，国务院办公厅2017年2月9日印发《关于进一步改革完善药品生产流通使用政策的若干意见》（国办发〔2017〕13号）以来，我国支持药械流通兼并重组，培育大型现代医药流通骨干企业，推动部分企业向分销配送模式转型。国药、华润、九州通等大型医药集团近年来开始逐渐重视医疗器械行业的市场发展，纷纷成立了专业的器械经营公司，相关业务也逐渐从原有的药品相关业

务进行了剥离和调整。随着各大型医药集团发力器械业务，横向收购，纵向延伸或转型，"十四五"期间可以预见行业整合的迹象将更加明显。随着行业整合，相关企业将不得不面临器械专业仓储设施短缺的局面。

（一）不同类别产品的仓储智慧化

大型医药集团往往结合医疗器械行业的特点，首先从普耗类产品切入市场，此类产品货值低、出货量大，基本上采取以托盘形式存储、整箱形式发运的模式，其运营及管理的方式和药品类似，企业转型难度相对较低。随着此类业务量的持续增加，传统的叉车+托盘货架的模式将难以支撑业务持续发展的需求。企业存在采用自动化立体库来提升作业效率和存储空间利用率、改善物流作业的可能性。

IVD类的产品由于货值高，加之对存储温度等仓储管理方面要求高等特点，对企业的管理水平和基础设施投入等提出较高的要求。由于物流设施和空调制冷系统等一次性的投入较大，少数企业会涉足此类产品。随着集中采购模式改革的持续深入，IVD经营企业也呈现集中度快速提升的状况。随着业务规模增加，传统的隔板货架+人工RF（Radio Frequency，无线射频）拣选的模式，虽然成本低，但是作业效率不高，将难以达到业务作业效率的需求。目前已经有部分企业进行相关的探索，尝试采用料箱机器人、搬运机器人甚至多层穿梭车进行"货到人"拣选作业的可能性，从而提升作业效率和发货准确性。以南京医药股份有限公司的中央物流中心为例，针对楼库净空高4米、IVD冷库存储的2~8℃的作业环境，通过潜入式搬运机器人实现"货到人"拣选作业，由搬运机器人在存储区寻找需要拣选的产品，自动将目标产品的隔板货架搬运至拣选工作站。作业人员仅仅需要根据电脑提示进行对应货格和数量的拣选即可，单个工作人员作业效率从以往的30~50个订单行/（人·时）提升至120~150个订单行/（人·时），采用潜入式搬运机器人后，大幅提升了作业效率和准确性。同时由于搬运机器人能自动将货架的拣选面旋转至面向拣选人员，拣选时候可以利用登高工作台实现高位货物拣选，存储空间利用率提升30%以上。国药集团山西有限公司物流中心，采用两个巷道的多层穿梭车用于IVD冷库存储的2~8℃的存储，冷库存储的料箱通过多层穿梭小车、料箱提升机、输送线的组合自动送至拣选工位，配合"货到人"拣选工作站的自动灯光指引提示系统，实现作业人员的高效准确的拣选作业。单个工作人员作业效率从以往的30~50个订单行/（人·时）提升至200~250个订单行/（人·时）。此外，随着料箱搬运机器人等新产品的出现，为IVD类产品在存储和拣选的自动化技术提升拣选效率，提高存储密度和拣选作业准确性等方面提供了更多的选择。

骨科、眼科及齿科植入类产品等高值耗材类产品，由于其货值高、业务流程复杂、存在跟台和借出出库等各种特殊作业场景需求，同时相关专业人员缺乏，在很长一段时间仍将是大型医药集团难以涉足的领域。介入类高值耗材类产品，由于其存储要求严苛、业务流程也相对复杂，虽然在带量采购背景下，实现了诸如冠脉支架等产品的大幅降价，改变了部分产品的销售模式，但是相关领域仍然有较强的壁垒难以突破，随着部分企业此类业务的持续增长，存在采用搬运机器人进行"货到人"拣选作业的可能性，从而提升作业效率和发货准确性。搬运机器人可以优先考虑在高值耗材的工具包管理方面进行应用。比如骨科高值类耗材，出库环节往往需要以借出出库的形式随车同行将对应的工具包送至医院等终端使用方。传统的做法是人工在耗材区拣选完待出库产品，再去工具区拣选对应的工具包，存在人员劳动强度大、作业效率低、准确性不高等问题。通过搬运机器人按需进行工具包的存储货架自动搬运，实现骨科耗材和工具包在包装复核台自动匹配。可以有效地提升作业人员的作业效率。

（二）第三方物流企业仓储智慧化

除了企业自营业务，随着医用耗材"两票制"的推行，医疗器械第三方物流企业应运而生。作为医疗器械生产经营企业中专门提供储存、配送服务的企业，由于适应了医疗器械行业的发展现状，同时契合了"两票制"政策，成为业界的新生态，并逐步发展壮大。

随着器械监管力度的加强，可以预见器械第三方物流企业的业务将持续增长。由于器械行业的 SKU（Stock Keeping Unit，库存量单位）远远高于药品行业，在业务增长背景下，采用自动化甚至智能化的物流系统将成为器械第三方物流企业需要面对的选择之一。随着行业相关业务集中度的持续提升，自动化设备的配备将提上各家器械三方企业的建设日程。

可以看到以湖南德荣医疗科技股份有限公司为代表的器械三方企业开始进行现代化物流项目的建设。以德荣智仓为核心、数字中台为技术底座，实现数据无缝对接、实时智能的物流调度，构建起医疗器械第三方物流综合服务平台，为客户提供全品类医疗器械仓配解决方案，运用信息化手段改善供应链流程，实现更快的客户反应、更好的终端客户体验，降低物流成本，提升周转效率，提供数据赋能。

德荣智仓采用了高 24 米的托盘立库、冷链多穿立库及恒温多穿立库，配备国内外先进的自动化设备，如垂直升降货柜、KIVA 机器人、AGV 机器人、多层穿梭车等自动化和智能化物流设备。相关案例为国内的医疗器械第三方物流企业的发展提供了良好的借鉴意义。德荣智仓在国内医疗器械领域首次采用垂直升降货柜进行高值耗材的工具包管理，充分考虑了工具包的作业流程和建筑结构的特殊性。德荣智仓的高值耗材工具包从医院返回后，需要在一楼进行清洗、消毒、验收等作业后，才能进入存储区存储。骨科等高值耗材由于重量轻、SKU 多、需要的存储面积大等特点，存储区根据建筑结构特点设置在 3 楼。为了避免工具包在一楼至三楼的楼层间垂直搬运量过大、对电梯和提升设备的搬运能力进行过多占用，结合工具包出库需要根据高值耗材的拣选任务，加之存在快速进行工具包和高值耗材匹配的需求，最终选择了垂直升降货柜的自动化产品，实现了工具包产品在接受出库指令后，30 秒内能快速定位，实现和对应高值耗材的匹配，有效地提升了高值类产品的库内拣选作业效率。

（三）医疗器械终端智慧化应用

自 2016 年始，全国逐步展开医用耗材"两票制"，减少流通环节的层层盘剥，并且根据相关规定，每个品种的一级经销商不得超过两个。由于取消医疗机构医用耗材 5% 或 10% 的加价政策，按医用耗材采购进价收费。相关政策结束了一直以来的"以药养医"的模式，2019 年 10 月 24 日，国家医保局发布《关于印发疾病诊断相关分组（DRG）付费国家试点技术规范和分组方案的通知》，意味着我国医保支付正式进入 DRG 付费时代，DRG 改革使得医院压缩供应链控费迫在眉睫。

随着我国政策对医疗药品耗材监管逐步加深，医院的药品、器械、试剂、耗材等将陆续走向规范化和精细化管理。目前，全国大部分二级甲等以上的医院都存在着对外医院信息化建设程度高，但在院内物流和院内资产管理信息化建设却是十分缺乏，甚至是手工粗放管理。院内物流、耗材试剂的信息化建设程度低主要有几个原因：其一医院并未重视；其二因没有权威案例，医院一直在观望；其三院内物流信息化技术要求高，部分医院此部分能力欠缺。随着国家政策的不断落实，加上国内 SPD 的逐步普及，院方对院内物流、耗材试剂管理改革的规划也变得迫切起来，不光是公立医院，越来越多的民营医院也开始寻求 SPD 解决方案。

SPD 模式给医院带来的不单单是软硬件产品，最主要的是院内医用物资的服务理念。通过这种服务模式的构建，基于专业化的分工，能够在实现医院医用物资零资金占用的情况下，保障医院医用物资供应及时、安全；能够显著降低医院管理的各方面成本，提升医院整体运营效率；能够完全解放医护和药剂人员回归一线服务本职工作。随着 SPD 模式的持续升级，院内物流从高值耗材柜开始往智慧物流方向发展，采用料箱机器人、楼层提升机、科室送货机器人、静音输送线等自动化设备实现货到人拣选及按科室进行配送等，实现低成本、高效率的配送成为各方日益关注的焦点。以泰安中心医院在SPD领域的尝试为例，其在新（老）病区的中央器械库采用"料箱机器人+货到人"拣选系统的模式，实现了高度自动化的按需拣配作业，为器械SPD模式提供了借鉴思路。

(四) 智慧物流赋能运输配送

在医疗器械的城市配送环节，现有的相关政策往往要求配送服务的企业应具有符合《医疗器械经营质量管理规范》要求的运输装备，并根据相应的运输规模和运输环境配备冷藏车、保温车，或者冷藏箱、保温箱等设备。这些配置要求导致企业的投入非常高。在医疗器械的配送利润日益微薄的压力下，如何通过基于智能算法的配送装车计划和配送路线优化，实现降本增效成为越来越多企业的关注点。

部分以人工智能算法见长的公司开始进入相关领域，助力行业发展，通过智能算法，考虑车辆的装载能力、客户的订单货物的尺寸及重量、司机对客户的熟悉程度、客户装卸车的便利性、客户收货时间段限制、城市道路对车辆限行影响等多个因素，实现车辆和客户订单任务的匹配，形成车辆分配方案。针对配送业务特性、司机的熟练程度、车辆通行能力及限制、客户位置、卸车预期时间、客户收货预期时间、城市历史交通拥堵情况等相关信息进行综合分析后形成最优的行车路线。通过基于商品的长宽高三维尺寸和重量设计最佳的装车方案，可以有效地满足货物承压和堆叠等各个特性，并实现更高的车辆装载率。车辆的智能调度算法可以结合交通路网的历史拥堵路况情况，形成基于预测行驶时长的行车时效控制逻辑。以正在应用相关技术在北京某药械企业进行试点的情况看，通过智能算法实现同等业务情况下，派车数量能够节约10%~15%。取得了一定的应用效果。

随着药械行业精益化管理需求的持续上升，通过人工智能等技术实现智慧物流系统赋能药械行业的各个环节将成为大势所趋。

二、面临挑战

(一) 智能物流系统尚处于探索阶段

随着医疗器械企业的业务量持续增长，当产生新的项目建设需求时，在智能物流系统的规划设计方面，由于可以直接借鉴的现成项目案例比较少，各家企业均属于探索阶段。如何设计一个符合企业发展战略目标的智能物流系统就变得更为重要。现有的各种智能物流系统不再是简单的硬件系统或者自动化系统，往往需要相关的智能控制算法等进行调度，而相关算法必须和业务有较好的匹配关系才能更有效地发挥效能。目前的各家智能物流系统供应商在器械领域的积累均欠缺，还需要一定的算法优化和运行爬坡期才能将设备效率真正发挥出来。如何将智能装备在器械行业的选型标准和验收规范有效融合将成为未来项目建设过程中，不得不面对的问题。

（二）药械行业仓储工程设计规范不一致

《医药工业仓储工程设计规范》（GB51073—2014）与《物流建筑设计规范》（GB51157—2016）对医疗器械库房与物流企业库房的设计要求有诸多不同，符合医药工业仓储要求的，不一定符合物流建筑设计规范要求。如《医药工业仓储工程设计规范》（GB51073—2014）5.1.3节规定，单层仓库净空高度不宜小于4.2m，多层仓库第一层净空高度不宜小于4.2m，第二层及以上各层净空高度不宜小于3.5m。而《物流建筑设计规范》（GB51157—2016）9.3节规定，存储型物流建筑室内净高，平面操作≥5.5m，使用普通货架≤7.0m，使用高货架≥9.0m。建筑规范的不统一，导致各个药械企业在进行仓储设施设计时难以进行决策。

（三）专业的医疗器械行业仓储管理系统缺乏

现有的WMS（Warehouse Management System，仓库管理系统）软件等大多是针对药品行业进行的功能设计和算法研发，没有充分地注意到器械行业的流程特殊性和物流需求的个性化。相比药品WMS软件而言，器械的工具借出出库等流程、高值耗材的用后确认出库模式等都有其特殊性。在智能设备集成和接口衔接方面，如何实现信息的准确处理和设备的高效调度等都有待进一步提升和验证。

（四）专业人才的匮乏是医疗器械行业长期以来的顽疾

医疗器械设备的专业性、产品及流通渠道的特殊性，就要求医疗器械的仓储调度人员需要有一定的医学背景，这样的话在调度员接到各大医院或医生订单的时候，可以根据病人病例决定配送什么样的器械及产品，从而大大降低物流配送产品与病人所需器械不匹配的概率。当前医疗器械物流从业者中，具有专业背景的人员较少，亟待多渠道培养。医疗器械物流企业的质量管理、验收、仓储、运输等岗位人员，除了接受上岗培训、掌握相应专业知识、符合岗位技能，还应加强医疗相关知识的教学培训。

三、发展趋势及未来展望

随着医疗器械行业市场需求的快速增长，可以预见"十四五"期间将会涌现大量的自动化/智能化的现代医疗器械物流中心，以大型集团企业的自建物流、专业器械三方的强势介入、医院SPD项目的日益普及为导向，智能装备在器械仓储物流建设中将会发挥越来越大的作用。相关的专业设备供应商、信息系统提供商、物流系统的集成商等都将在各自的优势领域发挥出明显的作用。随着市场需求的持续扩大，可以预见在医疗器械领域的智能装备、WMS等信息系统、物流系统集成领域等都会涌现出专业度较高的头部供应商。

各个企业和行业协会也会持续努力，解决医疗器械领域的标准缺乏、相关标准不统一等问题。为现代化的器械专业物流系统的建筑规范、设备选型规范、设备验收方法等提供对应的依据。

随着企业、相关院校和行业协会等对医疗器械物流领域人才匮乏问题的持续重视，相关的人才培养模式和人才培养体系会不断被探索并最终落地，最终将形成符合市场规律需求的医疗器械物流专业人才的培养体系和供给格局。

第四节　我国医疗器械物流标准化发展

一、标准相关机构

（一）国家标准化管理委员会

国家市场监督管理总局以国家标准化管理委员会名义，下达国家标准计划，批准发布国家标准，审议并发布标准化政策、管理制度、规划、公告等重要文件；开展强制性国家标准对外通报；协调、指导和监督行业、地方、团体、企业标准工作；代表国家参加国际标准化组织、国际电工委员会和其他国际或区域性标准化组织；承担有关国际合作协议签署工作；承担国务院标准化协调机制日常工作。

国家市场监督管理总局下设标准技术管理司与标准创新管理司。

1. 标准技术管理司

拟订标准化战略、规划、政策和管理制度并组织实施。承担强制性国家标准的立项、编号、对外通报和授权批准发布工作。协助组织查处违反强制性国家标准等重大违法行为。组织制定推荐性国家标准（含标准承担推荐性国家标准的立项、审查、批准、编号、发布和复审工作）。承担国务院标准化协调机制的日常工作。承担全国专业标准化技术委员会管理工作。承办总局交办的其他事项。

2. 标准创新管理司

协调、指导和监督行业及地方标准化工作。规范、引导和监督团体标准制定及企业标准化活动。开展国家标准的公开、宣传、贯彻和推广实施工作。管理全国物品编码、商品条码及标识工作。承担全国法人和其他组织统一社会信用代码相关工作。组织参与国际标准化组织、国际电工委员会和其他国际或区域性标准化组织活动。组织开展与国际先进标准对标达标和采用国际标准相关工作。承办总局交办的其他事项。

(二) 全国物流标准化技术委员会

全国物流标准化技术委员会（SAC/TC269）（简称"物流标委会"）成立于2003年，是经国家标准化管理委员会批准成立的、由国家标准化管理委员会直属管理、在物流领域内从事全国性标准化工作的技术组织。主要负责物流基础、物流技术、物流管理和物流服务等标准化技术工作。秘书处设立在中国物流与采购联合会。

二、医疗器械物流标准制修订情况

标准制修订方面，截至2020年12月，中国物流与采购联合会医疗器械供应链分会标准与评估中心已收集相关并且发布的国家标准、行业标准、团体标准和地方标准共计100项，内容涵盖基础性标准、技术作业与管理标准、设施设备标准，其中医疗器械物流相关标准共15项。《中国医药物流标准目录手册》每年都在持续更新中（部分内容节选见表4-2），标准可通过各个网站进行查询（部分网站见表4-3）。

表4-2 《中国医药物流标准目录手册》部分内容节选

序号	标准号	标准名称	实施日期	规定范围
1	GB/T 29791.1—2013	体外诊断医疗器械 制造商提供的信息（标示）第1部分：术语、定义和通用要求	2014-02-01	本部分对体外诊断医疗器械制造商所提供的信息定义概念、建立一般原则并规定基本要求。
2	CFDAB/T 0102.3—2014	食品药品监管信息化基础术语 第3部分：医疗器械	2014-02-14	本部分规定了食品药品监管信息化所需的医疗器械相关基础术语。本部分适用于食品药品监管信息化在设计、开发、建设实施和管理维护等各阶段的工作。
3	YY/T 1630—2018	医疗器械唯一标识基本要求	2020-01-01	本标准规定了医疗器械唯一标识的相关术语和定义、基本原则、产品标识的要求和生产标识的要求。本标准适用于医疗器械唯一标识的管理。
4	YY/T 1681—2019	医疗器械唯一标识系统基础术语	2020-08-01	本标准界定了医疗器械唯一标识系统的基础术语和定义。

表4-3 医疗器械部分标准查询网站汇总

序号	网站	网址
1	中国政府网	http：//www.gov.cn/fuwu/bzxxcx/bzh.htm
2	国家市场监督管理总局	http：//www.samr.gov.cn/
3	国家标准化管理委员会	http：//www.sac.gov.cn/
4	全国标准信息公共服务平台	http：//std.samr.gov.cn/
5	国家标准文献共享服务平台-国家标准馆	http：//www.nssi.org.cn/
6	中国标准信息服务网	https：//www.sacinfo.cn/
7	工标网	http：//www.csres.com/
8	标准下载网	http：//www.bzxz.net/

截至2021年上半年，中物联医疗器械供应链分会已牵头制修订4项标准，涉及医学检验、IVD、院内物流、大中型医疗器械等方面（见表4-4）。

表4-4 中物联医疗器械供应链分会标准制修订情况介绍

标准类型	标准名称	标准编号	制定情况（发布日期）	实施日期
国家标准	《医学检验生物样本冷链物流运作规范》	—	编制阶段	—
行业标准	《体外诊断试剂温控物流服务规范》	WB/T 1115—2021	2021-05-31	2021-07-01
团体标准	《医药产品医院院内物流服务规范》	T/CFLP 0023—2019	2019-11-05	2019-12-30
	《大中型医疗设备运输与就位服务规范》	—	编制阶段	—

推广方面，截至目前，《体外诊断试剂温控物流服务规范》行业标准开展了首批试点企业工作，其中36家成功入选；《医药产品医院院内物流服务规范》团体标准线下+线上共举办5场宣贯活动，100余家企业、200余名质量管理人员参与深度学习。

三、2021年标准化工作要点

为把握新发展阶段，贯彻新发展理念，服务构建新发展格局，大力实施标准化战略，持续深化标准化工作改革，优化标准治理结构，提升标准国际化水平，加快构建推动高质量发展的标准体系，为"十四五"开好局起好步提供有力支撑，以优异成绩庆祝建党100周年，国家标准化管理委员会于2021年4月6日下达了《2021年全国标准化工作要点》。

文章中提及了以下几点相关内容。

（1）加快建设推动高质量发展的标准体系，完善流通领域标准规范，重点支持冷链物流、医药流通、即时配送、多式联运、海外仓标准制修订，持续完善托盘标准、周转箱（筐）标准、快递绿色包装标准，支撑优化国内物流枢纽和运输大通道布局。

（2）不断优化国家标准制修订工作程序，进一步完善国家标准立项评估工作，推动国家标准复审工作常态化和制度化，持续优化存量国家标准结构和质量。引入外部专家评估机制，推动现行国家标准整合和废止。

（3）加强对团体标准化工作的引导和规范，推动出台促进团体标准规范优质发展的指导意见，深入实施团体标准培优计划，加大重点领域优秀团体标准组织创建工作力度。

（4）常态化开展国家标准实施效果评估工作，完善并全面推广标准实施效果评估工作指南，推动各类标准制定主体全方位开展标准实施效果评估。

（5）结合世界标准日等重要活动，加强标准化知识普及和宣传。强化重点标准宣贯，推动标准实施应用。

（6）进一步优化和完善企业参与国际标准化活动渠道，推动构建政府引导、企业主体、产学研联动的国际标准化工作新局面。

（7）推进国际标准转化制度建设，提高采用国际标准的科学性和有效性，提升国内国际标准一致化程度。

（8）加大国家标准外文版制定力度，促进国家标准及其外文版同步立项、同步制定、同步发布。

（9）加快标准化人才培养。推进标准化通识教育和职业教育，加快标准化相关领域职业技能等级证书推广和试点应用，促进学历证书与有关职业技能等级证书融通衔接。支持开展标准化职业技能培训。鼓励建设标准化教育培训在线学习平台。

第五节 我国医疗器械物流未来发展趋势

2020年，在疫情防控常态化形势下，我国医疗器械物流市场备受关注。随着医疗器械行业整体市场规模持续扩大，医疗器械流通市场也将稳步发展。在新时代、新环境下，我国医疗器械物流市场将主要呈现以下发展趋势。

一、行业集中度进一步提升

目前医疗器械行业监管力度愈发严格，未来在国家政策引导及行业企业的共同努力下，最终将会实现整个行业的标准化、规范化发展，行业集中度得到进一步提升。在新医改政策背景下，国家政策导向和市场竞争的双重压力下行业整合加剧，医疗器械企业也将有更好的发展机遇，一方面这将有利于提升医疗器械产业对上下游的议价能力，另一方面行业集中度的提高，有利于建立良性的外部竞争环境，提升企业价值。

二、持续深化一体化服务

未来企业将加快整合转型，升级构建医疗器械供应链一体化服务。其中，医疗器械物流将提高服务能力，丰富服务形式，创新服务模式，流通质量将大幅提高，从物流模式延伸至末端服务。另外，我国医疗器械仍处于吸收创新阶段，进口医疗器械在我国市场占有重要份额，医疗器械出口模式也在转型调整当中，医疗器械"走出去""走进来"的同时带来的是供应链一体化服务。特别是对于大型精密仪器来说，涉及报关、国际物流等多个环节，对整个供应链物流服务及安装调试等过程要求极为严格，需要专业的供应链解决方案团队。因此，医疗器械物流行业将持续深化一体化服务，打造完整精细的供应链环节。

三、第三方物流稳步发展

我国第三方医疗器械物流起步较晚，但随着医疗器械行业对物流无缝对接、可追溯性要求的提升，以及医疗器械第三方物流完善的物流网络和先进的软硬件设施，第三方物流的专业性与规模优势进一步彰显，快速发展。近年来，我国出台耗材"两票制"等多部利好政策推动第三方医疗器械物流行业发展的同时，供应链流通环节的压缩、医疗器械市场规模的迅猛增长也是推动第三方医疗器械物流发展的重要原因，医疗器械第三方物流模式促进了医疗器械经营环节贮存运输的规范化、集约化管理，满足了行业发展需要，医疗器械第三方物流已进入黄金期。

四、冷链物流市场不断扩容

从全球医疗器械前十大细分领域看，体外诊断领域是当前全球医疗器械市场中占比最大的细分领域，在我国医疗器械市场的产品结构中，体外诊断所占市场份额也逐年增长。未来体外诊断产品等细分领域将成为国家鼓励发展和行业投资的重点。因此，体外诊断产品需求的增长导致医疗器械冷链物流市场规模随之提升，不断扩容。

五、信息化、专业性不断增强

随着计算机和人工智能技术的发展，信息化、专业化将是中国医疗器械物流必然的发展趋势，企业提升专业度，人员提升专业能力，减少中间运输环节质量问题，从而增强企业竞争力，促进企业稳步长远发展。在智慧物流的背景下，通过信息化技术水平的提升及专业的医疗器械设施设备的大规模应用，将实现医疗器械物流全流程的透明度及可追溯性，保障全环节质量问题，促进行业健康成长。另外，医疗器械物流企业的质量管理、验收、仓储、运输等岗位人员，将进一步提升专业性技能，掌握医疗器械及物流方面的专业知识和岗位技能，培养医疗器械和物流的复合型专业人才。

第五章

行业热点：
医疗器械行业新趋势

第一节 第三方医学检验迎发展热潮

近年来，随着分级诊疗、医保控费等医改政策的稳步推进，以及老龄化、国民经济水平提高带来的市场服务需求增量，我国第三方医学检验行业迎来利好发展。特别在应对 2020 年新冠肺炎疫情"应检尽检"的防控策略下，第三方医学检验持续供应检测需求，发挥了强大的支撑作用，为疫情防控作出了重大贡献，迎来了爆发式增长。

一、多轮驱动第三方医学检验发展

（一）政策利好不断

医药领域是强政策导向产业，我国第三方医学检验行业的高速发展也离不开医改政策利好。2009 年以来国家出台多项政策鼓励医学检验机构发展，如表 5-1 所示。分级诊疗、医保控费、检验结果互认等政策尤其助推了第三方医学检验市场发展，使行业趋势逐步明朗化。

表 5-1 第三方医学检验相关支持政策

序号	颁布时间	政策	颁布单位	相关内容
1	2009-12	《医学检验所基本标准（试行）》	原卫生部	独立运营的医学检验所属医疗机构，须获得医疗机构执业许可证。独立实验室正式获准进入医疗机构。
2	2013-10	《关于健康促进服务业发展的若干意见》	国务院	首次明确提出大力发展第三方服务，引导发展专业的诊断中心和影像中心，确定了促进第三方医学检验行业发展的政策方向。
3	2015-03	《全国医疗卫生服务体系规划纲要 2015—2020 年》	国务院办公厅	支持发展专业的医学检验机构和影像机构，逐步建立大型设备共用、共享、共管机制。
4	2015-05	《国务院办公厅关于城市公立医院综合改革试点的指导意见》	国务院办公厅	明确提出设置专门的医学检验医疗机构，实行同级医疗机构医学检验结果互认；破除以药补医机制，降低药品和医用耗材费用，理顺医疗服务价格，落实政府投入责任。

续 表

序号	颁布时间	政策	颁布单位	相关内容
5	2015-06	《关于促进社会办医加快发展的若干政策措施》	国务院办公厅	探以公建民营或民办公助等多种方式,建立区域性检验检查中心,面向所有医疗机构开放。
6	2015-07	《关于积极推进互联网+的指导意见》	国务院办公厅	支持第三方机构构建医学影像、健康档案、检验报告、电子病历等医疗信息共享服务平台。
7	2015-09	《关于推进分级诊疗制度建设的指导意见》	国务院办公厅	提出分级诊疗模式应该建立基层首诊、双向转诊、急慢分治、上下联动等四项制度;探索设置独立的区域医学检验机构、病理诊断机构,实现区域资源共享。加强医疗质量控制,推进同级医疗机构间及医疗机构与独立检查检验机构间检查检验结果互认。
8	2015-09	《关于推进分级诊疗制度建设的有关通知》	国务院办公厅	整合推进医疗资源共享,整合二级以上医院现有的检查检验中心等资源,向基层医疗卫生机构和慢性病医疗机构开放。
9	2016-07	《国家卫生计生委关于印发医学检验实验室基本标准和管理规范(试行)的通知》	原国家卫生计生委	正式提出了公立医院的检验科可独立成立第三方检验医疗机构的概念;明确医学检验实验室属于单独设置的医疗机构,为独立法人单位,并明确了作为"独立"法人设立的实验室的标准、地位。
10	2016-08	《关于推进分级诊疗试点工作的通知》	原国家卫生计生委	探索设置医学影像诊断中心、医学检验实验室等独立医疗机构,实现区域资源共享。
11	2016-12	《关于印发医学检验实验室基本标准和管理规范(试行)的通知》	原国家卫生计生委	鼓励医学检验实验室和其他医疗机构建立协作关系;鼓励医学检验实验室形成连锁化、集团化,建立规范化、标准化的管理与服务模式,对拟开办集团化、连锁化医学检验实验室的申请主体,可以优先设置审批。
12	2017-01	《"十三五"卫生与健康规划》	国务院	大力发展第三方服务,引导发展专业的医学检验中心和影像中心等。
13	2017-01	《"十三五"生物产业发展规划》	国家发展改革委	要求实现基因检测能力覆盖出生人口50%以上,社会化检测服务受众大幅增加的目标,支持第三方检测中心发展与建设,打造标准化基因检测,中药检测等专业化独立第三方服务机构。

续 表

序号	颁布时间	政策	颁布单位	相关内容
14	2016-12	《"十三五"深化医药卫生体制改革规划》	国务院、原国家卫生计生委	鼓励社会力量举办医学检验机构，鼓励公立医院面向区域提供相关服务，实现区域资源共享。
15	2017-02	《战略性指导新兴产业重点产品和服务指导目录》	国家发展改革委	第三方诊断中心、健康检查中心、健康信息采集中心、分子诊断中心等被纳入战略性指导新兴产业重点产品和服务目录。
16	2017-02	《国家卫生计生委关于修改医疗机构管理条例实施细则的决定》	原国家卫生计生委	新增医学检验实验室、病理诊断中心、血透中心等医疗机构类别。
17	2017-03	《认证认可检验检测发展"十三五"规划》	原国家认监委	加快检验检测认证产业化发展，支持检验检测认证机构整合，支持国有从业机构推进混合所有制改革，支持从业机构向提供检验检测认证"一站式"服务及"一体化"解决方案方向发展。
18	2017-04	《关于推进医疗联合体建设和发展的指导意见》	国务院办公厅	医联体内可建立医学影像中心、检查检验中心等，加强质量基础上，医联体内互认检查结果。
19	2017-05	《关于支持社会力量提供多层次多样化服务的意见》	国务院	支持社会力量举办独立设置的医学检验等专业机构，面向区域提供相关服务。
20	2017-05	《2017年检验检测行业质量提升行动方案》	原国家认监委	以产业转型升级需求为导向，在保障基本检测公众服务的基础上，逐步提升检验检测的个性化、智能化水平和综合服务能力，解决产品创新和质量提升的技术难题，服务供给侧结构性改革，同时实现检验检测行业自身服务质量、能力水平的提升。
21	2018-06	《关于进一步改革完善医疗机构、医师审批工作的通知》	国家卫生健康委	有关医学检验提出：一是医疗机构可以不设检验科，委托给有资质的第三方或其他医疗机构提供检验服务；二是卫生健康委员会承认这种委托，并给予登记；三是城市医疗集团和县域医共体牵头医院必须设检验科。
22	2019-02	《关于明确养老机构免征增值税等政策的通知》	财政部、税务总局	对第三方医检机构等社会医疗机构提供的医疗服务免征营业税和增值税。

续 表

序号	颁布时间	政策	颁布单位	相关内容
23	2019-03	《国家卫生健康委办公厅关于开展社区医院建设试点工作的通知》	国家卫生健康委基层卫生健康司	在主要建设任务中提到：影像诊断、临床检验等科室可由第三方机构或者医联体上级医疗机构提供服务。
24	2019-03	《关于印发2019年深入落实进一步改善医疗服务行动计划重点工作方案的通知》	国家卫生健康委、国家中医药局	大力推动结果互认制度，发挥医学检验、医学影像、病理等专业质控中心作用，加大医疗质量控制力度，提高检查检验同质化水平。在医联体内率先实现医学检验、医学影像、病理检查等资料和信息共享。
25	2019-03	《关于开展社区医院建设试点工作的通知》	国家卫生健康委	在医院等科室方面，至少设置医学检验科（化验室）。影像诊断、临床检验等科室可由第三方机构或者医联体上级医疗机构提供服务。
26	2019-05	《关于印发开展促进诊所发展试点意见的通知》	国家卫生健康委医政医管局	提出：提高诊所医疗服务质量。鼓励医联体内二级以上医院、基层医疗卫生机构和独立设置的医学检验中心、医学影像中心、消毒供应中心、病理中心等机构，与诊所建立协作关系，实现医疗资源共享。
27	2019-05	《关于推进紧密型县城医疗卫生共同体建设的通知》	国家卫生健康委、国家中医药局	到2020年底，在500个县初步建成目标明确、权责清晰、分工协作的新型县城医疗卫生服务体系；鼓励社会力量办医疗机构和康复院、护理院加入医共体。鼓励以县为单位，建立开放共享的影像、心电、病理诊断和医学检验等中心，推动基层检查、上级诊断和区域互认。
28	2019-05	《关于开展促进诊所发展试点的指导意见》	国家卫生健康委	在10个城市开展诊所建设试点工作，鼓励将诊所纳入医联体建设。鼓励医联体内二级以上医院、基层医疗卫生机构和独立设置的医学检验中心与诊所建立协作关系，实现医学资源共享。
29	2019-05	《关于开展城市医疗联合体建设试点工作的通知》	国家卫生健康委	牵头医院要主动吸引社会办医疗机构参加医联体、鼓励社会力量办医疗机构按照自愿原则参加医联体；共享医疗资源。
30	2019-06	《关于促进社会办医持续健康规范发展的意见》	国家卫生健康委、国家发展改革委等	在品牌效应打造、公立医院和第三方医学检验机构分工合作、医保结算及多种合作模式探索等方面，做了具体的政策支持。

续 表

序号	颁布时间	政策	颁布单位	相关内容
31	2019-09	《紧密型县域医疗卫生共同体建设试点省和试点县名单的通知》	国家卫生健康委	确定山西省、浙江省为紧密型县域医共体建设试点省，北京市西城区等567个县为紧密型县域医共体建设试点县。
32	2019-10	《关于印发疾病诊断相关分组（DRG）付费国家试点技术规范和分组方案的通知》	国家医保局	坚持统分结合，逐步形成有中国特色的DRG付费体系，确保26个主要诊断分类（MDC）和376个核心DRG分组（ADRG）全国一致。
33	2019-10	《关于深入推进医养结合发展的若干意见》	国家卫生健康委	各地要加大政府购买服务力度，支持符合条件的社会办医养结合机构承接当地公共卫生、基本医疗和基本养老等服务；支持开展上门服务。研究出台上门医疗卫生服务的内容、标准、规范，完善上门医疗服务收费政策。
34	2020-06	《公共卫生防控救治能力建设方案》	国家发展改革委、国家卫生健康委、国家中医药局	加大对公卫体系、疾控系统的重视及投入。第三方医检行业可望在大规模检测能力储备、传染病哨点监测、疫情预警、公共卫生服务协同等公共卫生防控方面发挥更重要的作用。
35	2020-06	《基本医疗卫生与健康促进法》	国家卫生健康委	首次把支持社会力量与公立医疗合作列入法律条款。
36	2020-08	《关于印发医学检验实验室管理暂行办法的通知》	国家卫生健康委	要求各省级联防联控机制医疗救治组集中组织一次对辖区内所有医学检验实验室的全面检查，以加强独立设置的第三方医学检验实验室管理，保证医疗质量和医疗安全，规范行业发展。
37	2020-12	《医疗机构医疗保障定点管理暂行办法》	国家医保局	有关社会办医、互联网医保结算等政策，将推动第三方医检机构探索多种合作模式，拓展出新的发展领域。
38	2021-02	《医疗器械监督管理条例》	国务院	对医学检验LDT实行逐步放开和适度管理，医疗机构可自行研制国内尚无同品种产品上市的体外诊断试剂，将推进医学检验新方法、新技术的应用及发展，倒逼行业不断进行科技创新研发，进而推进个性化医学、精准医学的临床应用和发展。

分级诊疗助力降本增效。分级诊疗的关键是提升基层医疗机构诊疗水平，它对于顶尖的综合性医院与专科医院影响通常较小，随着国家的逐步推行，分级诊疗逐步打开基层市场，民营医院发展带来增量市场。随着诊疗量下沉，基层医院检验标本量增加，第三方医学检验实验室的市场布局也不断向基层渗透，这不仅有效解决基层成本控制和诊疗专业化等问题，实现降本增效，而且进一步推进分级诊疗建设，也将长期受益于分级诊疗政策的改革红利。随着分级诊疗的不断推进，基层医疗市场有望给第三方医学检验提供广阔的发展空间。

医保控费刺激外包需求。近年来，医保控费由药品端延伸至检查端，为防止从"以药养医"转为"以检查补医"，以及避免"大检查"等过度医疗行为的情况发生，各地检验项目价格相继下调，但是医学检验所需仪器设备、相关检验人员及质控成本仍为较高水平。同时，2020年1月1日全国30个城市开始试点DRGs按病种付费模拟运行，2021年启动实际付费。按病种打包付费后，检验科将从医院的利润端转为成本端。如此，医院有动力将检验项目外包给具有成本优势的第三方医学检验实验室，对第三方医学检验实验室的业务发展将起到促进作用。第三方医学检验在医保控费的背景下迎来增量市场。

可以说，在医改的角度，第三方医学检验是少数"多维度受益"的行业。分级诊疗、医保控费等政策都扩大了检验市场，助力第三方医学检验的发展。

疫情政策助力行业发展。除分级诊疗、医保控费等政策外，2020年新冠肺炎疫情发生以来，国家陆续出台了一系列文件支持第三方医学实验室参与疫情防控。2020年2月12日，国家卫生健康委办公厅下发了《关于医疗机构开展新型冠状病毒核酸检测有关要求的通知》，文中提出各省可以通过购买服务的方式，与具备条件的第三方检测机构合作开展检测。自此，第三方医学检验行业正式从医疗服务产业链的"幕后"走向"台前"。疫情中，以大规模核酸检测能力助力了国家疫情防控，这成为第三方医学检验行业大发展的催化剂。

（二）市场强驱动性

人民对健康服务需求持续增长。随着人口老龄化程度逐步加深，以及人民群众健康意识的不断提升，大家对健康服务的需求持续增长。日渐从"以治病为中心"向"以健康为中心"的意识转变，人民健康需求呈现多层次、多样化的特点，个性化检测项目需求将不断增加，第三方医学检验也将有更多发展的可能性。

技术创新推动行业快速发展。随着现代医学进步、医疗水平提高，我国治疗技术和药物研发能力不断增强，第三方医检充分利用挖掘自身大数据、大样本的优势，与互联网、大数据、人工智能等领域融合创新，丰富应用场景，可为人工智能辅助临床诊断治疗、临床决策服务、医疗学术科研、智能健康管理和检验全过程数据化、智能化的发展提供支持，在数字时代开创出行业发展新局面。

疫情推动行业多维演变。2020年在新冠肺炎疫情冲击下，全国大部分医疗资源集中在疫情防控领域，常规医疗服务受到极大冲击。集团化、连锁化的第三方医学检验实验室提供了有力支持。同时，在疫情防控期间，互联网医疗迎来政策利好，消费者线上问诊的习惯得到培育。近300家第三方医检机构切入新冠肺炎核酸检测C端业务，开辟了C端流量入口。互联网医疗的普及为第三方医学检验实验室在服务C端客户、服务模式创新上带来新的契机，助力第三方医检拓展出新的商业模式。

二、第三方医学检验处于蓝海市场

（一）疫情加速推动市场爆发式增长

2020年，在政策推动、需求驱动、疫情"助力"的多重作用下，我国第三方医学检验市场规模得到大幅增长。根据国家卫生健康委卫生发展研究中心数据，目前，重点布局第三方医学实验室的企业中，金域检验、迪安诊断、艾迪康三家公司市场份额占第三方独立医学实验室行业总额的近70%。结合上市企业年报披露数据估算，2020年我国整个第三方医学检验市场规模将近270亿元。在疫情常态化及民众检验需求逐步增长等局势下，我国第三方医学检验行业未来仍有较大的发展空间，短期内市场规模预计将保持高速增长趋势，预计到2025年，市场规模将超过600亿元。

（二）2020年我国ICL数量约1800家

目前，我国第三方医学检验市场规模正处于快速增长中，截至2020年末，中国独立医学实验室（Independent Clinical Laboratory，简称ICL）已多达1800余家，如图5-1所示。其中，金域医学、迪安诊断、艾迪康、达安基因已占据我国第三方医学检验市场半壁江山。

随着分级诊疗等政策的不断深化落实，检验设备和能力不足的基层医疗机构对第三方医学检验机构的依赖性将会增加，预计第三方医学检验市场规模还将保持迅速增长，渗透率有望提升至10%左右。

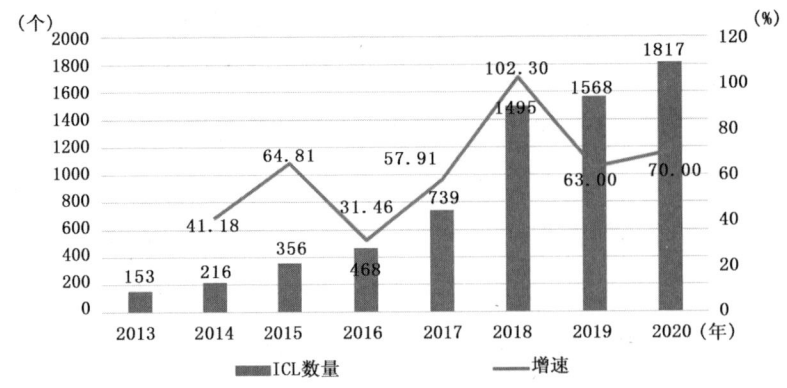

图 5-1 2013—2020 年我国 ICL 数量增长情况

数据来源：中物联医疗器械供应链分会据公开数据整理。

（三）市场主要集中于东部沿海城市

第三方医学检验在行业准入、质量控制、资金、技术、专业人才等方面均有较高壁垒，目前，行业市场上基本呈现寡头垄断的格局。金域医学、迪安诊断、艾迪康和达安基因等龙头企业占据较高市场份额，行业集中度较高。纵观全国分布，目前国内独立医学实验室主要集中在人口数量较多、经济较发达、医疗资源丰富、医疗市场市场化程度高的东部沿海地区，西部等欠发达地区的实验室规模则相对较小，地区分布较为不均。

近年来，日趋激烈的市场竞争环境下，一些规模较小的实验室逐步退出市场。企查查数据显示，截至 2020 年 9 月，有 271 家医学检验所注销，这些实验室基本位于三四线城市，经营规模和检测实力通常较弱，注册资本在 1000 万元以上的不足百家，存续时间往往不足三年。叠加新冠肺炎疫情对中小检验机构现金流的冲击，未来行业竞争格局将愈发利好龙头企业的发展。

三、第三方医学检验冷链物流发展现状

（一）冷链物流市场发展

随着第三方医学检验行业市场规模的逐渐扩大，冷链物流市场也不断扩容。尤其在 2020 年新冠肺炎疫情的笼罩下，全国对于检测需求呈井喷式增长，第三方医学检验行业冷链物流市场规模有较大的提高。根据中物联医疗器械供应链分会不完全统计，2020 年我国第三方医学检验冷链物流市场规模将近 30 亿元。疫情防控常态化背景下，随着核酸检测市场的不断增长，相应的冷链物流市场也将稳步提高。

(二) 冷链物流现存挑战

冷链物流在第三方医学检验市场中十分关键,可以说,冷链物流掌握着第三方医学检验市场的命脉。严格温控、及时配送、规范操作等环节无不影响着产品的质量与安全。但目前我国医疗冷链物流仍相对较为薄弱,存在一定痛点和短板。

1. 缺乏统一检验样本运输标准

目前,我国相关监管部门对医学样本的运输标准尚无明确规定,包括危险品与非危品等划分依据不同,航空运输中需要提供的运输资质依据不一样,不同航空运输公司之间要求企业提供的资质证明也不一致,使得企业对接不同航空公司需要准备不同的运输资质,进而影响样本时效性。同时,个别省市要求冷链物流企业必须具有医疗器械经营资质才可配送,导致很多专业的第三方物流企业无法承担配送工作。

2. 无法完整实现全生命周期追溯

医疗器械冷链产品有着严格的温控要求,需要保证全程冷链运输标准,做到全流程可视化追溯。而目前,就宏观而言,在国际物流中,从海外厂家到中国海关口岸,以及海关待检待验通关之前的两段温控过程所采取的温控措施和温控数据,尚缺乏一定的监管与追溯。就微观角度来看,冷藏箱内装载的GPS(Global Positioning System,全球定位系统)温度计电池多为锂电池,电量有限,难以保证全程追溯,从而导致全过程电子追溯存在不可避免的缺失。

3. 资金运营压力较大

近年来,医疗器械行业受两票制、集中带量采购等政策深化改革的影响,已迈入微利时代,供应链环节不断压缩,企业利润被大幅挤压,物流成本不断上升。对于生物样本等冷链温控产品,从仓储到运输一系列环节经济成本较高,包括仓储设备及物流设备等专业验证成本、运输成本、专业人力成本等,加之应收账款期限较长等现金流因素影响,企业面临较大资金压力。

4. 应急配送体系尚不完善

在此次新冠肺炎疫情下,应急物资保障方面存在短板,造成前期出现了短期物资供应短缺问题。各区域管理情况不同,信息不畅通,造成运输链"断链"现象,运输各环节联动性较差,缺少规模效应及资源整合,使得应急医疗物资配送时效不佳。

5. 市区运输时间管制影响时效性

目前,我国一、二线城市对进入市区车辆均有时间段管制。大部分城市要求白天禁止4.2米卡车进入市区,但晚上接收方又无法接收货品。生物检测样本等运输品均须冷链温控运输,且具有一定的时效性。这就导致了运输操作要求的矛盾点,存在不合理的情况。这也使得医疗器械产品的质量安全存在一定风险,同时不利于医疗冷链物流健康运行的长效发展。

四、第三方医学检验行业发展趋势

随着国家一系列利好政策扶持及民众对于检测需求的增长,叠加疫情常态化影响,第三方医学检验已经成为医疗行业必不可少的一部分,担任着举足轻重的角色。结合当下市场发展特点与风向,第三方医学检验行业拥有广阔的发展前景,主要呈现以下趋势。

(一)下沉发展,多种模式并存

分级诊疗、医联体等新医改政策助力第三方医学检验实验室下沉发展,省级中心化实验室向地市级、区县级实验室下沉,例如金域医学、迪安诊断已经向区域化实验室、地级城市进行下沉式发展。未来区域共建检验中心将成为市场竞争的关键,连锁集团实验室与某一区域实验室并存、综合大型中心实验室与单一专业技术小型实验室并存、大型民营实验室与区域中心实验室并存,多级覆盖,打造多元生态圈。

(二)高端检测业务持续扩充

经济发展水平不断提升,居民健康意识提高,大部分群体更加偏好高端检验,且需求持续增加。独立医学实验室拥有检验技术优势,能够提供高端个性化检验方案,且高端检测因其利润率高将成为未来第三方医学检验公司主要利润来源。

(三)互联网助力医检产业模式升级

随着国家政策的逐步开放,国内医疗市场将吸收国外独立实验室优势模式,从B2B(Business-to-Business,企业对企业)转向B2C(Business-to-Consumer,企业对消费者)、O2O(Online-to-Offline,线上对线下)等多元化发展模式。在传统检验服务外包基础上,打造更大的生态平台,增加托管、共建、集约化采购、信息化输出、大数据共享等延伸服务,增加医院黏性。

(四)向规模化、专科化、平台化和信息化发展

当前,多家企业已经开始探索通过规模化、专科化、平台化和信息化的竞争力来拓展企业发展。通过连锁规模化方式进行渠道拓展,基于某一种核心技术专注发展,在规模化的基础上建立平台化优势,不断进行信息化探索。

（五）第三方冷链物流不断提升

第三方医学检验中心进行检测首先要取回检测样本，并保证样本不被污染和破坏，由此及时、安全地取回样本成为检测的关键一步，也是其首要任务，所以冷链物流的构建成为必不可少的步骤，冷链物流的发展也催生整个行业高速发展。目前国外独立实验室的 70% 的样本通过第三方物流进行，而目前国内的实验室样本还是需要企业自身来运输，成本较高，因此，未来第三方冷链物流发展前景可期。

第二节 我国医疗器械 SPD 发展

一、我国医疗器械 SPD 发展背景

（一）政策驱动

近几年，随着"两票制"、零加成等新医改的不断纵深发展，成本为王的时代已经到来，成本管控、精细化管理、集约化服务逐渐成为医疗机构亟待解决、优化的首要问题。疫情笼罩下的 2020 年，我国也在积极落实医改"组合拳"政策，加速推动医疗器械领域降价和控费目标的达成。特别是疫情暴露出我国医疗体系中应急物资保障体系不健全等短板和漏洞，也凸显了 SPD 对院内物资供应链管理的价值。自此，SPD 供应链管理服务如雨后春笋般急速增加，在全国医疗机构呈遍地开花大势。

1. 集采政策推进公立医院精细化运营管理

继药品集采常态化后，高值医用耗材带量采购也拉开了帷幕。2019 年，国务院办公厅发布的《关于印发治理高值医用耗材改革方案的通知》明确要求，取消公立医疗机构医用耗材加成，减少过度使用，2019 年底前实现全部公立医疗机构医用耗材"零差率"销售。2020 年，我国继续推动高值耗材集采进程，重点解决高值医用耗材虚高价格问题。陆续出台了《关于印发第一批国家高值医用耗材重点治理清单的通知》《国家组织冠脉支架集中带量采购文件（GH-HD2020-1）》等一系列政策，多方合力规范高值耗材全流程管理。

随着高值耗材集采的全面铺开，各医疗机构耗材收入不断下降。因此，医院亟须提高自身管理运营水平，降低运营支出，优化调整医疗服务价格，多维度实现高值耗材精细化管理。

2. DRGs 付费改革规范临床管理

医保支付改革一直是深化医药卫生体制改革的重点工作任务之一，DRGs 作为一种能有效提升医疗保险基金和医疗服务绩效精细化管理的工具，近几年得到了进一步扩展。2019 年 10 月，国家医保局发布的《国家医疗保障 DRGs 分组与付费技术规范》和《国家医疗保障 DRGs（CHS-DRGs）分组方案》提出，2019 年国家医保局完成顶层设计，2020 年全国试点城市模拟运行，2021 年 DRGs 开始启动实际付费工作。2021 年 3 月 31 日，国家医保局召开的 2021 年医保支付方式改革试点推进视频会上，李滔副局长也强调，医保支付方式改革是推进医保高质量发展的重要内容，DRGs 和 DIP 试点工作是今年支付方式改革的重中之重。

DRGs 将医保按照入组打包支付，原本作为收入的检查、耗材等全部转变为了成本。在此压力下，规范临床行为，提升精细化运营管理水平成为医院更好发展行之有效的途径。医院需要转变管理理念及模式，通过信息系统整合与重构，规范数据精细化管理，做好业务与财务的管理融合，提升整体医疗服务质量和工作效率。

3. 追溯监管需求强化信息化应用

医疗器械产品关乎人民身体健康与生命安全，必须实行最严格的监管，实现全生命周期可追溯。2020 年 9 月 30 日，国家药监局发布的《国家药监局 国家卫生健康委 国家医保局关于深入推进试点做好第一批实施医疗器械唯一标识工作的公告》明确，自 2021 年 1 月 1 日起，试点结束后，将全面启动第一批唯一标识实施工作。2021 年 3 月 18 日，国务院发布新修订的《医疗器械监督管理条例》也提出，创新医疗器械优先审批，释放市场创新活力，明确国家将加强医疗器械监管信息化建设，推进医疗器械全生命周期质量管理。进一步提升医疗器械监管的科学化、法治化、国际化和现代化水平。

未来，信息化建设将在很大程度上影响医院运营管理工作。统一编码对耗材的协同管理、临床使用、医院精益化管理都具有重大意义。

4. 进一步推动公立医院高质量发展

公立医院是医疗卫生事业的重要组成部分，我国始终致力于提升公立医院的高质量健康发展。2020 年 6 月，国家卫健委发布的《国家三级公立医院绩效考核操作手册（2020 版）》，新增了"重点监控高值医用耗材收入占比"指标。由此，有效降低耗占比正式落实为全国二、三级公立医院可量化的监测考核压力。同年 12 月 21 日，国家卫健委再发《关于加强公立医院运营管理的指导意见》《关于印发〈三级医院评审标准（2020 年版）〉的通知》（国卫医发〔2020〕26 号），明确推进公立医院管理模式和运行方式加快转变，进一步提高医院运营管理科学化、规范化、精细化、信息化水平，进一步完善我国医院评审评价体系，推动公立医院高质量发展。

今年 2 月 19 日，中央全面深化改革委员会第十八次会议通过的《关于推动公立医院高质量发展的意见》，意味着公立医院将以改革创新为动力，通过信息化手段提高效率，推动其走向集约性、高效化及高质量的管理。

5. 疫情催热智能化建设

新冠肺炎疫情不仅暴露了我国医疗体系短板，使我们认识到医院数字化供应链建设的迫切，同时催化了大量的线上协同需求。疫情之下，国家推出的"新基建"将加大对医院智慧化建设投入，加速布局数字化基础设施和数字化产业生态，以高效协同、流程规范、数据服务为主要标志的"医院数字化建设"迎来元年。

6. 公立医院紧日子加速降本增效

2021 年 3 月 25 日，国家卫生健康委官网公布了其 2021 年的部门预算，数据显示，公立医院的中央财政拨款减少了约 33.02%。2021 年公立医院的收入总预算为 21210810.09 万元，其中，中央财政拨款数为 384071.07 万元，占比约 1.81%。较于 2020 年公立医院的中央财政拨款数减少了 189311 万元。

可见，今年医院的经营压力持续加大，紧日子已经来临。公立医院须做好开源节流，加强运营管理，强化内部控制，实现精益化、精细化管理，提升医院管理水平。

（二）市场推动

1. 传统医院管理无法满足现代公立医院需求

（1）公立医院的利润中心转为成本中心。随着耗材加成的取消，医院收入仅来源于医疗服务收入和政府补助收入两项，大大降低了医院的收入来源，医院资金压力有所加大。在控费趋势下，医院的创收空间将越来越小，使得公立医院进入转型阶段阵痛期，医院主动全面开展成本管控。

（2）医保支付方式改革倒逼公立医院变革。随着 DRGs、DIP 等医保支付方式的改革，医保基金监管从严，医院的成本核算需要由粗放转向精细化，合理节流、管控降耗，加强内部精细管理，控制医疗费用不合理增长，提高医疗质量，促使公立医院改革。

（3）传统粗放式管理跑冒滴漏现象不断。医疗器械产品繁多、品类繁杂，长期以来，公立医院大多为传统粗放式的经营管理，医院常出现医用耗材跑冒滴漏的隐性浪费,增加了医院成本。

(4)信息化程度不高造成监管缺失。很多公立医院普遍存在信息化程度不高的现象,给全流程质量监管带来一定的难度。同时,各环节对接不畅,容易形成信息孤岛,导致产品库存积压及损耗较大。智能化薄弱也造成运营效率较低,耗费人力和财力。

2. SPD 管理模式的优势

SPD 作为一种全新的现代化医院院内物流管理模式,以现代信息技术为依托,建立了一整套完整的医院院内物流供应体系;打通了医院和企业信息传递屏障,有效传递医院订货信息、物流信息,方便医院实时动态获取物流状况。主要具有以下优势。

(1)降本增效,实行全程信息化管理。信息化是现代医院管理和风险防控的必由之路,SPD 供应链管理模式,充分利用供应链协同优化的优势,通过信息化平台进行多维度精细化管理,与医保支付审核平台互联互通。用后结算实现零库存及库存零损耗,减少管理库存人员成本,为库存和医务人员减负。对医用耗材实行一体化统筹管理,使服务效率大大提升,空间利用得到改善,总体成本实现下降。做到了降本增效,闭环管理。真正实现耗材管理的合理化与合规化。

(2)智能化水平提升,实现全生命周期追溯监管。SPD 管理模式除信息化系统的使用外,对智能柜、条码扫描等设备、技术的大量运用也显著提高了医院智能化管理水平。特别是 RFID(Radio Frequency Identification,射频识别)技术的运用,实现了高值医用耗材的全程可追溯,确保信息数据的及时性、准确性和有效性,保证了医院的信息安全,助力医院实现精细化、标准化管理。

(3)避免跑冒滴漏,助力医院精细化管理。医疗器械 SPD 管理模式做到了让专业的人去做专业的事,SPD 服务商负责院内医疗器械供应链管理,不仅能够缓解医院在成本、管理上的压力,有效杜绝跑冒滴漏现象,同时大幅提升了医院的管理效率,释放出医护人员专注医疗、护理工作,满足公立医院的专业化、精细化、高质量发展。

二、我国 SPD 管理模式发展现状

(一)国内 SPD 发展格局

近年来,我国 SPD 管理模式迎来跑马圈地时代。即使去年在疫情笼罩下,SPD 发展也如火如荼。目前,SPD 管理模式已经被越来越多的医疗机构应用。公开数据

显示，经不完全统计，仅去年一年，我国开展 SPD 项目的医疗机构达百余家，其中，覆盖范围以公立二级及以上医院为主，渗透率约为 3%，未来发展空间巨大。保守预估，到 2021 年我国开展 SPD 项目的医疗机构有望达到 600 家。

纵观全国，受医改等政策及市场格局影响，我国 SPD 项目主要集中于沿海地区的三级医院，其中，上海、广东、山东、江苏等地发展速度最快，西北、东北地区发展则相对缓慢。

广阔市场下，我国 SPD 模式中也已经汇聚了大量的优秀代表企业，聚焦不同细分方面进行持续突破创新，如表 5-2 所示。

表 5-2 我国 SPD 不同服务商部分代表企业

分类	代表企业
商业公司	北京科园信海医药经营有限公司
	重庆医疗集团医疗器械有限公司
	德荣医疗科技股份有限公司
	广西柳州医药股份有限公司
	广药器化医疗设备有限公司
	国科恒泰（北京）医疗科技股份有限公司
	国润医疗供应链服务（上海）有限公司
	国药集团一致药业股份有限公司
	国药控股菱商医院管理服务（上海）有限公司
	国药控股山东有限公司
	华润医药商业集团有限公司
	嘉事堂药业股份有限公司
	江苏省医药有限公司
	九州通医药集团股份有限公司
	瑞康医药集团股份有限公司
	塞力斯医疗科技股份有限公司
	山东海王医药集团有限公司
	山东威高医药有限公司
	上海润达医疗科技股份有限公司
	上药控股有限公司
	中国医疗器械有限公司

续表

分类	代表企业
第三方服务商	安徽中技国医医疗科技有限公司
	快享医疗科技（上海）有限公司
软件提供商	广东医大智能科技有限公司
	海遇（上海）软件股份公司
	杭州图特信息科技有限公司
	上海万序健康科技有限公司
硬件制造商	上海三瑞信息技术有限公司
	深圳传世般若科技有限公司
	深圳诺博医疗科技有限公司
	深圳医智联科技有限公司
	斯科创芯信息技术（上海）有限公司
	万马科技股份有限公司
	浙江瑞华康源科技有限公司

注：以上仅部分代表企业，按照企业首字母进行排序。

（二）不同产品类别的SPD管理模式

SPD管理模式基本是由供应商将医疗器械产品统一配送至医院中心库房，经由验货、赋码、定数加工、标签等工序再由运营管理人员进行分配至各科室。科室扫码消耗医疗器械产品后，运营商将根据使用消耗情况从院内中心库对二级库、三级库及各临床科室进行补货。在中心库库存低于下限时，SPD系统将自动形成采购计划，工作人员核对后将发送新的采购计划至供应商来送货，由此形成一个完整的管理闭环。实施SPD管理后，物资结算点由原来的入库结算变为临床消耗后结算，这便使大量的库存资金从库存管理中释放出来。总体来说，SPD管理模式实现了院内物流、信息流、资金流的三流合一。

医疗器械产品种类繁多，不同类别的产品因其不同的特性，在SPD管理模式下也有所差异，以下将解析不同产品的SPD管理模式。

1. 高值耗材SPD管理模式全流程

高值耗材（下文简称高值）多采用SPD智能柜管理，供应商在送货时，首先进入SPD中心库扫描物资信息，生成唯一身份条码贴在耗材包装上，方可把耗材放入科室高值耗材智能柜中。高值耗材智能柜运用RFID射频技术，最大程度地实现了高值医用耗材信息的全程可追溯，当每一个高值耗材都有单独的RFID标签，每件高值医用耗材的信息、操作者信息、使用时间、使用地点和患者信息等在扫码后就会更新记录，从而形成闭环管理，最大程度保障高值耗材的安全性。同时，更加有效地杜绝了高值耗材的流失，从而实现高值耗材的动态管理与实时监控，如表5-3所示。

表5-3 高值耗材SPD模式管理

	备货高值	跟台高值
采购	1. 手工生成高值补货单； 2. 按系统建议生成高值补货单。	按手术要求手工生成高值补货单，系统提供手术套包等便捷操作，但不直接生成单据。
供应	供应商平台电子化订单完成配送并监控全过程。	供应商平台电子化订单完成配送并监控全过程。
验收	一物一码，扫码验收。	正常质检，在验收后以预入库的方式进入系统。
存储	中心库通过高值唯一码统一管理全院库存。	单独记录所有预入库库存，与其他正式入库库存分别计算。
加工	一物一码，部分产品可识别厂家原码。	赋码方式有两种： 1. 事先制作码本，不再对跟台物品单独生成条码； 2. 与备货高值一样生成条码。 两种方式均须关联后续洗消单据。
院内推送	结合智能柜主动推送。	关联洗消单据，院内配送。
使用	结合智能柜扫码使用。	存在两种方式： 1. 扫条码本视为使用； 2. 扫实物条码视为使用。 使用信息提交后，自动将预入库单据转为正式入库、出库单据，剩余物品转换货处理。
结算	与患者间医嘱计费扫码消耗，汇总后生成供应商结算单。	扫码后生成患者计费单据，及供应商结算单据。
追溯	按条码追溯。	按条码追溯。

数据来源：中物联医疗器械供应链分会整理。

总体来说，高值耗材具有一码溯源的"集约化"管理特点。

一是实现一码溯源管理。可选择在厂家码的基础上赋唯一码，结合智能化设施设备和RFID技术，实现全程一码溯源质量管理。

二是达到闭环式的仓储物流管理。集成RFID技术和智能仓储设备，高值耗材在使用前准入控制、使用中自动识别、使用后可追溯及分析，实现高值耗材在院内的流转、使用、分析、追溯的全程管控，消除"灰色库存"存在的监管隐患。

与其他产品不同的是，高值耗材涉及手术跟台管理。SPD管理模式下，高值耗材分为备货高值及跟台高值两种管理模式。备货高值耗材采用一物一码的管理方式，常规采购、配送、验收等物流过程与其他物资类似，但每件物品上均附有条码，每次院内流转也均须扫码。部分医院采用高值耗材柜时，高值耗材所用条码须支持高值耗材柜的读取要求。

跟台高值采用预入库方式管理。物品送达医院后，进入预入库流程。该流程下跟台高值耗材仍需进行常规验收，验收结果会在 SPD 系统中体现，但库存信息以"预入库"形态独立存在，可查询、使用、还回，但不计入库存。扫码使用后，所使用耗材预入库转为正式入库，同时生成对应单据；未使用耗材根据预入库信息生成还货单。还货单与退货单不同，不涉及财务核销、冲抵等流程。

2. 低值耗材 SPD 管理模式全流程

相对于高值耗材，低值医用耗材包括一次性注射器、输液器、输血器、引流袋、引流管、留置针及手术缝线等经常使用的一次性卫生材料，由于价格低、品种多、应用数量大，医院对于低值耗材的监管难度大，不利于有效管理。

在 SPD 管理模式中，低值耗材一般是采用"定数包"方式进行管理，"定数包"是根据各科室使用习惯（消耗速度、消耗频率等）、中心库补货周期及厂家的原始包装方式，制成大小适宜、取用方便、巡查直观、交接简便的管理流通单位，其通常在中心库加工包装而成。

各科室扫描定数包条形码进行消耗，中心库获取各科室消耗信息并送达科室"补货点"或"安全库存"，随后生成补货报警、运行波次、拣货、加工和推送，中心库库存持续消耗降到补货点，系统则自动生成补货订单，经供采平台推送给供应商，供应商在线进行订单需求接收及配送单制作，经赋码后，中心库进行扫码验收、上架，医院定期汇总各科室的定数包消耗数据与各供应商进行消耗结算，如表 5-4 所示。

表 5-4 低值耗材 SPD 模式管理

采购	周期性汇总消耗数据，生成采购计划。
供应	供应商平台电子化订单完成配送并监控全过程。
验收	1. 入库赋码模式下，扫码验收；2. 出库赋码模式下，常规清点验收。
存储	中心库通过定数条码统一管理全院库存。
加工	定数包赋码。
院内推送	主动推送。
使用	1. 以领代耗；2. 扫码使用。
结算	按照不同的业务要求，支持中心库出库结算（以领代耗），科室扫码结算等多种模式。
追溯	按条码追溯到包，拆包后按数量推算追溯。

数据来源：中物联医疗器械供应链分会整理。

3. 体外诊断试剂 SPD 管理模式全流程

体外诊断试剂自身的复杂性增加了生产、流通和使用环节的管理难度，其规范、质量安全等情况将直接影响临床检验结果的准确性。SPD 模式通过梳理试剂目录库，与各信息系统进行数据共享，通过主目录平台化，为医院试剂使用管控及成本收益分析方面提供统一的数据口径。通过对入院试剂基础资料、服务管理流程及质量把控方面的规范化管理，实现物流环节的透明化与线上化管理，如表 5-5 所示。

表 5-5 体外诊断试剂 SPD 模式管理

采购	周期性汇总消耗数据，生成采购计划。
供应	供应商平台电子化订单完成配送并监控全过程。
验收	1. 入库赋码模式下，扫码验收； 2. 出库赋码模式下，常规清点验收； 3. 冷链品须填报温度验收信息。
存储	中心库通过定数条码统一管理全院库存； 可与冷藏设备对接，自动采集冷链数据。
加工	1. 厂商销售单元赋码； 2. 定数包赋码。
院内推送	主动推送。
使用	1. 以领代耗； 2. 扫码使用。
结算	按照不同的业务要求，支持中心库出库结算（以领代耗），科室扫码结算等多种模式。
追溯	按条码追溯到包，拆包后按数量推算追溯。

数据来源：中物联医疗器械供应链分会整理。

SPD 模式下体外诊断试剂的管理模式与低值耗材类似，也是由服务商负责包括中心库拣货、加工及科室二级库推送、盘点等院内物流工作，效率更加高效。在试剂入院时，工作人员通过系统平台及手持终端进行电子化验收，实现批号效期系统自动验证和扫码入库上架。而科室在试剂使用时，只须使用手持终端扫码完成系统消耗，系统即可自动获取数据以判断是否须给科室推送试剂，服务人员根据系统自动生成的科室试剂使用需求，在库内做包装加工后推送至科室，这样既减少了医护人员试剂请领工作，提高了科室试剂的管理效率，同时通过条码标签实现了试剂的线上透明化管理，为试剂的院内流转提供了追溯依据。

实施管理中，对于未开封的试剂，系统会定时提醒其效期情况，以督促检验人员优先取用效期较近的试剂，减少因效期问题而造成的浪费；对于扫码上机试剂，系统则会记录打码时间并提示应丢弃时间，实时预警效期，实现开瓶效期管理，确保其院内流通环节安全。

（三）新进参与者开展 SPD 项目路径

随着国内 SPD 模式如火如荼的发展，很多企业纷纷想加码入局，但 SPD 模式并不是简单的一套信息系统，还涉及与医院各系统的对接，以及后续运维、人员管理经营等，且项目资金投入较大，使新进参与者存在疑虑。对此，有 SPD 服务商表示，SPD 项目考验企业实力，决定开展项目时，企业可关注以下几项要点。

首先要做好前期战略规划，拥有足够的资金储备利于项目的平稳开展；其次，SPD 管理专业性较强，须具备一定的相关医疗、信息技术等经验积累及专业人员，以便项目良好进行；最后，建议新进参与者可以先与有经验的 SPD 服务商进行合作为切入点，切身了解 SPD 管理，利于项目的快速步入正轨，如图 5-2 所示。

若同时开展集配工作，企业则需要具备最基本的流通条件，具有医疗器械经营许可证、符合国家 GSP 管理规范等硬性条件。

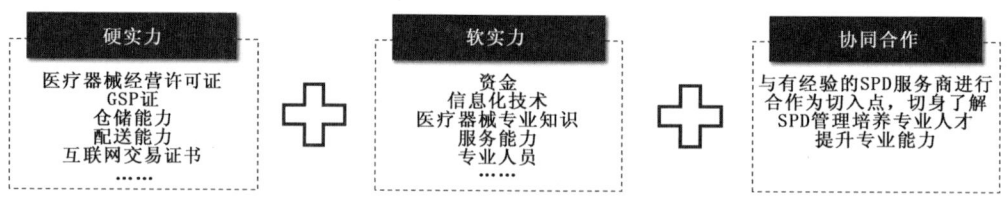

图 5-2 企业开展 SPD 业务前提条件

数据来源：中物联医疗器械供应链分会调研整理。

对于医院而言，开展 SPD 项目的基本流程，如图 5-3 所示。

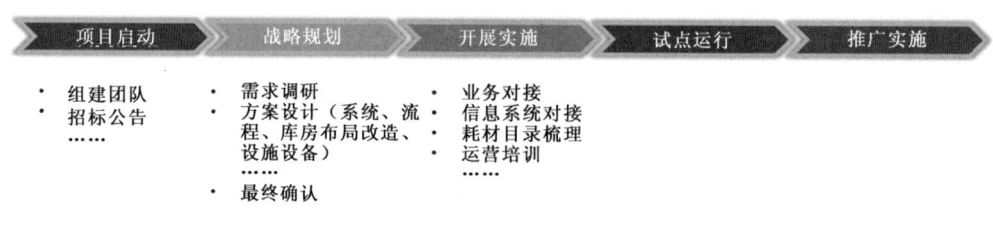

图 5-3 医院开展 SPD 业务流程

数据来源：中物联医疗器械供应链分会调研整理。

（四）基于运营实例的 SPD 模式发展浅析

1. SPD 模式发展意义

（1）形成规模效益，扩展业务领域，优化供应链结构。对于医疗器械商业企业、医疗器械供应链管理公司而言，一是在采购供应方面，通过集中采购，扩大市场份额，形成规模效益；二是推动 SPD 服务提供商提供更多高附加值的增值服务，在提高服务质量的同时，开拓新的业务领域；三是供应链模式的创新，降低全链条库存，优化配送网络。

（2）综合资源调配，降低物流成本，提升服务质量。对于保证医院供应方面，一是各类资源由 SPD 运营方统一调配，主动配送到点；二是降低物流成本，实现集中采购、物流外包、用后结算及零库存等；三是改进管理水平，专业化物流管理，实现精确、实时的数据监控与分析；四是提高临床服务质量水平，实现专业临床护理。

（3）协同共建，推动供应链升维再造，实现多方共赢。可实现多方共赢，既可实现全链成本降低，又可提高临床服务质量，保证物资正常供应。创新模式下的 SPD，是医改环境下的医院医用物资供应链创新发展模式，树立国际一流、国内领先的供应链架构，促使合作多方实现共赢。

（4）综合提升院内管控水平，为医疗绩效考核奠定基础。对于医院绩效管理方面，通过对科室的耗材使用数量、金额、定额与定额差、频次、品种等考核因素进行分析，为医疗绩效考核提供支撑。

应用价值具体可包括以下两点。

①规范耗材使用：建立科室耗材使用定额标准与使用规范，并进行定期考核，从而规范科室的操作行为，通过绩效考核方式，达到耗材合理使用与费用控制的目的。

②提供决策依据：通过对科室耗材使用的数据进行分析，为医院对供应商的管理提供数据支持。

2. 基于不同应用场景的 SPD 解决方案规划要点

（1）医疗耗材 SPD 总体解决方案

①构建科学合理的医院、供应商、服务商三者关系。

②引入先进的院内物流智能设备，实现院内物流智能化。

③提高对医院的药品保供与保质能力，提高医院精细化管理水平。

④为客户提供优质的院内物流服务，提升患者满意度与医院整体对外形象。

（2）医疗供应链云平台 SCC 解决方案

①通过供应链协同的高效运作，打通医院与供应商之间的交互通道，实现对供应商统一管理。

②优化医院供应网络，减少院内二次物流运转，提高周转效率，降低医院运行

成本,这对于医院而言,不仅是快速有效实现成本外部转移的方法,同时也是减轻管理负担、提高供应及时率、降低差错率的高效成本。

(3) 智能终端解决方案

①医疗院内 WCS 平台,可建立整体高效的智能化院内物流服务体系。

②与院内 SPD 平台及其他系统高度集成,充分发挥系统与智能设备集成效能,提高院内物流工作效率,有效降低差错风险,提高病患满意度,奠定医院物联网建设基础。

(4) 集配中心 DCM 解决方案

①集配中心管理是医疗供应链协同的重点之一。

②将耗材暂存在集配中心,减少供应商配送频率,降低物流成本。

③由集中配送中心统一配送,提高医院耗材补给及时性。

④由集配中心对 C 类供应商耗材统一管理,提高医院耗材规范化管理水平。

3. 运营实例浅析——中南大学湘雅医院

(1) 案例背景

中南大学湘雅医院是国家卫生健康委员会直管的三级甲等综合医院,是教育部直属高校中南大学的附属医院。医院拥有雄厚的临床诊疗能力。编制床位 3500 张,总建筑面积 51 万平方米,2019 年门急诊 308.6 万人次,出院 15.2 万人次,手术 8.6 万台次。开设临床医疗医技科室和亚专科 111 个,病区 76 个,护理单元 101 个。拥有国家重点学科 7 个,国家临床重点专科 25 个。

基于湘雅医院耗材管理 SPD 系统管理现状,医疗软件具有信息化、节约化、规范化、精细化、自动化和智能化等鲜明的特点,通过专业的软件研发团队、院内实施团队,为医院提供"专业运营团队+定制化软件+智能硬件"的全院级精细化管理服务。

(2) 湘雅医院 SPD 耗材管理解决方案亮点

①院外仓

通过搭建院外仓的全新模式,实现优化供应路径,在保障医院医用耗材及物资使用的前提下,运营方可以合理规划配送时间,实现错峰配送,避免造成与医患间的拥挤,提升医院的运行效率及病患的就医便利性。

在供应链层级结构中,设置了从院外仓到中心库、到临床库房的多层级结构,通过供应链云平台(SCC)、院外仓物流管理平台(DCM)及供应商供货平台,所有沟通、运输、赋码等相关操作都在院外仓完成。一级库定义为院外仓和高值仓;

二级库定义为临床库房及所有高值柜、智能柜专科；三级库采用先计费扫码，再触发出库的方式，从而缓解临床成本积压的问题。

②夜间配送无人值守

由于中南大学湘雅医院年门诊量达 310 万人次，经常有医院周围车量拥堵的情况。为解决这一难题，SPD 团队推动夜间配送供货模式，引进 RFID 智能门禁技术，自动识别出入库，实现无人交接，减少交叉感染风险，同时和供应商 ERP 及医院 HIS 系统同步。应用智能存取设备，从病区耗材的领用，到术前物资的供货、拣配，再到使用结算，全程自动感应，一物一码追溯，实现高效的取用与退还。真正做到了库房无人值守，降低医务人员的工作量，提高工作效率，减少手工出现的差错，提高医院药品供应服务质量。

③跟台耗材 SPD 的全线上备货及全流程管控

跟台耗材 SPD 采用全新的线上备货模式，将手术医生喜好习惯的耗材品牌发送给对应供应商，供应商根据手术备货信息提前将跟台耗材配送到医院消毒备用。供应商通过供应链平台使用扫码枪，扫描 UDI 生成配送单，再配送入院；医生使用的耗材通过院内智能物流服务管理平台（SPD）在计费系统扫描 UDI 计费，跟台耗材可使用 UDI，实现全程溯源。

④耗材 UDI 解码应用与合规性验证

a 基于解码技术实现高值耗材合规性验证，建立高值耗材信息库。该信息库备案所有高值耗材的详细信息、生产商及供应商信息等，用于在高值耗材采购入库时验证其合规性。

b 外来器械类、植入类耗材合规性验证：供应商将高值耗材配送到医院中，如果是寄售高值耗材，则在入库时，通过智能解码器对高值耗材进行解码操作。如果是跟台高值耗材，则进行登记时，通过智能解码器对高值耗材进行解码操作。解析完毕后与高值耗材基础信息库的备案信息进行比对、验证，以保证耗材渠道安全和效期安全。

⑤全面三级库管理及扫码计费（包含所有耗材、科室、门诊）

实行全院耗材三级库管理，对接各收费系统，实时计费扣账。院内智能物流服务管理平台（SPD）能根据临床使用情况和实时库存信息，自动生成每天医疗物资采购申领计划，医务人员只须一键审核确认，两小时内申领物资将由专人配送至护士站。

⑥日清月结

耗材 SPD 对于每天耗材的消耗情况进行汇总，由相应科室护士长对每天消耗领用的情况进行消耗确认。月结时，由总护士长对整月的消耗情况进行复核，最终确认完毕后，供应商方可进行结算开票。

⑦手术室物流（自动转台、手术套包、术间 RFID 套包柜等）应用

手术室物流是指根据医院目前库房实际情况及医生下手术单时选择耗材的信息进行精准少量的备货。手术室库房备货都是通过院外仓调拨，手术室库房到手术间是通过打手术套包的模式主动配送。减少科室积压成本，提高库房精准，实现及时备货。

患者有转台的情况下，仍然可以使用配送到手术间的手术套包，不影响计费。

手术标准/复合包是医院新环境、新模式下的标准化和规范化的手术耗材套包，是根据医院术前物资需要并结合手术医生喜好习惯，将某种或者某类手术所使用的高值耗材，按相应耗材品规及数量组合打包的模式。

使用手术室智能套包柜，物资管理平台可提升手术低值耗材备货准备及耗材领用的效率，实现低值耗材精细管理及追溯需要，减少耗材损失，保障耗材使用安全，使得医护回归临床工作。

三、当前 SPD 管理模式面临挑战

（一）缺乏统一的评价标准

目前，我国 SPD 管理模式发展虽迎来春天，但在全国范围内铺开实施，仍处在培育发展阶段。当前市场参与主体各异，合作模式纷呈，各 SPD 服务商的服务能力有所差异，服务水平参差不齐，智能产品也还未能实现标准化。总体来说，全国尚未有统一的评价标准，且 SPD 运营服务专业人才较为短缺。未来走好、做强国内 SPD 管理模式之路仍任重道远。

（二）实施成本压力较大

SPD 管理模式涉及软硬件及人力等高投入，投资成本较高。同时，带量采购后，运营服务商压力也较大，不仅按时收取服务费难度较大，且服务费较低，难以支撑运营发展。

（三）医院信息安全顾虑

SPD 管理模式是以信息化、智能化系统为载体的，与医院 HIS、LIS、ERP（Enterprise Resource Planning，企业资源计划）等系统融合串联，多由服务商进行单

向运营及维护管理，使医院业务等数据信息存在一定的安全风险。但如果对数据信息进行脱敏处理，又可能会在与 SPD 系统对接时产生一定影响。

（四）提供的服务同质化严重

如上所述，目前，我国 SPD 管理模式仍在探索阶段，市场上各服务商的服务模式基本相似。大多服务商具备系统服务的专业性，但是否真的考虑到或者满足医院自身医疗专业性特点需求，并予以相应的增值服务，仍有待提升。

四、我国医疗器械 SPD 管理模式发展趋势

（一）循序渐进，逐步走向成熟化、标准化

智慧化是未来医院的一个发展方向，医院管理会逐步走向智能化、数字化。以信息化系统为载体的 SPD 管理模式作为现代医院强化管理、规范医院行为，走向智慧化的趋势，未来在医改政策的驱动及服务商的创新探索下，将得到更好的发展。SPD 市场将逐步趋向成熟化和标准化。

（二）信息化、数字化不断赋能

目前，5G 时代已经到来，并不断赋能医院医疗服务及运营管理。未来随着数字化信息技术的迭代发展，以及企业的升级运用，医疗器械供应链乃至院内物流供应链将逐步实现整体智能化的转型。通过 5G、自动化等技术打造医疗器械产品和物流设备的智能化，推进专业化服务延伸，打造互联互通互享的高质量院内供应链生态。

（三）专业性推动精细化深层次发展

SPD 管理模式的本质是服务，以物流信息技术为支撑，各环节专业化管理为手段，进行院内精细化高效管理。SPD 管理作为一种服务模式，不仅需要迭代提供专业的信息化系统及设备，还需要不断培养、提升管理人员的专业能力以实现专业化的经营管理，最终推动医院更深层次的精细化发展。

（四）创新引领个性化多样服务

市场需求决定发展导向，SPD 管理不是一成不变的固化模式，而是需要根据信息系统更新、技术迭代、政策引导的变化及医院实际需求变动等进行实时更新调整。从体系、机制、模式及运营管理等多维度创新，定制符合医院个性化的深入解决方案，提供更多有延伸性的高附加值服务，提升企业核心竞争力。

第六章

聚力赋能：
我国医疗器械特色园区分析

第一节　我国医疗器械特色园区发展现状及趋势

一、我国医疗器械特色园区支持政策

作为国家战略性新兴产业之一，医疗器械成为各地竞相发展的热门领域，而医疗器械特色园区成为了主流趋势。纵观全国，各地陆续推出了相关政策来吸引和鼓励医疗器械产业特色园区的高质量建设与发展，如表6-1所示。从编制发展规划、搭建服务平台、出台配套政策、培育龙头企业、支持市场运作等几个方面入手，力争提高园区产值、促进产业聚集和规模化建设、提升创新能力和核心竞争力、优化产业结构、增强综合实力、放大辐射效应，形成特色产品优势突出、专业化分工协作合理、配套完善的产业发展格局。

表6-1　2016—2021年6月我国医疗器械特色园区支持政策

序号	地区	发文时间	文件名	文号
1	中国	2017-10-08	《关于深化审评审批制度改革鼓励药品医疗器械创新的意见》	厅字〔2017〕42号
2	北京市	2019-08-08	《关于促进中关村国家自主创新示范区药品医疗器械产业创新发展的若干措施》	中科园发〔2019〕27号
3	北京市	2021-02-25	《中国（北京）自贸试验区科技创新片区昌平组团支持医药健康产业发展暂行办法》	昌政办发〔2021〕4号
4	天津市	2020-11-05	《津南区关于促进医疗器械产业发展的专项扶持政策（试行）》	—
5	上海市	2021-03-19	上海市嘉定区人民政府办公室关于印发《嘉定区高性能医疗设备及精准医疗产业发展千亿专项行动方案（2021—2025年）》的通知	嘉府办发〔2021〕10号
6	重庆市	2020-04-24	《重庆市人民政府关于印发重庆市促进大健康产业高质量发展行动计划（2020—2025年）的通知》	渝府发〔2020〕12号
7	河北省	2020-12-07	《冀州区做大医疗器械产业打造区域发展"新高地"》	—

续 表

序号	地区	发文时间	文件名	文号
8	江苏省	2017-08-04	《苏州高新区关于促进医疗器械产业发展的实施办法》	苏虎府规字〔2017〕3号
9		2021-04-26	《关于加快推进宜兴市生命健康产业高质量发展的若干措施（试行）》	宜政发〔2021〕86号
10		2020-06-04	《关于印发苏州高新区促进医疗器械及生物医药产业发展的实施办法的通知》	苏高新管〔2020〕94号
11		2021-05-26	《省有关部门协力支持中国（江苏）自由贸易试验区生物医药产业开放创新发展政策措施》	—
12		2021-03-22	《关于进一步推动产业集群发展加快先进制造业特色专业园区建设的实施意见的通知》	锡府发〔2021〕4号
13		2021-06-28	《关于推动园区医疗企业开拓国际市场做大做强医疗器械出口基地的实施方案》	常西科发〔2021〕13号
14	浙江省	2020-11-09	《关于促进杭州市萧山区生物医药产业创新发展的若干政策》	萧政办发〔2020〕50号
15		2020-08-20	《宁波市人民政府办公厅关于加快推进生物医药产业发展的意见》	甬政办发〔2020〕50号
16	山东省	2020-01-20	《关于支持医疗器械与生物医药产业园发展的意见》	—
18		2020-05-08	《临沂经济技术开发区管委会关于促进医药健康产业高质量发展的实施意见》	
17	河南省	2020-11-18	《常德市支持生物医药产业高质量发展的十条政策措施》	常政办发〔2020〕10号
19	湖南省	2021-02-23	《湘潭市加快推进湖南省医疗器械产业园高质量发展行动方案》	潭政办发〔2021〕3号
20	广东省	2019-08-16	《珠海高新区促进生物医药产业发展扶持办法（试行）》	—
21		2020-05-15	《关于促进生物医药创新发展的若干政策措施》	粤科社字〔2020〕86号
22		2020-07-29	《关于聚焦医疗器械和智慧医疗打造健康产业园区的建议》	—
23	四川省	2018-03-26	《关于加快园区生物医药及医疗器械产业发展的建议》	—
24		2020-02-24	《四川省药品监督管理局关于印发支持医药产业高质量发展措施的通知》	川药监发〔2020〕31号

二、我国医疗器械特色园区市场现状

(一) 总体概况

1. 数量规模

医疗器械产业园以园区为载体，承接发达地区和境外医药产业转移，吸引创新型、龙头型、互补型研发平台及生产企业和大型批发企业落户，促进医疗器械产业高端化、集约化、规模化发展。截至2020年6月底，全国已发展建设医疗器械相关的产业集聚区共计613个，其中国家级212个，省级274个。

截至2020年6月底，全国医疗器械集聚区内生产企业数量规模达14880家，占全国总生产企业的67.39%；医疗器械注册产品共计103786件，占全国总产品数量的61.94%。

医疗器械生产企业主要集聚于深圳经济技术开发区（260家）、衡水经济开发区（204家）、武汉东湖新技术开发区（201家）等。全国医疗器械集聚区产品数量排名显示，排名第一的为武汉东湖新技术开发区，产品数量为3532件，其次为长恒县产业集聚区、江苏扬州广陵经济开发区，分别为2975件和2379件。具体企业数量分布及产品数量分布TOP10详见图6-1、图6-2。

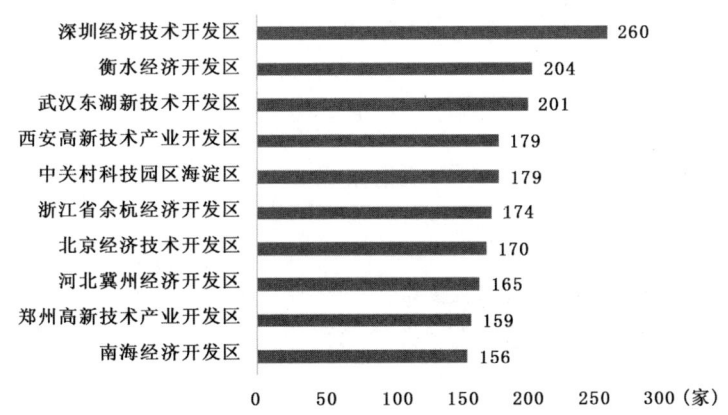

图6-1 全国医疗器械集聚区生产企业数量排名（TOP10）

数据来源：众成医械大数据平台。

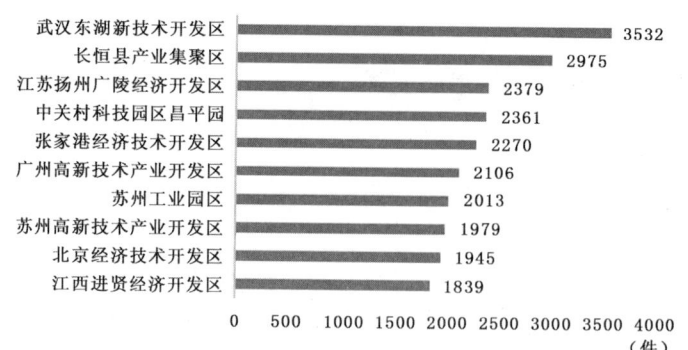

图6-2 全国医疗器械集聚区产品数量排名（TOP10）

数据来源：众成医械大数据平台。

根据众成医械发布的全国医疗器械集聚区生产企业数量排行榜TOP50统计，35个聚集区的医疗器械生产企业数量超100家，8个聚集区的医疗器械生产企业数量超200家。

其中，武汉东湖新技术开发区医疗器械生产企业数量最多，共计335家。中关村科技园海淀区、衡水经济开发区位居第二和第三，医疗器械生产企业数量分别为257家、253家。此外，中国（上海）自由贸易试验区、深圳经济技术开发区、北京经济技术开发区、南海经济技术开发区、西安高新技术产业开发区、郑州高新技术产业开发区、江苏工业园区位居榜单第4～10名。

2. 区域分布

从省域分布看，全国医疗器械相关集聚区主要分布于沿海省市，其中山东省95个、江苏省93个、浙江省54个、广东省43个。

从城市集聚区数量分布看，北京市与上海市是全国集聚区发展规划最早也是发展最好的两个城市，分别拥有医疗器械集聚区27个与18个，其次是天津市、南京市、菏泽市等城市，如图6-3所示。

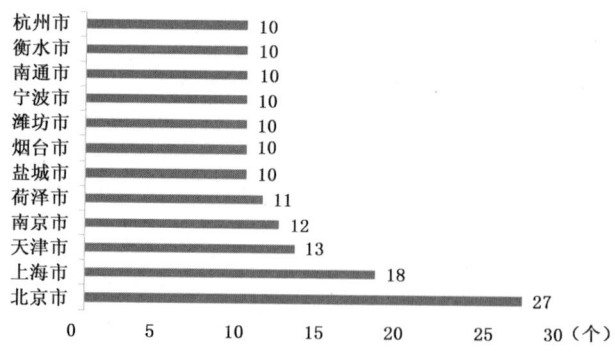

图6-3 全国各市医疗器械集聚区分布（TOP12）

数据来源：众成医械大数据平台。

(二) 发展趋势

目前我国医疗器械市场体量持续增长、市场规模加速扩张，医疗器械利好政策不断释放，资本市场布局火热，产业集中度得到进一步提升。资料显示，注册资本在 0～100 万及 100 万～200 万之间的企业注册数量逐年递增，占据大部分市场份额。随着市场上越来越多的中小型医疗器械企业创业热情的提高，以及资金和政策的落实，未来，医疗医械企业将进一步向园区集中，医疗器械产业集群规模不断提升，促进医疗器械产业高端化、集约化、规模化发展，中国医疗器械产业将迎来前所未有的黄金发展期。

第二节　特色园区分析

一、资源完善的综合平台：江苏医疗器械科技产业园

(一) 园区概况

江苏医疗器械科技产业园坐落于苏州高新区科技城内，其是苏州高新区与中科院苏州生物医学工程技术研究所共建的国家级医疗器械科技产业园。作为中科院生物医学工程产业化基地，是目前国内唯一的专业医疗器械产业转型示范区、创新研发集聚区、成果转化推进区。园区总占地约 2 平方千米，载体面积 25 万平方米，分为南部 1000 亩的科研创新区、权威检测和评估机构区、综合配套区，以及北区约 500 亩的国家级医疗产业化示范区。

江苏医疗器械科技产业园目前已被评为国家火炬特色产业基地、首批国家创新型产业集群试点、江苏省级科技创业园、江苏省首批省级科技产业园、苏州市特色产业基地、国家级孵化器等称号。

(二) 园区特色

江苏医疗器械科技产业园是苏州高新区培育发展医疗器械产业的重要载体，由苏州科技城管委会与苏高新集团共同打造。产业园于 2009 年启动建设，经过 11 年发展，已建设高标准医疗器械载体约 46 万平方米，通过整合多方资源，搭建"人才+科研+资本+产业"的综合平台，构建了完善的产业创新生态圈，具有专业性和领先示范作用。

江苏医疗器械科技产业园迄今已有国际著名齿科器械公司"卡瓦科尔"、国内上市公司鱼跃医疗、香港上市公司中生北控、外资企业伟伦医疗、麦迪卡医疗等90多家企业，总投资超60亿。园区以生物医学工程技术和先进医疗设备产业化为核心，汇集从事生物医学工程和生物医药研发的企业和工程技术中心，引进国家级权威检测和评估机构，建设高端医疗技术服务平台，培养高级研发人才，聚集高科技医疗器械企业，产生集群效应，是长三角首屈一指的国家级医疗器械产业基地。

二、"千亿产业"的高起点规划：武汉高科医疗器械园

（一）园区概况

武汉高科医疗器械园是武汉国家生物产业基地的重要组成部分，位于光谷生物城九龙产业基地内，由武汉高科国有控股集团有限公司投资，武汉高科医疗器械园有限公司全面负责园区项目的开发、建设、经营和管理。高科医械园占地面积2000亩，建设总投资80亿元，总建筑面积200万平方米。

（二）园区特色

武汉高科医疗器械园东湖国家高新区以"千亿产业"思路进行产业布局，在高新区中心区域规划15平方公里建设光谷生物城，打造集生物产业研发、孵化、生产、物流、行政、生活为一体的生物产业新城。光谷生物城实行统一规划、错位经营，着力打造创新基地、生物医药园、生物农业园、医疗器械园四大特色园区。

在优渥的产业环境中，园区高起点规划，建设伊始与中国医疗器械行业协会签订长期战略合作协议，聘请协会专家组为顾问团队，为园区产业发展提纲挈领：规划重点发展"光电子医疗器械及医用激光设备、医学影像（超声）设备、生殖健康类产品及医改方案要求的基层医疗服务机构装备"四大领域；突出"研发、制造、交易、服务"四大功能。着力建设医疗器械产业孵化器、中小企业加速器，打造企业公共服务平台、信息资源共享平台、投融资平台、人才引进平台等综合平台，为园区内企业快速、健康发展提供强有力支撑。作为特色产业园区，入驻企业可享受国家、省市、东湖国家自主创新示范区专项人才及促进生物产业发展等多重优惠政策。

三、"以人为本"的社区化服务：中关村高端医疗器械产业园

（一）园区概况

中关村高端医疗器械产业园地处大兴生物医药产业基地三期中部，生物医药国

际企业花园用地范围内，东至宝参南街，西至明川大街，南至庆丰西路，北至永旺西路。规划用地面积19.19万平方米（一期约8.73万平方米，二期约10.46万平方米），总建筑面积为28.79万平方米（一期为约13.09万平方米，二期为约15.70万平方米）。

园区被北京市科委认定为北京市战略性新兴产业科技成果转化基地，全面承担中关村高端医疗器械产业园的规划建设和运营服务。通过综合运用市场化手段，为入园企业提供孵化、研发、生产、人力资源、融资、政策咨询、信息服务等一系列服务，促进医疗器械产业升级。

（二）园区特色

中关村高端医疗器械产业园创造轻松自由的氛围，打造创新社区，并为企业提供一站式服务、社区化服务和全周期服务。

园区营造了"以人为本"的新型办公空间和创新型企业孵化环境，并且在园区的设计中，使用了大量"中国元素"的设计语言。按照传统产业高端化、高新产业规模化、集群产业基地化的发展思路，遵循"大项目-产业链-产业群-产业基地"的发展方向，通过系列支持举措和配套环境的完善，聚集一批医疗器械企业、构建一个高端医疗器械产业生态集群，建设北京健康科技产业基地。园区建设分为标准化生产基地、小型研发中心、中小企业孵化器、园区服务中心及产业服务中心等五大功能分区。

四、"科技投行"的战略转型：张江高科技产业东区

（一）园区概况

上海张江高科技产业东区，隶属于被誉为中国硅谷的张江高科技产业园区，成立于2005年12月，总规划面积303平方米，包含张江现代医疗器械园和张江光电子产业园两大产业基地。东区地处浦东新区合庆镇地域，位于上海城市发展带和沿海发展带的交汇处，地理条件优越，交通便捷，东距远东大道1.5公里，西距外环线5.5公里，距轨道交通2号线5分钟，距浦东国际机场15分钟。园区生活环境优美，基础设施齐全，人才公寓内居家设备齐全，可满足不同居住需求，超市、药房、餐厅、酒店、银行营业厅、文体休闲中心等一应俱全。

东区作为张江高科技园区的重要组成部分，承载着实现张江高科技园区产业延伸和拓展、结构和布局优化调整的重要使命，大力发展以现代医疗器械产业、光电子产业和生产性服务业为龙头的高新技术产业。2009年6月被认定为上海市首批19

家生产性服务业功能区之一。

(二) 园区特色

在 25 年的发展历程中，随着张江高科技园区的发展与成长，张江高科技产业东区的自身定位和内涵也在不断发生变化和升级，这不仅加快了园区房产建设、资金、服务等要素的流转，也实现了公司业务盈利的互动。早期张江园区的起步阶段，张江高科的定位为简单的科技地产开发和土地批租，随着张江园区土地资源的拮据，张江高科更多地向创新服务、产业投资方向转变。张江高科的战略发展路径逐渐改变之前以工业地产开发运营为主导的"高投资、重资产、慢周转"模式，向"股权化、证券化、品牌化"转型升级。并逐步摆脱传统产业地产开发运营商的单一模式，提出了以"科技投行"作为战略发展方向，着力打造新型产业地产营运商、面向未来高科技产业整合商和科技金融集成服务商的"新三商"战略，重点聚焦于把产业地产的有形资源转化成产业投资的无形资源，产业地产和产业投资有机融合、创新协同，形成了独特的商业模式。当下，"医"产业集群和"E"产业集群是张江高科的两大发展方向，"医"是过去优势的延续，而"E"是未来机会的布局。

附录：

一、"十三五"期间我国医疗器械领域政策概览

附表1　"十三五"期间我国医疗器械领域国家级文件

序号	发文时间	文件名	文号
1	2021-05	《国家药监局综合司关于同意筹建中医器械标准化技术归口单位和医用高通量测序标准化技术归口单位的复函》	药监综械注函〔2021〕311号
2	2021-05	《国家卫生健康委办公厅关于成立国家医疗器械临床使用专家委员会的通知》	国卫办医函〔2021〕254号
3	2021-04	《国家药监局综合司关于印发国家医疗器械质量抽查检验工作程序的通知》	药监综械管〔2021〕46号
4	2021-04	《国家药监局综合司关于印发2021年国家医疗器械抽检产品检验方案的通知》	药监综械管〔2021〕45号
5	2021-04	《国家药监局综合司关于印发医疗器械注册人备案人开展不良事件监测工作检查要点的通知》	药监综械管〔2021〕43号
6	2021-03	《国家药品监督管理局 国家标准化管理委员会关于进一步促进医疗器械标准化工作高质量发展的意见》	国药监械注〔2021〕21号
7	2021-03	《国家药监局综合司关于开展医疗器械质量安全风险隐患排查治理工作的通知》	药监综械管函〔2021〕181号
8	2021-03	《国家药监局综合司关于推荐医疗器械质量抽查检验复检机构的通知》	药监综械管〔2021〕33号
9	2021-03	《国家药监局综合司关于成立〈医疗器械监督管理条例〉宣讲团的通知》	药监综法函〔2021〕160号
10	2021-03	《国家药监局关于学习宣传贯彻〈医疗器械监督管理条例〉的通知》	国药监法〔2021〕19号
11	2021-02	《医疗器械监督管理条例》	中华人民共和国国务院令第739号
12	2021-02	《医疗器械临床使用管理办法》	国家卫生健康委员会令第8号
13	2020-12	《国家药监局综合司关于明确〈医疗器械检验工作规范〉标注资质认定标志有关事项的通知》	药监综科外函〔2020〕746号
14	2020-11	《国家药监局综合司关于同意筹建全国医疗器械临床评价标准化技术归口单位的复函》	药监综械注函〔2020〕671号

续 表

序号	发文时间	文件名	文号
15	2020-07	《国家药监局综合司关于进一步加强医疗器械强制性行业标准管理有关事项的通知》	药监综械注〔2020〕72号
16	2020-06	《国家药监局综合司关于印发医疗器械生产质量管理规范独立软件现场检查指导原则的通知》	药监综械管〔2020〕57号
17	2020-05	《国家药监局综合司关于印发2020年医疗器械行业标准制修订计划项目的通知》	药监综械注〔2020〕48号
18	2020-05	《国家药监局综合司关于印发2020年国家医疗器械抽检产品检验方案的通知》	药监综械管〔2020〕46号
19	2020-04	《国家药监局关于发布医疗器械注册人开展不良事件监测工作指南的通告》	2020年第25号
20	2020-04	《国家药监局综合司关于加强无菌和植入性医疗器械监督检查的通知》	药监综械管〔2020〕34号
21	2020-03	《国家药监局综合司关于严厉打击非法制售新冠肺炎病毒检测试剂的通知》	药监综械管函〔2020〕203号
22	2020-03	《中共中央 国务院关于深化医疗保障制度改革的意见》	—
23	2020-03	《国家药监局综合司关于2020年医疗器械行业标准制修订计划项目公示》	—
24	2020-03	《国家药监局综合司关于〈医疗器械经营监督管理办法〉第五十四条有关适用问题的复函》	药监综械管函〔2020〕166号
25	2020-03	《医疗器械拓展性临床试验管理规定（试行）》	2020年第41号
26	2020-03	《关于严厉打击制售假劣药品医疗器械违法行为切实保障新型冠状病毒感染肺炎疫情防控药品医疗器械安全的通知》	国药监法〔2020〕3号
27	2020-02	《国家药监局综合司关于加快医用防护服注册审批和生产许可的通知》	药监综械管函〔2020〕71号
28	2020-01	《国家药监局综合司关于召开2020年全国医疗器械监督管理工作会议的通知》	药监综械管函〔2020〕49号
29	2019-12	《关于发布医疗器械附条件批准上市指导原则的通告》	2019年第93号
30	2019-09	《国家药监局关于印发医疗器械检验工作规范的通知》	国药监科外〔2019〕41号
31	2019-09	《关于发布定制式医疗器械监督管理规定（试行）的公告》	2019年第53号

续 表

序号	发文时间	文件名	文号
32	2019-08	《国家药监局关于印发医疗器械检验检测机构能力建设指导原则的通知》	国药监科外〔2019〕36号
33	2019-08	《国家药监局综合司 国家卫生健康委办公厅关于成立医疗器械唯一标识系统试点工作部门协作工作小组的通知》	药监综械注〔2019〕76号
34	2019-08	《国家药监局综合司关于开展医疗器械唯一标识系统试点工作培训的通知》	药监综械注函〔2019〕381号
35	2019-08	《国家药监局关于扩大医疗器械注册人制度试点工作的通知》	国药监械注〔2019〕33号
36	2019-07	《国务院办公厅关于印发治理高值医用耗材改革方案的通知》	国办发〔2019〕37号
37	2019-07	《关于印发医疗器械唯一标识系统试点工作方案的通知》	药监综械注〔2019〕56号
38	2019-06	《关于发布定制式医疗器械监督管理规定（试行）的公告》	2019年第53号
39	2019-03	《国家药监局综合司关于印发2019年医疗器械行业标准制修订项目计划的通知》	药监综械注〔2019〕23号
40	2019-03	《国家卫生健康委关于〈医疗器械临床使用管理办法（征求意见稿）〉公开征求意见的通知》	—
41	2018-11	《国家药监局综合司关于贯彻落实国务院"证照分离"改革要求做好医疗器械上市后监管审批相关工作的通知》	药监综械管〔2018〕39号
42	2018-08	《医疗器械不良事件监测和再评价管理办法》	国家市场监督管理总局令第1号
43	2018-08	《关于印发2018年纠正医药购销领域和医疗服务中不正之风专项治理工作要点的通知》	国卫医函〔2018〕186号
44	2018-05	《国家药品监督管理局办公室关于2018年医疗器械行业标准制修订计划项目公示》	—
45	2018-05	《国家药品监督管理局办公室关于印发医疗器械注册技术审查指导原则制修订工作管理规范的通知》	药监办〔2018〕13号
46	2018-05	《国家药品监督管理局办公室关于印发2018年国家医疗器械抽检产品检验方案的通知》	药监办〔2018〕14号
47	2018-04	《国家卫生健康委员会关于发布大型医用设备配置许可管理目录（2018年）的通知》	国卫规划发〔2018〕5号

续　表

序号	发文时间	文件名	文号
48	2018-04	《国家药品监督管理局关于印发 2018 年严厉打击违法违规经营使用医疗器械专项整治工作方案的通知》	国药监〔2018〕11 号
49	2018-02	《关于对〈定制式增材制造医疗器械注册技术审查指导原则〉（征求意见稿）公开征求意见的通知》	—
50	2018-02	《总局办公厅关于实施〈医疗器械网络销售监督管理办法〉有关事项的通知》	食药监办械监〔2018〕31 号
51	2018-01	《总局办公厅关于做好医疗器械检验有关工作的通知》	食药监办械管〔2017〕187 号
52	2018-01	《总局关于发布接受医疗器械境外临床试验数据技术指导原则的通告》	2018 年第 13 号
53	2018-01	《总局关于印发〈医疗器械标准规划（2018—2020 年）〉的通知》	食药监科〔2018〕9 号
54	2018-01	《食品药品监管总局 科技部关于加强和促进食品药品科技创新工作的指导意见》	食药监科〔2018〕14 号
55	2017-12	《医疗器械网络销售监督管理办法》	国家食品药品监督管理总局令第 38 号
56	2017-11	《医疗器械生产监督管理办法》（修订）	国家食品药品监督管理总局令第 7 号
57	2017-11	《医疗器械经营监督管理办法》（修订）	国家食品药品监督管理总局令第 8 号
58	2017-11	《国家食品药品监管总局 国家卫生计生委联合发布〈医疗器械临床试验机构条件和备案管理办法〉》	—
59	2017-10	《关于深化审评审批制度改革鼓励药品医疗器械创新的意见》	厅字〔2017〕42 号
60	2017-08	《关于实施〈医疗器械分类目录〉有关事项的通知》	2017 年第 143 号
61	2017-05	《国务院关于修改〈医疗器械监督管理条例〉的决定》	中华人民共和国国务院令第 680 号
62	2017-04	《国家食品药品监督管理总局关于调整部分医疗器械行政审批事项审批程序的决定》	国家食品药品监督管理总局令第 32 号
63	2017-02	《医疗器械召回管理办法》	国家食品药品监督管理总局令第 29 号

续 表

序号	发文时间	文件名	文号
64	2017-01	《总局关于发布医疗器械网络安全注册技术审查指导原则的通告》	2017年第13号
65	2016-10	《医疗器械优先审批程序》	2016年第168号
66	2016-05	《关于征求〈医疗器械冷链（运输、贮存）管理指南〉意见的函》	食药监械监便函〔2016〕61号
67	2016-04	《总局办公厅关于贯彻实施〈医疗器械临床试验质量管理规范〉的通知》	食药监办械管〔2016〕41号

附表2 "十三五"期间我国医疗器械领域各省市文件

序号	省份	发文时间	文件名	文号
1	北京市	2021-03	《北京市医疗器械应急审批程序》	京药监发〔2021〕76号
2	北京市	2021-02	《北京市推进医疗器械唯一标识系统全域试点工作方案》	京药监发〔2021〕26号
3	北京市	2020-08	《北京市临床试验用医疗器械管理指南》	京药监发〔2020〕265号
4	北京市	2020-07	《北京市医疗器械监管行政处罚裁量基准（试行）》	京药监发〔2020〕240号
5	北京市	2020-07	《北京市药品监督管理局关于调整疫情防控所需医疗器械医疗机构制剂应急审批事项的通知》	京药监发〔2020〕237号
6	北京市	2020-07	《北京市药品监督管理局关于做好医疗器械注册人制度试点工作的通知（暂行）》	京药监发〔2020〕211号
7	北京市	2020-01	《关于促进疫情防控用药品和医疗器械产品研发及审评审批相关工作的通知》	京药监发〔2020〕26号
8	北京市	2020-01	《关于开展医疗器械临床试验不良事件网络上报工作的通知》	京药监发〔2019〕267号
9	北京市	2019-12	《关于发布医疗器械网络安全注册审查指导原则实施指南的通知》	京药监发〔2019〕257号
10	北京市	2019-04	《关于降低本市药品医疗器械产品注册收费标准的通知》	京发改〔2019〕569号
11	北京市	2018-11	《关于印发北京市创新医疗器械审评项目管理人制度的通知》	京食药监械监〔2018〕40号
12	北京市	2018-11	《关于印发医疗器械技术审评机构与注册申请人沟通制度的通知》	京食药监械监〔2018〕41号

续　表

序号	省份	发文时间	文件名	文号
13	北京市	2018-04	《北京市医疗器械网络销售监督管理办法实施细则（试行）》	京食药监药械〔2018〕10号
14		2017-12	《北京市食品药品监督管理局食品、药品、医疗器械、保健食品、化妆品安全监测工作办法》	京食药监〔2017〕22号
15		2017-09	《北京市医疗器械生产企业信息采集和报告规定（试行）》	京食药监械监〔2017〕37号
16		2016-11	《北京市进口医疗器械代理人管理规定（试行）》	京食药监〔2016〕37号
17		2016-11	《北京市医疗器械生产监督管理办法（暂行）》	京食药监〔2016〕38号
18		2016-08	《北京市医疗器械快速审评审批办法（试行）》	京食药监械监〔2016〕36号
19		2016-06	《关于药品医疗器械产品注册收费标准的函》	京发改〔2016〕1007号
20		2016-06	《北京市药品医疗器械产品注册收费实施细则（试行）》	公告〔2016〕40号
21	天津市	2021-01	《天津市药品监督管理局关于印发天津市医疗器械生产信用评价和分级监管暂行办法的通知》	津药监规〔2021〕1号
22		2020-05	《天津市医疗器械唯一标识系统试点工作方案》	津药监械注〔2020〕3号
23		2020-01	《天津市药品监督管理局关于简化外省市医疗器械企业产品迁入我市相关审批工作的通知》	津药监规〔2020〕1号
24		2019-11	《天津市药品监督管理局关于印发天津市第二类医疗器械优先审批程序的通知》	津药监规〔2019〕3号
25		2019-09	《关于开展我市药品零售企业〈药品经营许可证〉、〈医疗器械经营许可证〉和〈药品经营质量管理规范认证证书〉办理便利化试点工作的通知》	津市场监管规〔2019〕5号
26		2019-01	《市发展改革委 市财政局关于免征药品注册费和医疗器械产品注册费的通知》	—
27		2018-05	《天津市市场和质量监督管理委员会关于印发天津市第二类医疗器械优先审批程序（试行）的通知》	津市场监管规〔2018〕5号
28		2018-03	《关于加强医疗技术及医疗器械临床应用管理的通知》	津卫医政〔2018〕41号
29		2017-12	《天津市医疗器械生产企业管理者代表管理办法（试行）》	津市场监管规〔2017〕23号
30		2016-12	《市发展改革委 市财政局关于药品医疗器械产品注册收费标准的通知》	—

续 表

序号	省份	发文时间	文件名	文号
31		2021-06	《关于公布本市医疗机构〈可另收费的一次性使用医疗器械目录〉的通知》	沪医保价采〔2019〕84号
32		2021-04	《上海市人民政府办公厅关于促进本市生物医药产业高质量发展的若干意见》	沪府办规〔2021〕5号
33		2021-03	《医疗器械审评审批提质增效扩能行动方案（2021—2022年）》	沪药监械注〔2021〕56号
34		2021-01	《上海市关于联合推进医疗器械唯一标识系统全域试点工作方案》	沪药监械注〔2021〕6号
35		2020-10	《上海市药品监督管理局药品医疗器械化妆品安全责任约谈办法》	沪药监规〔2020〕3号
36		2020-10	《上海市第一类医疗器械备案工作指南》	2020年第20号
37		2020-07	《关于开展2020年医疗器械临床试验监督检查工作的通告》	2020年第11号
38		2020-04	《关于全面加强疫情防控用出口医疗器械产品质量监管工作的通知》	—
39		2020-02	《上海市第二类创新医疗器械特别审查程序》	沪药监规〔2020〕2号
40	上海市	2020-01	《关于对医疗器械第三方物流企业开展专项检查情况的通告》	2020年第2号
41		2020-01	《上海市第二类医疗器械优先审批程序》	沪药监规〔2020〕1号
42		2019-12	《上海市推进医疗器械唯一标识系统试点工作方案》	—
43		2019-12	《上海市医疗器械管理行政处罚裁量基准》	沪卫规〔2019〕011号
44		2019-11	《上海市药品监督管理局 江苏省药品监督管理局 浙江省药品监督管理局 安徽省药品监督管理局关于发布〈长江三角洲区域医疗器械注册人制度试点工作实施方案〉的通知》	沪药监械管〔2019〕112号
45		2019-09	《关于本市公立医疗机构医疗器械零差率销售有关事项的通知》	沪医保价采〔2019〕105号
46		2019-08	《上海市药品监督管理局关于第二、三类医疗器械委托生产备案实施全程网办相关事宜的公告》	2019年第26号
47		2019-02	《关于进一步加强药品、医疗器械采购使用管理有关工作的通知》	沪卫计药政〔2019〕3号
48		2018-11	《关于进一步提升医疗器械审评审批质量和效率若干措施的通知》	沪食药监械注〔2018〕236号
49		2018-08	《上海市医疗器械注册人委托生产质量管理体系实施指南（试行）》	2018年第36号

续 表

序号	省份	发文时间	文件名	文号
50		2018-07	《关于将本市医疗器械注册人制度改革试点扩大至全市范围实施的公告》	2018 年第 49 号
51		2018-03	《关于开展医疗器械网络销售备案有关事项的公告》	2018 年第 20 号
52		2018-03	《关于贯彻执行〈医疗器械网络销售监督管理办法〉有关事项的通知》	沪食药监药械流〔2018〕54 号
53		2018-01	《关于发布"十三五"医疗器械重点监测哨点医院的通告》	2018 年第 3 号
54		2018-01	《上海市医疗器械召回管理工作规范》（试行)	沪食药监械管〔2018〕5 号
55		2017-12	《关于实施〈中国（上海）自由贸易试验区内医疗器械注册人制度试点工作实施方案〉的通知》	沪食药监械管〔2017〕257 号
56	上海市	2017-10	《关于进一步加强医疗器械经营企业监督管理的通知》	沪食药监药械流〔2017〕205 号
57		2017-08	《关于进一步加强本市公立医疗机构等医疗器械价格行为管理的通知》	沪价费〔2017〕14 号
58		2017-07	《上海市第二类医疗器械优先审批程序》	沪食药监规〔2017〕3 号
59		2017-03	《2017 年医疗器械监管工作计划》	沪食药监械管〔2017〕47 号
60		2017-01	《上海市药品、医疗器械、化妆品违法行为举报奖励办法》	沪食药监规〔2017〕1 号
61		2017-01	《关于启用新版〈上海市医疗器械经营企业产品信息追溯申报系统〉的通知》	沪食药监处办〔2016〕232 号
62		2016-09	《关于本市开展医疗器械临床试验专项检查的通知》	沪食药监械注〔2016〕424 号
63		2016-08	《关于进一步加强各区药品、化妆品不良反应和医疗器械不良事件监测工作的通知》	沪食药监药化管〔2016〕389 号
64		2016-07	《关于规范本市公立医疗机构等医疗器械价格行为的通知》	沪价费〔2016〕6 号
65		2016-04	《关于修改〈上海市医疗器械经营质量管理规范实施细则〉相关内容的通知》	沪食药监药械流〔2016〕242 号

续表

序号	省份	发文时间	文件名	文号
66	重庆市	2021-04	《关于印发2021年医疗器械经营使用质量监管工作计划的通知》	渝药监办械管〔2021〕8号
67		2020-09	《重庆市第二类医疗器械注册质量管理体系核查工作程序（暂行）》	—
68		2019-12	《重庆市医疗器械注册人制度试点工作实施方案》	—
69		2019-11	《医疗器械第三方物流监督管理暂行办法》	—
70		2017-11	《重庆市开州区人民政府办公室关于印发重庆市开州区药品和医疗器械安全突发事件应急预案的通知》	开州府办发〔2017〕198号
71		2016-01	《关于推进药品医疗器械审评审批制度改革的实施意见》	渝府办发〔2016〕7号
72	河北省	2021-06	《河北省药品监督管理局 河北省政务服务管理办公室关于调整一类医疗器械生产备案、产品备案行使层级的通知》	冀药监法〔2021〕26号
73		2020-12	《关于印发河北省药品（疫苗）和医疗器械安全突发事件应急预案的通知》	冀政办字〔2020〕214号
74		2020-09	《关于下达河北省医疗器械检验检测能力建设项目2020年中央预算内投资计划的通知》	冀发改投资〔2020〕1332号
75		2020-02	《河北省药品监督管理局关于重大突发公共卫生事件一级响应期间对疫情防控急需医疗器械实施特殊管理的通知》	冀药监械注〔2020〕10号
76		2019-08	《河北省药品监督管理局关于公开征求〈河北省医疗器械注册人制度试点工作实施方案（征求意见稿）〉意见的通知》	冀药监械注〔2019〕68号
77		2019-04	《河北省药品监督管理局公开征求〈河北省二类医疗器械注册质量管理体系核查工作规范（暂行）（征求意见稿）〉意见》	冀药监械注〔2019〕25号
78		2018-07	《关于省食品药品医疗器械检验检测技术中心调整部分建设内容的函》	—
79		2016-07	《河北省医疗器械质量监督抽查检验管理办法（试行）》	冀食药监械〔2016〕107号
80		2016-06	《河北省医疗器械安全隐患排查整治专项行动工作方案》	冀食药监械〔2016〕93号
81		2016-04	《河北省食品药品监督管理局关于认真贯彻执行医疗器械临床试验质量管理规范的通知》	冀食药监械〔2016〕61号
82		2016-02	《切实做好第三类医疗器械生产企业实施医疗生产质量管理规范有关工作的通知》	冀食药监械〔2016〕94号

续 表

序号	省份	发文时间	文件名	文号
83	山西省	2020-04	《关于降低药品医疗器械产品注册收费标准的函》	晋发改收费函〔2020〕86号
84		2020-02	《关于疫情防控所需医疗器械产品注册费标准执行零收费的通知》	晋发改收费发〔2020〕24号
85		2017-03	《山西省食品药品监督管理局关于发布药品医疗器械产品注册收费标准的公告》	2017年第30号
86		2017-01	《我省出台药品、医疗器械产品注册费试行标准》	—
87		2016-01	《山西省人民政府关于改革药品医疗器械审评审批制度的实施意见》	晋政发〔2015〕58号
88	辽宁省	2021-06	《关于印发〈辽宁省药品监督管理局医疗器械行政处罚裁量基准〉的通知》	—
89		2021-06	《关于注销〈医疗器械注册证〉的公告》	辽药监告〔2020〕48号
90		2021-04	《关于启用〈医疗器械注册证〉等8项电子证书的通告》	辽药监告〔2021〕30号
91		2021-03	《辽宁省药品监督管理局关于发布药品和医疗器械产品注册收费项目及标准的公告》	—
92		2021-03	《2021年度医疗器械生产企业分类分级监管目录》	—
93		2020-12	《辽宁省医疗机构药品和医疗器械使用监督管理办法》	辽宁省人民政府令第197号
94		2020-12	《辽宁省药品监督管理局关于进一步加强第一类医疗器械备案管理的通知》	辽药监械〔2020〕62号
95		2020-09	《辽宁省药品监督管理局关于第二类医疗器械注册审批实行全程网上办理的通告》	辽药监告〔2020〕42号
96		2020-05	《辽宁省药品监督管理局关于进一步加强防疫用医疗器械产品质量安全监管工作的通知》	辽药监械〔2020〕32号
97		2020-03	《辽宁省药品监督管理局关于印发2020年度辽宁省医疗器械生产企业分类分级监管目录的公告》	辽药监告〔2020〕14号
98		2019-12	《辽宁省医疗器械注册人制度试点工作实施方案》	辽药监械〔2019〕104号
99		2019-10	《辽宁省药品监督管理局关于医疗器械生产经营企业飞行检查情况的公告》	辽药监告〔2019〕44号
100		2019-09	《关于进一步加强全省药品医疗器械化妆品不良反应（事件）监测工作的通知》	辽药监药（生）管〔2019〕87号

续 表

序号	省份	发文时间	文件名	文号
101	辽宁省	2019-04	《辽宁省药品监督管理局关于印发无菌和植入性医疗器械监督检查工作方案的通知》	辽药监械管〔2019〕40号
102		2019-01	《关于发布辽宁省医疗器械质量监督抽查检验结果的通告》	辽药监告〔2018〕8号
103		2017-11	《医疗器械生产监督管理办法》	—
104		2017-09	《辽宁省第二类医疗器械优先审批程序（试行）》	—
105		2017-08	《辽宁省食品药品监督管理局关于辽宁省医疗器械注册质量管理体系核查工作程序的公告》	辽食药监公告〔2017〕34号
106	吉林省	2021-06	《关于印发〈第一类医疗器械生产备案工作流程〉和〈第一类医疗器械产品备案工作流程〉的通知》	白市监字〔2021〕6号
107		2021-05	《医疗器械第三方物流服务监管工作指南（试行）》	—
108		2020-09	《吉林省药品监督管理局关于印发〈吉林省医疗器械注册人制度试点工作实施指南（试行）〉〈吉林省医疗器械注册人委托生产质量协议编写指南〉〈吉林省医疗器械注册人委托生产质量管理体系实施指南〉的通知》	—
109		2020-07	《吉林省医疗器械注册人制度试点工作实施方案（试行）》	—
110		2019-01	《关于降低药品注册费和医疗器械产品注册费收费标准的通知》	吉发改收费联〔2019〕67号
111		2017-11	《医疗器械经营监督管理办法》	—
112		2017-11	《医疗器械生产监督管理办法》	—
113	黑龙江省	2021-04	《省局关于开展全省医疗器械质量安全风险隐患排查治理工作的通知》	黑药监械〔2021〕39号
114		2020-09	《省局关于做好医疗器械生产企业监管信息平台使用的通知》	黑药监械函〔2020〕12号
115		2020-02	《黑龙江省药品监督管理局关于对疫情防控急需药品和医疗器械应急审评审批相关工作的通知》	黑药监药注〔2020〕16号
116		2019-12	《黑龙江省医疗器械第三方物流企业监督管理办法（试行）》	黑药监规〔2019〕13号
117		2019-11	《黑龙江省医疗器械注册人制度试点工作实施方案（试行）》	黑药监规〔2019〕9号
118		2019-04	《全省2019年度医疗器械监督检查工作计划》	黑药监〔2019〕55号

续　表

序号	省份	发文时间	文件名	文号
119	江苏省	2021-05	《江苏省药品监督管理行政处罚裁量权适用规则（试行）》	苏药监规〔2021〕1号
120		2020-04	《关于启用江苏省医疗器械行政审批系统的通告》	—
121		2020-01	《关于印发江苏省药品和医疗器械安全突发事件应急预案的通知》	苏政办函〔2020〕7号
122		2019-11	《上海市药品监督管理局 江苏省药品监督管理局 浙江省药品监督管理局 安徽省药品监督管理局关于发布〈长江三角洲区域医疗器械注册人制度试点工作实施方案〉的通知》	沪药监械管〔2019〕112号
123		2019-01	《关于降低药品、医疗器械产品注册费收费标准的通知》	苏发改收管发（2019）91号
124	浙江省	2020-08	《浙江省药品监督管理局关于调整疫情防控所需医疗器械应急审批后续工作的公告》	2020年第10号
125		2020-06	《浙江省医疗机构药品和医疗器械使用监督管理办法》	省政府令第238号
126		2020-04	《浙江省药品监督管理局关于进一步明确医疗器械应急审批有关事项的公告》	2020年第8号
127		2020-03	《关于停止受理防控新型冠状病毒感染的肺炎疫情所需医疗器械应急审批有关事项的公告》	2020年第5号
128		2020-03	《浙江省药品监督管理局关于落实〈长江三角洲区域医疗器械注册人制度试点工作实施方案〉的通知》	浙药监规〔2020〕2号
129		2020-02	《关于发布防控新型冠状病毒感染的肺炎疫情所需医疗器械应急审批程序的公告》	2020年第2号
130		2019-11	《上海市药品监督管理局 江苏省药品监督管理局 浙江省药品监督管理局 安徽省药品监督管理局关于发布〈长江三角洲区域医疗器械注册人制度试点工作实施方案〉的通知》	沪药监械管〔2019〕112号
131		2018-01	《浙江省食品药品监督管理局关于印发浙江省医疗器械经营质量管理规范实施细则的通知》	浙食药监规〔2018〕1号
132		2017-11	《浙江省医疗器械生产日常监督管理实施细则》	浙食药监规〔2017〕15号
133		2016-12	《浙江省医疗器械注册申报人员培训服务制度》	浙食药监规〔2016〕22号
134		2016-09	《浙江省食品药品监督管理局关于实施药品医疗器械产品注册收费事项的通告》	浙食药监规〔2016〕17号

续表

序号	省份	发文时间	文件名	文号
135	浙江省	2016-07	《关于印发药品、医疗器械产品注册收费标准管理办法的通知》	浙价医〔2016〕120号
136		2016-07	《医疗器械临床试验质量管理规范》	浙食药监规〔2016〕12号
137		2016-05	《医疗器械经营企业飞行检查工作程序》	浙食药监规〔2016〕10号
138		2016-05	《浙江省食品药品监督管理局关于第二类医疗器械注册登记事项变更等5个事项实行"证照网上申请、快递送达"的公告》	公告2016年第3号
139		2016-04	《关于认真贯彻落实〈医疗器械使用质量监督管理办法〉的通知》	浙食药监规〔2016〕6号
140		2016-03	《关于发布第二类医疗器械注册证书补办程序等5个相关工作程序的通知》	浙食药监规〔2016〕3号
141		2016-03	《第二类创新医疗器械特别审批程序（试行）》	浙食药监规〔2016〕2号
142	安徽省	2021-05	《安徽省医疗器械行政处罚裁量基准（试行）》	皖药监法秘〔2021〕41号
143		2021-03	《安徽省药品监督管理局 安徽省卫生健康委员会 安徽省医疗保障局 关于联合推进第一批医疗器械唯一标识实施工作的通知》	皖药监许可秘〔2021〕31号
144		2021-02	《安徽省药品监督管理局关于印发2021年全省药品医疗器械流通风险防控监督检查计划的通知》	皖药监流通秘〔2021〕23号
145		2020-07	《安徽省药品监督管理局关于进一步加强汛期药品医疗器械流通质量安全监管的紧急通知》	皖药监流通秘〔2020〕85号
146		2020-06	《安徽省药品监督管理局关于印发医疗器械"清网"行动实施方案的通知》	皖药监流通秘〔2020〕66号
147		2020-05	《安徽省药品监督管理局关于进一步加强医疗美容用药品医疗器械监管工作的通知》	皖药监流通秘〔2020〕59号
148		2020-03	《安徽省药品监督管理局关于印发服务安徽省药品医疗器械产业高质量发展的若干措施的通知》	皖药监办〔2020〕6号
149		2020-02	《关于对疫情防控所需医疗器械产品注册收费标准实行零收费的通知》	皖发改价费函〔2020〕44号
150		2019-12	《安徽省人民政府办公厅关于印发疫苗药品和医疗器械安全突发事件应急预案的通知》	皖政办秘〔2019〕107号

续 表

序号	省份	发文时间	文件名	文号
151	安徽省	2019-11	《关于降低我省药品及医疗器械产品注册收费标准的通知》	皖发改价费函〔2019〕361号
152		2019-11	《上海市药品监督管理局 江苏省药品监督管理局 浙江省药品监督管理局 安徽省药品监督管理局关于发布〈长江三角洲区域医疗器械注册人制度试点工作实施方案〉的通知》	沪药监械管〔2019〕112号
153		2019-10	《安徽省药品监督管理局关于进一步深化"放管服"优化药品医疗器械行政审批服务的通告》	2019年第6号
154		2018-09	《安徽省食品药品监督管理局关于推进医疗器械质量安全追溯体系建设的指导意见》	—
155		2018-05	《安徽省食品药品监督管理局关于印发2018年严厉打击违法违规经营使用医疗器械专项整治工作实施方案的通知》	皖食药监械秘〔2018〕208号
156		2017-12	《关于发布医疗器械临床试验机构条件和备案管理办法的公告》	2017年第145号
157		2017-11	《安徽省食品药品监督管理局关于实施〈医疗器械召回管理办法〉有关事项的通知》	皖食药监械秘〔2017〕341号
158		2017-02	《医疗器械召回管理办法》	—
159		2017-01	《安徽省食品药品监管局关于印发安徽省第一类医疗器械产品备案管理办法的通知》	—
160		2016-11	《安徽省食品药品监督管理局关于印发安徽省医疗器械经营监督管理办法实施细则的通知》	—
161		2016-07	《安徽省药品和医疗器械使用监督管理办法》	省政府令第266号
162		2016-02	《安徽省食品药品监督管理局关于监督实施医疗器械生产质量管理规范的意见》	—
163	福建	2021-03	《福建省药品监督管理局 福建省卫生健康委员会 福建省医疗保障局关于全面推进医疗器械唯一标识系统建设工作的通知》	闽药监器械〔2021〕4号
164		2020-10	《福建省药品监督管理局关于疫情防护医疗器械产品注册证注栏登载内容相关事项的通告》	2020第9号
165		2020-05	《福建省药品监督管理局综合与财务处关于做好2020年国家医疗器械抽检相关工作的补充通知》	闽药监综科函〔2020〕26号
166		2020-04	《关于严厉打击制售假劣药品医疗器械违法行为切实保障新型冠状病毒感染肺炎疫情防控药品医疗器械安全的通知》	闽药监法函〔2020〕20号

续 表

序号	省份	发文时间	文件名	文号
167	福建省	2020-04	《关于加强无菌和植入性医疗器械监督检查的通知》	闽药监综器械函〔2020〕21号
168		2020-03	《福建省药品监督管理局关于调整疫情防控期间申请医用口罩和防护服等第二类医疗器械产品注册与生产有关事项的通告》	2020年第6号
169		2020-03	《疫情防控期间申请医用口罩和防护服等第二类医疗器械产品注册与生产指南》	2020年第4号
170		2020-02	《关于疫情防控所需医疗器械产品注册费标准执行零收费的通知》	闽发改服价〔2020〕48号
171		2019-10	《福建省医疗器械注册人制度试点工作实施方案》	—
172		2018-12	《关于做好医疗器械（医用耗材）阳光采购结果全省共享工作的通知》	闽医保〔2018〕16号
173		2018-08	《福建省食品药品监督管理局办公室关于2018年国家医疗器械抽检工作的补充通知》	闽食药监办稽函〔2018〕54号
174		2018-07	《关于开展医疗器械（医用耗材）阳光采购结果全省共享工作的通知》	闽医保办〔2018〕47号
175		2018-07	《福建省食品药品监督管理局关于医疗器械贮代送监管工作有关问题的复函》	闽食药监械函〔2018〕324号
176		2018-07	《福建省食品药品监督管理局关于做好医疗器械网络销售和交易服务主体备案工作的通知》	闽食药监科函〔2018〕288号
177		2018-07	《关于开展医疗器械临床试验核查的通知》	2018年第13号
178		2018-04	《福建省2018年度医疗器械经营企业监督检查计划》	闽食药监办械〔2018〕15号
179		2018-04	《关于印发2018年全省医疗器械监管工作要点的通知》	闽食药监办械〔2018〕13号
180		2018-01	《福建省食品药品监督管理局关于2017年医疗器械临床试验监督抽查情况的公告》	2017年第30号
181		2017-11	《福建省食品药品监督管理局关于2017年全省医疗器械经营企业飞行检查情况的通报》	闽食药监械函〔2017〕620号
182		2017-09	《关于医疗器械使用单位监督检查情况的通报》	闽食药监办械函〔2017〕179号
183		2017-09	《关于做好医疗机构贯彻〈医疗器械监督管理条例〉宣讲工作的通知》	闽食药监办械函〔2017〕178号

续　表

序号	省份	发文时间	文件名	文号
184	福建省	2017-07	《福建省食品药品监督管理局关于开展医疗器械临床试验核查的通告》	2017年第16号
185		2017-06	《福建省医疗器械代贮代送监督管理指导意见（试行）》	闽食药监械函〔2017〕266号
186		2017-06	《关于实施〈医疗器械召回管理办法〉有关事项的通知》	闽食药监办械〔2017〕38号
187		2017-03	《关于印发〈福建省2017年医疗器械生产企业监督检查计划〉的通知》	闽食药监办械函〔2017〕58号
188		2016-09	《关于发布药品医疗器械产品注册收费标准及实施细则的通告》	2016年第6号
189		2016-08	《关于对〈尽快解决自贸区内企业医疗器械经营许可证申请难的问题〉社情民意专报的反馈意见》	闽食药监械函〔2016〕334号
190		2016-04	《福建省食品药品监督管理局关于加强体外诊断试剂等医疗器械监管工作的通知》	闽食药监械函〔2016〕146号
191		2016-03	《关于医疗器械产品技术要求有关问题》	闽食药监办械〔2016〕22号
192		2016-03	《福建省人民政府关于改革药品医疗器械审评审批制度的实施意见》	闽政〔2016〕10号
193		2016-02	《关于切实做好第三类医疗器械生产企业实施医疗器械生产质量管理规范有关工作的通知》	闽食药监办械〔2016〕15号
194	江西省	2021-05	江西省药品监督管理局关于印发《江西省适用〈中华人民共和国药品管理法〉〈药品生产监督管理办法〉行政处罚自由裁量细化基准（试行）》的通知	赣药监规〔2021〕2号
195		2021-05	《江西省药品监督管理局行政规范性文件管理办法》	—
196		2021-04	《江西省药品监督管理局关于印发2021年江西省医疗器械监管工作要点的通知》	—
197		2021-04	《江西省药品监督管理局关于印发江西省医疗器械质量安全风险隐患排查治理工作方案的通知》	—
198		2021-04	《江西省药品监督管理局关于印发2021年医疗器械注册管理工作要点的通知》	—
199		2020-04	《促进江西省药品医疗器械化妆品产业高质量发展的若干措施》	赣药监综〔2020〕17号

续 表

序号	省份	发文时间	文件名	文号
200	江西省	2020-02	《关于降低药品和医疗器械产品注册收费标准的通知》	赣发改收费〔2020〕73号
201		2020-02	《江西省新型冠状病毒感染的肺炎疫情防控急需第二类医疗器械注册应急审评审批工作程序》	赣药监械注〔2020〕1号
202		2020-01	《江西省药品监督管理局关于加强全省医疗器械防护用品生产企业质量安全的紧急通知》	赣药监械监〔2020〕3号
203		2018-12	《关于开展2018年江西省医疗器械临床试验监督抽查工作的通知》	赣药监审〔2018〕4号
204		2018-06	《江西省食品药品监督管理局关于印发鼓励医疗器械创新促进产业发展的若干规定（试行）的通知》	—
205		2018-04	《关于印发2018年江西省医疗器械监管工作要点的通知》	赣食药监械〔2018〕2号
206		2018-02	《关于实施〈医疗器械网络销售监督管理办法〉有关事项的通知》	赣食药监办械〔2018〕6号
207		2017-09	《关于第一类、第二类医疗器械生产企业实施医疗器械生产质量管理规范有关工作的通知》	赣食药监办械〔2017〕10号
208		2016-01	《江西省无菌和植入性医疗器械监督检查暂行规定》	—
209	山东省	2021-06	《关于印发山东省医疗器械行政处罚裁量基准的通知》	鲁药监规〔2021〕6号
210		2020-08	《关于重新明确药品和医疗器械产品注册收费标准的通知》	鲁发改成本〔2020〕949号
211		2020-07	《关于支持我省高端医疗器械和医用新材料产业发展的建议》	—
212		2020-05	《关于印发山东省创新药物与高端医疗器械引领行动计划（2020—2022年）的通知》	鲁科字〔2020〕33号
213		2019-11	《关于深化审评审批制度改革鼓励药品医疗器械创新的实施意见》	—
214		2018-07	《关于建立省药品医疗器械审评审批制度改革联席会议制度的通知》	鲁政办字〔2018〕111号
215		2017-11	《山东省食品药品监督管理局关于加强互联网药品医疗器械交易监管工作的通知》	鲁食药监法〔2017〕220号

续 表

序号	省份	发文时间	文件名	文号
216	山东省	2017-10	《贯彻落实总局办公厅关于第一类、第二类医疗器械生产企业实施医疗器械生产质量管理规范有关工作的通知实施方案》	鲁食药监械〔2017〕182号
217		2017-06	《关于实施〈医疗器械召回管理办法〉有关事项的通知》	食药监办械监〔2017〕62号
218	河南省	2020-07	《关于河南省医疗器械检验检测能力建设项目可行性研究报告的批复》	豫发改投资〔2020〕548号
219		2020-07	《关于呈报河南省医疗器械检验检测能力建设项目可行性研究报告的请示》	豫药监财〔2020〕104号
220		2019-12	《关于深化审评审批制度改革鼓励药品医疗器械创新的实施意见》	豫政办〔2019〕65号
221		2019-12	《关于印发河南省医疗器械注册人制度试点工作实施方案的通知》	豫药监械注〔2019〕163号
222		2018-06	《河南省食品药品监督管理局办公室关于印发2018年河南省医疗器械抽检工作方案的通知》	豫食药监办抽检〔2018〕63号
223		2016-07	《关于印发河南省第二类医疗器械注册质量管理体系核查工作廉政意见的通知》	豫食药监办械管〔2016〕45号
224		2016-07	《关于开展河南省第一类医疗器械备案工作监督检查的通知》	豫食药监械管〔2016〕117号
225		2016-06	《关于进一步规范医疗器械生产许可现场核查报告的通知》	豫食药监审批函〔2016〕228号
226	湖北省	2021-04	《湖北省医疗器械质量安全风险隐患排查治理工作方案》	鄂药监办发〔2021〕22号
227		2021-04	《关于进一步提升医疗器械审评质效若干措施的通告》	2021年第4号
228		2021-03	《省发改委关于省器检院医疗器械检验检测能力提升项目初步设计的批复》	鄂发改审批服务〔2021〕65号
229		2021-03	《湖北省第二类医疗器械优先审批程序（试行）》	鄂药监规〔2021〕1号
230		2021-03	《省药品监督管理局关于调整第二类医疗器械注册技术审评有关政策的通知》	—
231		2020-04	《省人民政府办公厅关于印发湖北省药品（医疗器械、化妆品）安全事件应急预案的通知》	鄂政办发〔2020〕14号

续 表

序号	省份	发文时间	文件名	文号
232	湖北省	2020-04	《省药品监督管理局关于进一步做好医疗器械应急审评审批工作的通告》	—
233		2019-12	《湖北省药品监督管理局关于实施医疗器械注册人制度试点工作的通告》	通告〔2019〕11号
234		2016-07	《省人民政府关于改革药品医疗器械审评审批制度的实施意见》	鄂政发〔2016〕36号
235	湖南省	2020-05	《关于发布实施〈湖南省医疗器械注册人制度试点工作实施指南（试行）〉〈湖南省医疗器械注册人委托生产质量管理体系实施指南（试行）〉的通知》	湘药监发〔2020〕21号
236		2019-06	《关于印发〈湖南省药品监管及医疗器械监测专项资金管理办法〉的通知》	湘财行〔2019〕10号
237		2019-05	《关于印发湖南省第二类创新医疗器械特别审查程序的通知》	湘药监发〔2019〕10号
238		2018-08	《关于印发湖南省医疗器械网络交易服务第三方平台备案现场检查评定细则的通知》	湘食药监发〔2018〕15号
239		2017-01	《关于印发湖南省医疗器械注册快速审批办法的通知》	湘食药监发〔2016〕33号
240		2017-01	《关于湖南省医疗器械经营监督管理有关规定的公告》	2017年第19号
241		2016-05	《关于进一步规范湖南省医疗器械注册管理有关问题的公告》	湘食药监公告〔2016〕第14号
242	广东省	2021-06	《广东省人民政府办公厅关于建立广东省推进粤港澳大湾区药品医疗器械监管创新发展工作联席会议制度的通知》	粤办函〔2021〕168号
243		2021-03	《广东省药品监督管理局关于做好2021年上市许可持有人医疗器械不良事件监测工作的通告》	2021年第17号
244		2021-02	《关于〈粤港澳大湾区药品医疗器械监管创新发展工作方案〉的通知》	粤药监局许〔2021〕5号
245		2020-12	《关于〈广东省在用医疗器械监督管理条例〉立法公开征求意见的公告》	—
246		2020-04	《广东省2020年上市许可持有人医疗器械不良事件监测工作监督检查计划》	粤药监办械〔2020〕128号

续 表

序号	省份	发文时间	文件名	文号
247	广东省	2020-02	《广东省药品监督管理局关于印发支持药品医疗器械化妆品企业复工复产十条政策措施的通知》	—
248		2020-02	《广东省药品监督管理局关于执行疫情防控药品医疗器械产品注册"零收费"政策有关事项的通知》	粤药监许业〔2020〕76号
249		2019-05	《广东省药品监督管理局关于国家医疗器械不良事件监测信息系统注册及维护信息的通告》	2019年第47号
250		2019-02	《关于明确我省药品医疗器械产品注册收费标准及有关问题的通知》	粤发改价格函〔2019〕666号
251		2018-11	《关于发布〈广东省医疗器械注册人生产质量管理体系实施指南（试行）〉的通告》	2018年第7号
252		2018-08	《广东省医疗器械注册人制度试点工作实施方案》	—
253		2018-08	《关于印发广东省食品药品监督管理局第二类医疗器械优先审批程序的通知》	粤食药监局许〔2018〕67号
254		2018-07	《关于申请继续按我省现行省级药品、医疗器械产品注册收费标准收费的函》	粤药监局财函〔2018〕34号
255		2017-11	《广东省第二类创新医疗器械特别审批专人辅导程序与工作要求（试行）》	粤食药监办许〔2017〕687号
256		2017-09	《广东省食品药品监督管理局关于全面实施医疗器械生产质量管理规范的通告》	2017年第128号
257		2017-06	《广东省食品药品监督管理局医疗器械经营企业提供贮存、配送服务技术规定》	粤食药监规〔2017〕3号
258		2016-12	《广东省第二类医疗器械优先审批程序（试行）》	粤食药监办许〔2016〕579号
259		2016-08	《广东省食品药品监督管理局关于开展医疗器械临床试验核查的通知》	粤食药监办许〔2016〕353号
260		2016-01	《广东省医疗器械经营飞行检查工作制度》	粤食药监办械安〔2016〕27号
261		2016-01	《关于印发广东省第二类医疗器械注册质量管理体系核查工作程序（暂行）的通知》	食药监办械安〔2015〕552号

续 表

序号	省份	发文时间	文件名	文号
262	海南省	2021-04	《海南省药品监督管理局关于印发开展〈医疗器械监督管理条例〉学习宣贯实施方案的通知》	琼药监械〔2021〕67号
263		2021-04	《海南省药品监督管理局医疗器械网络销售备案信息公告》	2021年第7号
264		2021-04	《海南省药品监督管理局关于开展医疗器械质量安全风险隐患排查治理工作的通知》	琼药监械〔2021〕55号
265		2021-03	《海南省药品监督管理局关于调整医疗器械经营许可和备案行政审批权限的公告》	—
266		2021-01	《海南省2021年医疗器械经营使用监督检查计划》	琼药监械〔2021〕19号
		2020-11	《海南省医疗器械唯一标识系统试点工作方案》	琼药监械〔2020〕114号
267		2020-09	《关于深入推进试点做好第一批实施医疗器械唯一标识工作的公告》	2020年第106号
268 269		2020-06	《关于印发〈海南自由贸易港博鳌乐城国际医疗旅游先行区临床急需进口医疗器械管理规定〉的通知》	琼府〔2020〕28号
270		2020-05	《我省降低药品注册与医疗器械产品注册收费标准》	琼发改收费〔2020〕351号
		2020-03	《海南省2020年医疗器械经营使用监督检查计划》	琼药监械〔2020〕26号
271		2017-10	《深化审评审批制度改革鼓励药品医疗器械创新的意见》	琼食药监注〔2017〕35号
272 273		2016-09	《海南省食品药品监督管理局关于印发食品药品医疗器械经营（零售）"多证合一"实施办法的通知》	琼食药监审〔2016〕2号
274		2017-06	《关于进一步做好互联网医疗器械交易监管工作的通知》	琼食药监械〔2017〕20号
275		2016-05	《医疗器械临床试验质量管理规范》	琼卫办医发〔2016〕30号
276	四川省	2019-11	《四川省医疗器械注册人制度试点工作实施方案》	川药监发〔2019〕127号
277		2019-01	《关于深化审评审批体制改革鼓励药品医疗器械创新的实施意见》	—
278		2017-11	《关于调整我省药品、医疗器械产品注册收费标准的通知》	川发改价格〔2017〕584号
279		2016-06	《关于同意建立四川省药品医疗器械审评审批制度改革联席会议制度的批复》	川府函〔2016〕106号
280		2016-01	《关于改革药品医疗器械审评审批制度的实施意见》	川府发〔2016〕3号

续 表

序号	省份	发文时间	文件名	文号
281	贵州省	2021-05	《贵州省药品监督管理局〈医疗器械监督管理条例〉宣传贯彻实施方案》	—
282		2021-03	《贵州省医疗器械不良事件监测和再评价管理办法实施细则（试行）》	黔药监发〔2021〕8号
283		2017-10	《关于核定药品和医疗器械产品注册费收费标准的通知》	黔发改收费〔2017〕1589号
284		2017-09	《省食品药品监管局关于印发贵州省食品药品化妆品医疗器械飞行检查办法（试行）的通知》	黔食药监发〔2017〕21号
285		2016-06	《关于同意建立贵州省药品医疗器械审评审批制度改革厅际联席会议制度的函》	黔府办函〔2016〕135号
286	云南省	2021-06	《关于贯彻实施〈医疗器械监督管理条例〉有关事项的通知》	2021年第583号
287		2020-10	《云南省药品监督管理局关于印发云南省医疗器械注册人委托生产质量管理体系指南（试行）的通知》	云药监械〔2020〕31号
288		2020-02	《云南省药品监督管理局关于疫情防控用医疗器械先生产后审批有关事项的通知》	云药监械〔2020〕6号
289		2019-12	《云南省医疗器械使用质量监督管理细则（试行）》	云药监械〔2019〕27号
290		2019-06	《云南省医疗器械注册沟通交流办法》	云药监械〔2019〕12号
291		2018-08	《关于深化审评审批制度改革鼓励药品医疗器械创新的实施意见》	—
292		2017-07	《云南省医疗器械检查员管理办法（试行）》	云食药监械〔2017〕28号
293		2017-06	《云南省食品药品监督管理局关于印发云南省创新医疗器械特别审批办法（试行）的通知》	云食药监械〔2017〕22号
294		2017-03	《关于同意建立云南省药品医疗器械审评审批制度改革联席会议制度的批复》	云政复〔2017〕15号
295		2016-11	《关于改革药品医疗器械审评审批制度的实施意见》	云政发〔2016〕94号

续 表

序号	省份	发文时间	文件名	文号
296	陕西省	2020-12	《关于印发〈陕西省医疗器械生产企业质量信用等级评定与分类管理办法（试行）〉的通知》	陕药监发〔2020〕106号
297		2020-12	《关于印发药品和医疗器械安全突发事件应急预案的通知》	陕政办函〔2020〕140号
298		2020-08	《陕西省第二类创新医疗器械特别审查程序》	陕药监发〔2020〕86号
299		2019-11	《陕西省医疗器械注册人制度试点工作实施方案》	—
300		2018-12	《陕西省深化审评审批制度改革鼓励药品医疗器械创新的实施方案》	陕办发〔2018〕27号
301		2017-11	《关于印发陕西省医疗器械经营企业为其他医疗器械生产经营企业提供贮存、配送服务监督管理办法（试行）的通知》	陕食药监发〔2017〕76号
302		2017-10	《陕西省药品医疗器械行政处罚较大数额罚款标准的规定》	陕政发〔2006〕57号
303		2017-10	《关于印发陕西省医疗器械注册快速审评审批办法（试行）的通知》	陕食药监发〔2017〕75号
304	甘肃	2019-04	《甘肃省药品监督管理局关于加强第一类医疗器械产品备案管理工作的通知》	甘药监发〔2019〕49号
305		2019-04	《甘肃省药品监督管理局关于印发甘肃省2019年医疗器械生产企业监督检查计划的通知》	甘药监发〔2019〕43号
306	内蒙古自治区	2019-09	《关于降低药品注册和医疗器械产品注册收费标准的通知》	内发改费字〔2019〕773号
307		2017-05	《关于建立自治区药品医疗器械审评审批制度改革厅际联席会议制度的函》	内政办字〔2017〕100号
308		2016-05	《关于改革药品医疗器械审评审批制度的实施意见》	内政发〔2016〕59号
309		2016-04	《关于核定药品、医疗器械产品注册费收费标准及有关问题的复函》	内发改费函〔2016〕97号
310	广西壮族自治区	2021-01	《自治区药监局办公室关于深入开展疫情防控用医疗器械生产质量监管工作的通知》	桂药监办〔2021〕11号
311		2020-06	《关于印发广西壮族自治区药品和医疗器械安全突发事件应急预案的通知》	桂政办函〔2020〕14号
312		2020-03	《关于疫情防控所需医疗器械产品药品注册执行零收费的通知》	桂发改收费函〔2020〕148号

续 表

序号	省份	发文时间	文件名	文号
313	广西壮族自治区	2020-02	《广西壮族自治区药品监督管理局关于印发新型冠状病毒感染肺炎疫情防控所需医疗器械应急审批程序的通知》	桂药监〔2020〕12号
314		2019-10	《广西壮族自治区药品监督管理局关于印发广西医疗器械注册人制度试点工作实施方案的通知》	—
315		2018-01	《关于核定药品、医疗器械产品注册收费标准的复函》	桂价医函〔2017〕536号
316	西藏自治区	2020-09	《关于〈西藏自治区医疗器械第三方物流企业经营质量管理规范实施细则（试行）（征求意见稿）〉公开征求意见的通知》	—
317		2019-12	《西藏自治区第二类创新医疗器械特别审查审批程序》	藏药监〔2019〕112号
318		2019-12	《西藏自治区第二类医疗器械优先审查审批程序（试行）》	藏药监〔2019〕111号
319		2018-05	《西藏自治区医疗器械抽查检验工作程序》	—
320		2018-04	《关于贯彻落实〈医疗器械网络销售监督管理办法〉的通知》	
321	宁夏回族自治区	2021-04	《关于做好学习宣传贯彻〈医疗器械 监督管理条例〉的通知》	宁药监发〔2021〕23号
322		2021-04	《关于认真做好2021年全区医疗器械经营使用环节监督检查和质量安全风险隐患排查治理工作的通知》	宁药监发〔2021〕21号
323		2019-11	《关于公开征求〈宁夏医疗器械第三方物流经营企业监督管理办法（征求意见稿）〉修改意见的通知》	—
324		2019-08	《宁夏回族自治区药品医疗器械化妆品生产经营风险分级监督管理办法（试行）》	—
325		2019-01	《关于贯彻落实"证照分离"改革要求做好药品、医疗器械、化妆品监管相关审批工作的通知》	宁药监发〔2019〕2号
326	新疆维吾尔自治区	2020-12	《关于降低药品、医疗器械产品注册收费标准及有关事宜的通知》	新发改规〔2020〕11号
327		2020-05	《关于规范医疗器械经营许可证和备案凭证编号有关事宜的通知》	新药监许〔2020〕38号

续 表

序号	省份	发文时间	文件名	文号
328	新疆维吾尔自治区	2019-11	《新疆维吾尔自治区药品监督管理局关于提醒办理医疗器械延续注册的通告》	2019年第26号
329		2018-09	《关于我区药品、医疗器械产品注册收费标准及有关事宜的批复》	新发改收费〔2018〕891号

二、中国医药物流标准目录手册

中国医药物流标准目录手册

中国物流与采购联合会医药物流分会
全国物流标准化技术委员会医药物流标准化工作组
二〇二〇年十二月

前　言

中国物流与采购联合会医药物流分会（简称：中物联医药物流分会，英文缩写：CHLA），是由在国内外从事药品和保健品等医药产品生产、批发、零售企业；医院、第三方医学检验机构等医疗终端；物流服务、装备制造、信息化等相关企业，为实现共同意愿而自愿组成的行业性、非营利性社会团体，隶属于中国物流与采购联合会，是其重要分支机构。中物联医药物流分会在中国物流与采购联合会指导下开展工作，其主要职能范围包括：医药物流行业信息统计、产业研究、标准制修订、人才培训教育、行业自律等基础工作；举办专业领域技术、学术、运营等方面的专项研讨、项目咨询、国际交流等行业活动。

《中国医药物流标准目录手册》（以下简称《目录手册》）收集了我国已颁布的现行医药物流国家标准、行业标准、团体标准和地方标准共计100项。其内容按基础性标准、技术作业与管理标准、设施设备相关标准进行分类，以便使用者进行查询。标准的应用和推广首先要让标准的使用方了解标准，为此，中国物流与采购联合会医药物流分会、全国物流标准化技术委员会医药物流标准化工作组完成《中国医药物流标准目录手册》的修订工作。《目录手册》可供医药物流标准化工作者、医药物流专业研究人员、医药物流企业管理者、医药物流从业人员参考和学习使用。

《目录手册》收集的标准目录为2020年12月1日以前发布的与医药物流相关的国家标准、行业标准、团体标准和地方标准。由于标准具有一定的时效性，本《目录手册》所选取的标准可能会修订、废止或转化，在购买相关标准时请注意采用标准现行有效文本。因时间仓促，疏漏之处，敬请批评指正。

联系方式：

全国物流标准化技术委员会医药物流标准化工作组
中国物流与采购联合会医药物流分会
中国物流与采购联合会医疗器械供应链分会
联　系　人：王晓晓　刘洋
联系电话：15911188972　18401600052
邮　　　箱：standard@cpl.org.cn

目 录

一、医药物流基础标准

二、医药物流技术作业与管理相关标准

三、医药物流设施设备相关标准

(一) 医药物流基础标准 (见附表 3)

附表 3 医药物流基础标准

序号	标准号	标准名称	发布日期	实施日期	规定范围
1	GB/T 26199—2010	医用包装原纸	2011-01-14	2011-06-15	本标准规定了医用包装原纸的分类、要求、试验方法、检验规则和标志、包装、运输、贮存。本标准适用于常规医用材料、器械包装用的原纸。
2	GB/T 29791.1—2013	体外诊断医疗器械 制造商提供的信息 (标示) 第 1 部分: 术语、定义和通用要求	2013-10-10	2014-02-01	本部分对体外诊断医疗器械制造商所提供的信息定义概念、建立一般原则并规定基本要求。
3	GB/T 29791.2—2013	体外诊断医疗器械 制造商提供的信息 (标示) 第 2 部分: 专业用体外诊断试剂	2013-10-10	2014-02-01	本部分规定了专业用体外诊断 (IVD) 试剂制造商提供信息的要求。本部分也适用于专业用体外诊断医疗器械一起使用的校准物、控制物质制造商提供的信息。本部分适用于 IVD 附件。体外诊断医疗器械和包装内包装标签及使用说明。本部分不适用于: a) 自测用体外诊断仪器或设备; b) 自测用体外诊断试剂。
4	GB/T 29791.3—2013	体外诊断医疗器械 制造商提供的信息 (标示) 第 3 部分: 专业用体外诊断仪器	2013-10-10	2014-02-01	本部分规定了专业用体外诊断 (IVD) 仪器制造商提供信息的要求。本部分也适用于专业用体外诊断医疗器械一起使用的装置和设备。本部分适用于 IVD 附件。
5	GB/T 29791.4—2013	体外诊断医疗器械 制造商提供的信息 (标示) 第 4 部分: 自测用体外诊断试剂	2013-10-10	2014-03-01	本部分规定了自测用体外诊断 (IVD) 试剂制造商提供信息的要求。本部分也适用于自测用体外诊断医疗器械一起使用的校准物、控制物质制造商提供的信息。本部分适用于 IVD 附件。体外诊断医疗器械和包装内包装标签及使用说明。
6	GB/T 29791.5—2013	体外诊断医疗器械 制造商提供的信息 (标示) 第 5 部分: 自测用体外诊断仪器	2013-10-10	2014-02-01	本部分规定了自测用体外诊断 (IVD) 仪器制造商提供信息的要求。本部分也适用于自测用体外诊断医疗器械一起使用的装置和设备。本部分适用于 IVD 附件。

续 表

序号	标准号	标准名称	发布日期	实施日期	规定范围
7	GB/T 35594—2017	医用包装纸	2017-12-29	2018-07-01	本标准规定了医用包装纸的分类、要求、试验方法、检验规则、标志、包装、贮存、运输。本标准适用于环氧乙烷灭菌和辐射灭菌医用包装的生产用纸。
8	GB/T 36078—2018	医药物流配送条码应用规范	2018-03-15	2018-10-01	本标准规定了医药物流配送包装箱、托盘、单据及条码标签规格式，以及条码标签位置等内容。本标准适用于医药产品供应链中配送包装箱、托盘、单据及条码标签的条码编制，标签设计和数据自动采集。
9	CFDAB/T 0101—2014	食品药品监管信息化标准体系	2014-02-14	2014-02-14	本标准给出了食品药品监管信息化标准体系的组成、结构及标准明细表。本标准适用于食品药品监管信息化规划、建设、实施，以及食品药品监管信息化标准的编制、修订工作。
10	CFDAB/T 0102.2—2014	食品药品监管信息化基础术语 第2部分：药品	2014-02-14	2014-02-14	本部分规定了食品药品监管信息化所需的药品相关基础术语。本部分适用于食品药品监管信息化在设计、开发、建设实施和管理维护等阶段的工作。
11	CFDAB/T 0102.3—2014	食品药品监管信息化基础术语 第3部分：医疗器械	2014-02-14	2014-02-14	本部分规定了食品药品监管信息化所需的医疗器械相关基础术语。本部分适用于食品药品监管信息化在设计、开发、建设实施和管理维护各阶段的工作。
12	CFDAB/T 0301.4—2014	食品药品监管信息基础数据元 第4部分：医疗器械	2014-02-14	2014-02-14	本部分规定了食品药品监管信息中有关医疗器械基本的及还有业务特征信息数据元的标识符、中文名称、短名、定义、（数据元值的）数据类型、表示格式、允许值、计量单位、版本和数据元的来源。本部分包括医疗器械监管基础信息及医疗器械业务相关的申请/受理、现场检查、检验、审评、审批、广告、互联网、投诉举报、不良反应等信息相关数据元。本部分适用于食品药品监管领域药品相关信息数据标识、信息交换与共享。

续 表

序号	标准号	标准名称	发布日期	实施日期	规定范围
13	CFDAB/T 0303.4—2014	食品药品监管信息基础数据元值域代码 第4部分：医疗器械	2014-02-14	2014-02-14	本部分规定了食品药品监管信息中医疗器械相关信息的数据元值域代码。本部分适用于食品药品监管领域医疗器械相关信息的表示、交换、识别和处理。
14	HJ 421—2008	医疗废物专用包装袋、容器和警示标志标准	2008-02-27	2008-04-01	本标准规定了试验方法和检验规则，利器盒和周转箱（桶）的技术要求以及相应的医疗废物专用包装袋、利器盒和医疗废物警示标志。本标准适用于医疗废物专用包装袋、容器的生产厂家、运输单位和医疗废物处置单位。
15	NMPAB/T 1001—2019	药品信息化追溯体系建设导则	2019-04-19	2019-04-19	本标准规定了药品信息化追溯体系建设基本要求和追溯信息化追溯体系各参与方基本要求。本标准适用于药品上市许可持有人、生产企业、经营企业（包括批发企业和零售企业）、使用单位、发码机构及监管部门等追溯参与方协同建设药品信息化追溯体系。
16	NMPAB/T 1002—2019	药品追溯码编码要求	2019-04-19	2019-04-19	本标准规定了药品信息化追溯码的术语和定义、编码对象、编码原则、基本要求、构成基本要求、载体基本要求、发码机构基本要求及药品上市许可持有人、生产企业、经营企业、使用单位和发码机构参与方，针对在中国境内销售和使用的药品选择或使用符合本标准的药品追溯码。
17	NMPAB/T 1004—2019	疫苗追溯基本数据集	2019-08-26	2019-08-26	本标准规定了与疫苗信息化追溯数据产生方关系及数据集相关内容的疫苗追溯基本数据集分类、数据集与疫苗追溯数据产生方采集和存储满足相关要求的追溯数据。本标准适用于规范追溯数据产生方采集和存储满足相关要求的追溯数据。
18	SB/T 11038—2013	中药材流通追溯体系专用术语规范	2013-12-04	2014-06-01	本标准适用于中药材流通追溯体系中的专用术语。本标准适用于中华人民共和国境内的中药材流通追溯体系建设、运维、信息交换及处理，以及相关规范的制定工作。
19	SB/T 11039—2013	中药材追溯通用标识规范	2013-12-04	2014-06-01	本标准规定了中药材追溯通用标识的要素、颜色和规格等。本标准适用于中华人民共和国境内中药材流通追溯体系。

续 表

序号	标准号	标准名称	发布日期	实施日期	规定范围
20	SB/T 11182—2017	中药材包装技术规范	2017-01-13	2017-10-01	本标准规定了中药材的包装基本要求、包装容器选择、包装标识、封口技术要求。本标准适用于中药材流通环节的包装。
21	WS 375.19—2016	疾病控制基本数据集 第19部分：疫苗管理	2016-12-13	2017-06-01	本部分规定了疫苗管理基本数据集元数据属性和数据元属性。本部分适用于疾病预防控制机构、提供相关业务服务的医疗机构及相关卫生行政部门进行相关业务数据采集、运输、存储等工作。
22	YY/T 1630—2018	医疗器械唯一标识基本要求	2018-12-20	2020-01-01	本标准规定了医疗器械唯一标识的相关术语和定义、基本原则、产品标识的要求和医疗器械生产标识的要求。本标准适用于医疗器械唯一标识的管理。
23	YY/T 1681—2019	医疗器械唯一标识系统基础术语	2019-07-24	2020-08-01	本标准界定了医疗器械唯一标识系统的基础术语和定义。
24	YY/T 0287—2017	医疗器械质量管理体系 用于法规的要求	2017-01-19	2017-05-01	本标准规定了需要证实其有能力提供持续满足顾客要求和适用的法规要求的医疗器械和相关服务的组织的质量管理体系要求。本标准适用于涉及医疗器械生命周期的产业链的各类组织，即医疗器械的设计开发和生产企业、经营企业、物流企业、科研机构、维修服务公司、安装公司，以及向医疗器械组织提供产品的供方或其他外部方（如提供原材料、组件、部件、医疗器械、灭菌服务、校准服务、流通服务、维护服务等组织）。
25	DB15/T 963—2016	医药物流单证管理（内蒙古）	2016-01-15	2016-04-15	本标准规定了医药物流单证分类原则和方法，给出了医药物流单证分类表。本标准适用于医药经营企业和第三方药品物流企业单证管理。
26	DB11/T 1523—2018	疫苗流通管理基本数据集（北京）	2018-04-02	2018-07-01	本标准规定了疫苗流通管理基本数据集的疫苗基础信息、接种管理机构信息、供应信息、运输信息、存储信息、销售信息和分发信息、接种信息的数据元公用属性、专用属性和值域代码。本标准适用于疫苗流通领域的信息系统建设、信息共享、信息交换和业务协同。

(二) 医药物流技术作业与管理相关标准（见附表 4）

附表 4 医药物流技术作业与管理相关标准

序号	标准号	标准名称	发布日期	实施日期	规定范围
1	GB/T 28842—2012	药品冷链物流作规范	2012-11-05	2012-12-01	本标准规定了冷藏药品物流过程中的基本要求，收货、发货、运输、温度监测和控制、贮存运输的设施设备、人员配备等方面的要求。本标准适用于冷藏药品在生产与流通过程中的物流运作管理。
2	GB/T 30335—2013	药品物流服务规范	2013-12-31	2014-07-01	本标准规定了药品物流服务的基本要求，仓储、运输、配送、装卸搬运、货物交接、信息服务等作业要求，以及风险控制、投诉处理、物流服务质量的主要评价指标。本标准适用于药品流通过程中涉及药品物流服务可参照执行。
3	GB/T 38576—2020	人类血液样本采集与处理	2020-03-31	2020-03-31	本标准规定了对人类血液样本采集前准备、采集过程和处理过程的基本要求。本标准适用于与人类疾病相关的生物样本库及临床与基础医学研究的血液样本的采集。本标准不适用于临床诊断和治疗用途的血液样本的采集与处理。
4	GB/T 38735—2020	人类尿液样本采集与处理	2020-04-28	2020-11-01	本标准规定了人类尿液样本采集的总则、采集前准备、样本信息记录、尿液采集、尿液保存、测试条件、测试方法。本标准适用于涉及临床研究、基础研究及生物样本库建设相关领域的人类尿液样本采集与处理。
5	GB/T 39476—2020	药品稳定性试验箱能效测试方法	2020-11-19	2021-06-01	本标准规定了药品稳定性试验箱（以下简称试验箱）能效测试的术语和定义、测试条件、测试方法。本标准适用于额定容积不超过1000L的试验箱的能效测试。
6	SB/T 10763—2012	零售药店经营服务规范	2012-09-19	2012-12-01	本标准规定了零售药店人员要求、设施设备条件、经营服务环境和服务标准，制定了零售药店分级管理标准。本标准适用于中华人民共和国境内的零售药店。

续 表

序号	标准号	标准名称	发布日期	实施日期	规定范围
7	SB/T 10764—2012	药品流通企业诚信经营准则	2012-09-19	2012-12-01	本标准规定了药品流通企业诚信经营的基本要求、主要内容、管理与社会监督等方面的内容。本标准适用于在中华人民共和国境内的药品流通企业。
8	SB/T 10765—2012	药品流通行业职业经理人标准	2012-09-19	2012-12-01	本标准规定了药品流通行业职业经理人的资质要求、申请条件和评价办法。本标准适用于药品流通行业职业经理人考试评价和培训等相关工作。
9	SB/T 10766—2012	药品流通企业通用岗位设置规范	2012-09-19	2012-12-01	本标准规定了药品流通行业现有的主要岗位规范。本标准适用于中华人民共和国境内的药品流通企业。
10	SB/T 10767—2012	药品批发企业物流服务能力评估指标	2012-09-19	2012-12-01	本标准规定了药品批发企业物流服务能力构成的要素和评估指标,并对药品批发企业物流服务能力进行了划分。本标准适用于中华人民共和国境内所有政府所许可的药品批发企业、经营药品监督管理部门批准医药企业、配送的第三方药品物流企业也适用于本标准。
11	SB/T 11037—2013	医药商业企业对医疗机构的服务规范	2013-12-04	2014-06-01	本标准规定了医药商业企业对医疗机构的服务质量包含的内容,以及服务应达到的标准和对服务人员的组织、设施与设备具备的要求。本标准适用于中华人民共和国境内的医药商业企业及直接向医院销售医药商品的生产企业。
12	SB/T 11094—2014	中药材仓储管理规范	2014-07-30	2015-03-01	本标准规定了中药材仓储管理的基本要求并对中药材仓库及库区条件、入库管理、堆码管理、在库管理、养护管理、出库管理、信息系统等方面提出了要求。本标准适用于中药材经营企业、中药饮片企业与从事中药材仓储经营的物流企业的中药材仓储管理。

续 表

序号	标准号	标准名称	发布日期	实施日期	规定范围
13	SB/T 11095—2014	中药材仓库技术规范	2014-07-30	2015-03-01	本标准规定了中药材仓库的基本要求、专业类型、建筑类型、通风换气和采光要求，配套设施与技术条件。本标准适用于中药材经营企业、中药饮片企业与从事中药材仓储经营的物流企业新建、改建、扩建的中药材仓库。
14	SB/T 11150—2015	中药材气调养护技术规范	2015-11-09	2016-09-01	本标准规定了中药材气调（剂）养护技术的应用方式、要求、操作规程、残渣处理和异常情况处理。本标准适用于中药材正常温环境下中药材仓储与运输期间的养护活动。不适用于气调库、低温库环境。
15	SB/T 11183—2017	中药材产地加工技术规范	2017-01-13	2017-10-01	本标准规定了中药材产地加工基地基本要求、加工技术基本要求、接货与信息收集及主要产地加工方法与要求。本标准适用于中药材的产地加工。
16	SB/T 11184—2017	药品流通企业关键绩效指标体系	2017-01-13	2017-10-01	本标准规定了评价药品流通企业运营规模效益、经济效益、服务质量、发展潜力的关键绩效指标体系，引导药品流通企业从上述四个方面追求绩效，并据此进行绩效考核和评估，准确发现企业竞争优势、存在的问题，提高管理与服务水平，进而提升药品流通行业的经营管理水平。本标准适用于中华人民共和国境内所有政府许可的药品批发企业、药品零售企业（包括零售连锁企业、零售单体药店），经食品药品监督管理部门批准从事药品委托储存、配送的第三方药品物流企业，也可参照本标准执行。
17	SB/T 11185—2017	药品批发企业对供应商管理规范	2017-01-13	2017-10-01	本规范规定了药品批发企业对药品供应商的管理原则、管理内容及要求，设定了对供应商的评价指标、评分标准和综合评定依据。本规范适用于中华人民共和国境内的药品批发企业与药品供应商合作中对药品供应商的管理工作。药品零售连锁企业、医药电商企业也可参照本规范执行。

续　表

序号	标准号	标准名称	发布日期	实施日期	规定范围
18	SN/T 4167—2015	出口中药材检疫监督管理规范	2015-02-09	2015-09-01	本标准规定了对出口中药材种植、养殖、加工和储存的检疫监督管理的技术规范，规定了出口中药材的产品召回、处置和应急措施要求。本标准适用于出口中药材生产加工及出口过程的检疫监督管理。
19	WS 399—2012	血液储存要求	2012-12-03	2013-06-01	本标准规定了血液的储存要求。本标准适用于一般血站和医疗机构的血液储存。
20	WS/T 400—2012	血液运输要求	2012-12-03	2013-06-01	本标准规定了临床输注用血液的运输的要求。本标准适用于全国采供血机构之间、采供血机构与采供血机构所及与医疗机构之间的血液运输。本标准不适用于造血干细胞及衍生血液制品的运输。
21	YY/T 0316—2016	医疗器械风险管理对医疗器械的应用	2016-01-26	2017-01-01	本标准为制造商规定了一个过程，以识别与医疗器械[包括体外诊断(IVD)医疗器械]有关的危险（源），估计和评价相关的风险，控制这些风险，并监视控制的有效性。本标准的要求适用于医疗器械生命周期的所有阶段，并用于临床决策。本标准不要求制造商有一个适当的质量体系。然而，风险管理可以是质量管理体系的一个组成部分。
22	T/CATCM 004—2017	中药材及饮片防霉变储藏规范通则	2017-12-06	2018-03-01	本标准规定了储藏过程中防止中药材及饮片霉变的基本要求、管理方针、入库作业、在库管理、出库作业、堆码作业、堆码的基本要求和堆码形式、水分控制、温度控制、霉变控制的仓储管理员要求，以及对中药材及饮片防霉变的储管理员要求。本标准适用于中药材及饮片的经营、流通、使用过程中的防霉变养护管理。
23	T/CFLP 0012—2018	医药物流承运企业质量管理审计规范	2018-04-11	2018-05-01	本标准规定了医药物流承运企业质量管理审计的目的、类型、范围、人员、准备、流程、内容和结论。本标准适用于医药品/医疗器械生产和经营企业对承运企业的质量审计，也适用于承运企业对分包企业的审计。

续 表

序号	标准号	标准名称	发布日期	实施日期	规定范围
24	DB11/T 790—2011	兽用药品贮存管理规范（北京）	2011-04-28	2011-08-01	本标准规定了兽用药品贮存的库房、人员、存放和出入库等管理要求。本标准适用于北京地区兽用药品的贮存管理。
25	DB11/T 900—2012	兽用生物制品冷链技术规范（北京）	2012-09-27	2013-01-01	本标准规定了兽用生物制品中冷链的要求。本标准适用于兽用生物制品的调拨、经营、运输、储存和使用等环节。
26	DB12/T 550—2014	预防接种单位疫苗冷链设备自动监测系统技术规范（天津）	2014-12-25	2015-01-01	本标准规定了预防接种单位使用疫苗冷链设备自动监测系统时的术语与定义、基本原则、基础构架、技术指标、安装要求和管理与维护。本标准适用于我市各级各类医疗机构中承担预防接种工作任务的接种单位。
27	DB12/ 597—2015	医疗卫生机构医疗废物处理规范（天津）	2015-09-18	2015-11-01	本标准界定了医疗卫生机构医疗废物处理工作中的术语和定义，规定了职责、设施与设备和操作要求。本标准适用于各级各类医疗卫生机构。
28	DB13/T 1104—2009	兽用生物制品经营质量管理规范（河北）	2009-06-17	2009-07-02	本标准规定了兽用生物制品经营单位机构与人员、设施与设备、制度与档案、订购与验收、销售与运输、储存与服务、生物安全等方面的质量控制规范。本标准适用于河北省内兽用生物制品经营单位的质量管理。
29	DB13/T 2160—2014	连锁药店药物流服务规范（河北）	2015-02-11	2015-03-15	本标准规定了连锁药店药物流服务质量的术语和定义、基本要求、仓储作业、运输作业、装卸与配送、搬运、货物交接、信息服务、风险控制及投诉处理等。本标准适用于河北连锁药店药物流服务。
30	DB15/T 914—2015	医药物流仓储管理规范（内蒙古）	2015-11-30	2016-02-28	本标准规定了药品仓储管理人员管理和风险控制的内容。本标准适用于药品经营企业和第三方药物流企业仓储。
31	DB15/T 915—2015	医药物流企业装卸作业规范（内蒙古）	2015-11-30	2016-02-28	本标准规定了医药物流企业装卸标准，叉车装卸和装卸安全的内容。本标准适用于药品经营企业和第三方药物流企业装卸作业管理。

续 表

序号	标准号	标准名称	发布日期	实施日期	规定范围
32	DB15/T 918—2015	医药物流特殊药品物流过程管理规范（内蒙古）	2015-11-30	2016-02-28	本标准规定了特殊药品仓库基本要求，收货与验收、储存与养护，出库复核，麻醉药品和第一类精神药品、第二类精神药品安全管理，运输管理，风险控制及健康与培训的内容。本标准适用于药品经营企业和第三方药品物流企业特殊药品物流过程的管理。
33	DB15/T 919—2015	医药物流运输管理规范（内蒙古）	2015-11-30	2016-02-28	本标准规定了药品在物流运输过程中的出库交接，医药物流运输安全管理，医药物流运输设备配置、医药物流运输辅助工具配置，运输车辆的保养及清洁要求及风险控制的内容。本标准适用于药品经营企业和第三方药品物流企业的运输管理。
34	DB15/T 920—2015	医药物流药品质量信息管理规范（内蒙古）	2015-11-30	2016-02-28	本标准规定了药品质量信息的内容、质量信息的收集途径、质量信息收集的频次、质量信息的分类、质量信息的处理和质量信息记录的内容。本标准适用于药品经营企业和第三方药品物流企业质量信息管理。
35	DB15/T 922—2015	冷藏、冷冻药品的储存与运输管理规范（内蒙古）	2015-11-30	2016-02-28	本标准规定了医药物流经营企业冷藏、冷冻药品的设施设备要求，储存与运输退回要求，应急预案和人员要求等内容。本标准适用于药品经营企业和第三方药品物流企业冷藏、冷冻药品的储存与运输管理。
36	DB15/T 960—2016	医药物流服务标准体系实施指南（内蒙古）	2016-01-15	2016-04-15	本标准规定了医药物流服务标准化工作基本要求、标准体系建设、标准体系的宣贯和培训、标准体系实施的监督检查及标准体系服务标准体系评价与改进实施的内容。本标准适用于药品经营企业和第三方药品物流服务标准体系实施。
37	DB15/T 961—2016	医药物流信息管理规范（内蒙古）	2016-01-15	2016-04-15	本标准规定了医药物流信息系统的建立，医药物流信息交换和应用，企业业务部门信息系统支撑及信息系统日常管理的内容。本标准适用于药品经营企业和第三方药品物流企业信息管理。

续 表

序号	标准号	标准名称	发布日期	实施日期	规定范围
38	DB15/T 1173—2017	医药物流快运服务质量规范（内蒙古）	2017-02-25	2017-05-25	—
39	DB15/T 1174—2017	医药物流冷藏药品运输包装要求（内蒙古）	2017-02-25	2017-05-25	—
40	DB15/T 1175—2017	医药物流零担运输服务规范（内蒙古）	2017-02-25	2017-05-25	—
41	DB15/T 1176—2017	医药物流药品冷链温湿度监控操作规范（内蒙古）	2017-02-25	2017-05-25	—
42	DB15/T 1272—2017	药品交易（BTC）终端送货服务规范（内蒙古）	2017-10-15	2018-01-15	本标准规定了药品交易（BTC）终端送货服务的基本要求、终端送货服务要求、顾客满意度评价指标和途径的内容。本标准适用于药品交易（BTC）终端送货服务，即医药物流终端节点仓库药店仓送交药品至顾客的服务过程（特殊管理药品除外）。
43	DB15/T 1273—2017	医药物流服务标准体系自我评价改进（内蒙古）	2017-10-15	2018-01-15	本标准规定了医药物流服务标准体系自我评价原则、依据、要求及标准体系改进的相关内容。本标准适用于第三方医药物流企业建立并实施服务标准体系后进行自我评价。
44	DB15/T 1274—2017	第三方医药物流企业中药饮片储存与运输管理规范（内蒙古）	2017-10-15	2018-01-15	本标准规定了第三方医药物流企业中药饮片储存、运输、运输与养护的相关内容。本标准适用于第三方医药物流企业中药饮片储存、运输与养护管理。
45	DB21/T 1764—2009	兽用疫苗冷链建设技术与管理规范（辽宁）	2009-11-26	2009-12-26	本标准规定了辽宁省兽用疫苗的贮藏、运输、收货与验收、温度监控与养护等方面的技术与管理要求。本标准适用于辽宁省境内兽用疫苗供应单位、经营单位、物流单位、使用单位。

续 表

序号	标准号	标准名称	发布日期	实施日期	规定范围
46	DB21/T 2518—2015	药品冷链物流技术与管理规范（辽宁）	2015-08-18	2015-10-18	本标准规定了药品冷链物流技术与管理规范的术语和定义、组织要求、安全要求、人员要求、设施设备、药品冷链物流环节及信息管理。本标准适用于辽宁省行政区域内冷藏药品流通过程中的物流运作管理。
47	DB22/T 1959—2013	药品库房温湿度管理要求（吉林）	2013-12-18	2013-12-31	本标准规定了药品储存、药房温湿度设施与设备的管理要求。本标准适用于医疗机构药品库房温湿度的管理。
48	DB22/T 1960—2013	药品运输管理要求（吉林）	2013-12-18	2013-12-31	本标准规定了药品运输中的温度要求、运输的设施、设备、从业人员、安全管理、麻醉药品和精神药品运输、设施设备的验证及应急预案等技术与管理方面的要求。本标准适用于冷藏药品物流运输。
49	DB31/T 713—2013	零售药店服务规范（上海）	2013-07-31	2013-11-01	本标准规定了零售药店服务环境、设施设备、信息管理、突发事件防范与处置等方面的基本要求、服务要求、投诉处理。本标准适用于上海市行政区域内的零售药店（含零售药柜）。
50	DB33/T 713—2008	药品冷链物流技术与管理规范（浙江）	2008-10-07	2008-11-08	本标准规定了冷藏药品物流链过程中的收发、验收、贮藏、养护、发货、运输、温度控制和监测、设施设备、人员配备等方面的技术与管理要求。本标准适用于冷藏药品的生产企业、经营企业、物流企业和使用单位。
51	DB34/T 2124—2014	种植类中药材采集信息要求（安徽）	2014-06-24	2014-07-24	本标准规定了种植类中药材信息采集的术语和定义、信息分类、基本要求、信息采集要求和信息管理。本标准适用于种植类中药材追溯信息的采集。
52	DB43/T 1063—2015	动物疫苗储藏和运输技术规范（湖南）	2015-07-20	2015-09-20	本标准规定了动物疫苗的运输、储藏和出入库管理。本标准适用于湖南省境内动物疫苗的运输、储藏和管理。
53	DB45/T 1400—2016	食品、药品储运环境温湿度监控性能验证技术规范（广西）	2016-11-25	2016-12-25	本标准适用于食品药品储运的冷库、保温车、冷藏车等冷链设备的环境温度、湿度监控性能的验证。其他对温度、湿度监控性能有要求的环境和空间也可参照本规范进行检验。

（三）医药物流设备相关标准（见附表 5）

附表 5　医药物流设备相关标准

序号	标准号	标准名称	发布日期	实施日期	规定范围
1	GB 29753—2013	道路运输食品与生物制品冷藏车安全要求及试验方法	2013-09-18	2014-07-01	本标准规定了冷藏车的术语和定义、分类、要求及试验方法。本标准适用于采用已定型汽车整车或一类、二类底盘上改装的装备机械制冷机组的道路运输易腐食品与生物制品的冷藏车和冷藏半挂车。
2	GB 14232.1—2020	人体血液及血液成分袋式塑料容器 第 1 部分：传统型血袋	2020-07-23	2022-02-01	本部分规定了密闭、无菌塑料血袋的要求（包括性能要求）。除非另有规定，本部分规定的所有采血袋、输血袋适用于试验供使用的塑料血袋。本部分适用于带有采血管、输血插口、采血针和转移管（可选），用于血液及血液成分的采集、转移、处理、分离和输注血液的塑料血袋。本部分还适用于多连塑料血袋，如双连、三连、四连或多连血袋。根据使用要求，血袋可装入抗凝剂或保存液。本部分不适用于与滤器连为一体的塑料血袋。
3	GB/T 21278—2007	血液冷藏箱	2008-01-21	2008-09-01	本标准规定了内部温度范围为 2℃～6℃，环境温度为 16℃～32℃，最高相对湿度为 75%，带制冷装置的，用于存放输血用血液的冷藏箱（以下简称冷藏箱）的要求、试验方法及标志。本标准适用于存放输血用血液的冷藏箱。
4	GB/T 34399—2017	医药产品冷链物流温控设施设备验证性能确认技术规范	2017-10-14	2018-05-01	本标准规定了医药产品冷链物流涉及的温控仓库、冷藏箱、保温箱，以及温度监测系统性能确认的内容、要求和操作要点。本标准适用于医药产品储存运输过程中涉及的温控仓库、冷藏箱、保温箱及温度监测系统的性能确认等活动。
5	JJF 1676—2017	无源医用冷藏箱温度参数校准规范	2017-11-20	2018-02-20	本规范适用于保温温区在-20℃～20℃范围内，有温度显示且温度计感温探头外露的无源医用冷藏箱温度参数的校准，其他保温温区的无源医用冷藏箱温度参数的校准也可参照本规范。

续 表

序号	标准号	标准名称	发布日期	实施日期	规定范围
6	NMPAB/T 1003—2019	药品追溯系统基本技术要求	2019-08-26	2019-08-26	本标准规定了药品追溯系统的通用技术内容、功能要求、存储要求、安全要求和运维要求等内容。本标准适用于规范药品上市许可持有人、生产企业、经营企业、疾病预防控制机构、使用单位及第三方技术机构等药品信息化追溯体系参与方建设和使用药品追溯系统。
7	NY/T 1623—2008	兽医运输冷藏箱（包）	2008-05-16	2008-07-01	本标准规定了兽医运输冷藏箱（包）的技术要求、试验方法、检验规则、标志、包装、运输和贮存。本标准适用于不同类型的兽医运输冷藏箱（包）。
8	QB/T 5201—2017	冰衬疫苗保存箱	2017-11-07	2018-04-01	本标准规定了冰衬疫苗保存箱的术语和定义、分类命名、要求、试验方法、检验规则、标志、包装、运输和贮存。本标准适用于由交流电源供电的封闭式电机驱动的压缩式冰衬疫苗保存箱。
9	SB/T 11036—2013	药品物流设施与设备技术要求	2013-12-4	2014-06-01	本标准规定了药品物流设施与设备的术语和定义、技术要求、检验规则等。本标准适用于药品批发企业、药品零售连锁企业的现代医药物流中心。
10	SN/T 3901—2014	生物安全柜使用和管理规范	2014-04-09	2014-11-1	本标准规定了生物安全柜选择、安装、使用、维护、管理和应急处置的要求。本标准适用于实验室生物安全柜的使用和管理。
11	WB/T 1062—2016	药品阴凉箱的技术要求和试验方法	2016-10-24	2017-01-01	本标准规定了药品阴凉箱（以下简称阴凉箱）的术语和定义、技术要求和试验方法。本标准适用于箱内温度范围为8 ℃~20 ℃，相对湿度范围为35%~75%的电机驱动压缩式全封闭制冷系统的立式制药阴凉箱。
12	WB/T 1097—2018	药品冷链保温箱通用规范	2018-07-16	2018-08-01	本标准规定了药品冷链保温箱的技术要求、试验方法、检验规则和标志。本标准适用于冷藏药品运输、暂存和流通加工中所使用的冷链保温箱。

续 表

序号	标准号	标准名称	发布日期	实施日期	规定范围
13	YY/T 0086—2007	药品冷藏箱	2007-07-02	2008-03-01	本标准规定了药品冷藏箱（以下简称冷藏箱）的主要技术要求、试验方法、检验规则、标志、运输、贮存等要求。本标准适用于全封闭式电机驱动型压缩式制冷系统的容积为600 L以下、箱内温度范围为2℃~14℃的电机驱动式全封闭压缩式制冷系统的冷藏箱，该产品供医药、科研部门储存药品和生物制品。
14	YY/T 0168—2007	血液冷藏箱	2007-07-02	2008-03-01	本标准规定了血液冷藏箱（以下简称冷藏箱）的主要技术要求、试验方法、检验规则、标志、运输、贮存等要求。本标准适用于容积600 L以下，箱内温度为4℃±1℃的电机驱动式全封闭式压缩机制冷系统的冷藏箱。该产品供医院、血站及医疗科研部门储存血液。
15	YY 0569—2011	Ⅱ级生物安全柜	2011-12-31	2013-06-01	本标准规定了Ⅱ级生物安全柜的术语和定义、分类、材料、结构和性能的要求、试验方法、检验规则、标志、标签、说明书、包装、运输和贮存的要求。本标准适用于Ⅱ级生物安全柜（以下简称安全柜）。
16	T/CFLP 0013—2018	医药冷藏车温控验证性能确认技术规范	2018-04-11	2018-05-01	本标准规定了医药冷藏车的车辆技术和布置要求，温控性能确认测试内容及要求，温度传感器技术和布置要求，温度判定标准，合格判定标准，数据分析、偏差处理、确认周期和确认结果评定内容。本标准适用于医疗冷藏车的温控性能确认活动。
17	DB11/T 1032—2013	医疗废物一次性包装箱（北京）	2013-12-20	2014-01-01	本标准规定了医疗废物一次性包装箱的技术要求、试验方法及检验规则。本标准适用于传染性突发公共卫生事件中产生的医疗废物运输和焚烧处置。
18	DB15/T 916—2015	医药物流设施设备验证管理规范（内蒙古）	2015-11-30	2016-02-28	本标准规定了医药物流设施设备验证过程中的检验范围、冷链验证方案、冷链验证基本要求、验证报告及第三方验证机构参与验证的设备的验证及监测系统的验证、冷链验证时间、冷链设施设备及第三方药品经营企业管理企业和第三方药品物流管理企业设施设备的验证管理。

241

续 表

序号	标准号	标准名称	发布日期	实施日期	规定范围
19	DB15/T 917—2015	医药物流药品仓库设施设备配置（内蒙古）	2015-11-30	2016-02-28	本标准规定了医药物流药品仓库建筑要求、医药物流药品仓库设施设备配置和医药物流药品仓库设备配置的内容。本标准适用于药品经营企业和第三方药品物流企业药品仓库的设施设备配置。
20	DB15/T 921—2015	医药物流信息系统建设规范（内蒙古）	2015-11-30	2016-02-28	本标准规定了医药物流信息系统建设中信息系统建设硬件设施、医药物流信息系统管理、质量管理控制、信息系统数据管理、数据安全与权限管理限制和系统升级管理的内容。本标准适用于药品经营企业和第三方药品物流企业信息系统建设。
21	DB15/T 962—2016	医药物流分拣、输送和包装设备主要技术要求（内蒙古）	2016-01-15	2016-04-15	本标准规定了医药物流分拣输送系统、分拣输送设备安全要求和包装设备安全要求的内容。本标准适用于药品经营企业和第三方药品物流企业分拣、输送和包装设备主要技术要求。

三、《体外诊断试剂温控物流服务规范》行业标准

ICS 11.040.01
CCS C 30

中华人民共和国物流行业标准

WB/T 1115—2021

体外诊断试剂温控物流服务规范

Specification for in vitro diagnostic reagent temperature control logistics service

2021-05-31 发布　　　　　　　　　　　　　　　　2021-07-01 实施

中华人民共和国国家发展和改革委员会　　发布

目　次

前言

1　范围

2　规范性引用文件

3　术语和定义

4　基本要求

5　人员与培训

6　设施设备

7　物流作业

8　温度监测和控制

9　追溯与应用

10　应急处理

参考文献

/ 附 录 /

前　言

本标准依据 GB/T 1.1—2020《标准化工作导则 第1部分：标准化文件的结构和起草规则》的规定起草。

请注意本文件的某些内容可能涉及专利。本文件的发布机构不承担识别专利的责任。

本标准由中国物流与采购联合会提出。

本标准由全国物流标准化技术委员会（SAC/TC 269）归口。

本标准起草单位：中国物流与采购联合会医药物流分会、中国物流与采购联合会医疗器械供应链分会、北京中物冷联企业管理有限公司、北京医链互通供应链管理有限公司、深圳迈瑞生物医疗电子股份有限公司、希森美康医用电子（上海）有限公司、国家药品监督管理局高级研修学院、北京市医疗器械检验所、上海医药物流中心有限公司、广州医药有限公司、瑞康医药集团股份有限公司、陕西医药控股集团派昂医疗器械有限公司、北京人福医疗器械有限公司、四川省亚中冷链医药物流有限责任公司、四川高芯数康生物医药有限公司、江苏华越医疗器械投资有限公司、天津信鸿医疗科技股份有限公司、广州金域医学检验集团股份有限公司、上海岛昌医学科技股份有限公司、北京盛世华人供应链管理有限公司、顺丰速运有限公司、中集冷云（北京）供应链管理有限公司、杭州医智捷供应链管理有限公司、福建栢合冷链仓储管理有限公司、武汉市美乐维低温物流有限公司、广州金域达物流有限公司、诺沃兰生物科技（北京）有限公司、江苏省精创电气股份有限公司、杭州鲁尔新材料科技有限公司、多美达（深圳）贸易有限公司、江苏哲勤科技有限公司、武汉阿米特科技有限公司。

本标准主要起草人：秦玉鸣、刘洋[1]、郭威、绳雪佳、肖银妮、黎钧琪、周洁菲、郝晓梅、赵拓、代蕾颖、戴影、陈萍、彭启星、黄少杰、程迪芹、曾伟、徐树明、江永生、涂福来、张旭、刘为敏、侯佳、秦津娜、段琢、那波、周慧、任国民、程晓明、周婕、李超飞、支晓华、谈丽君、崔小波、章昌焕、李清文、王晓晓、

---

[1] 男，工作单位为北京医链互通供应链管理有限公司。

刘洋[1]。

体外诊断试剂温控物流服务规范

1 范围

本文件规定了体外诊断试剂温控物流服务的基本要求、人员与培训、设施设备、物流作业、温度监测和控制、追溯与应用和应急处理。

本文件适用于按照医疗器械管理的体外诊断试剂温控物流服务。本文件不适用于按照药品管理的体外诊断试剂温控物流服务。

2 规范性引用文件

下列文件中的内容通过文中的规范性引用而构成本文件必不可少的条款。其中，注日期的引用文件，仅该日期对应的版本适用于本文件；不注日期的引用文件，其最新版本（包括所有的修改单）适用于本文件。

GB/T 34399　医药产品冷链物流温控设施设备验证性能确认技术规范

3 术语和定义

下列术语和定义适用于本文件。

3.1 体外诊断试剂 in vitro diagnostic reagent

在疾病的预测、预防、诊断、治疗监测、预后观察和健康状态评价的过程中，单独使用或与仪器、器具、设备或者系统组合使用的用于人体样本体外检测的试剂、试剂盒、校准品、质控品等产品。

3.2 体外诊断试剂温控物流 in vitro diagnostic reagent temperature control logistic

采用专用设施设备，按照已批准的注册证或备案凭证及说明书和标签标示的温控物流要求，保证体外诊断试剂物流全过程的温控在规定的范围内。

4 基本要求

4.1 应配备相适应的温控物流设施设备。

4.2 应将物流过程中的温度条件控制在规定范围内。

4.3 应采用温度监测系统，对物流过程进行温度监测，并具有对产品全生命周期温度监测数据的追溯能力。

4.4 应制定温控物流管理制度及应急预案。

---

[1] 女，工作单位为中国物流与采购联合会医药物流分会。

4.5 外包物流业务时,应对受托方的资质及质量保证能力进行评估,合同中应明确产品在物流过程中的温控要求。

4.6 应将产品温控物流服务中的各类原始记录和凭证、电子记录保存至产品有效期后 2 年,无有效期的,不得少于 5 年。

5 人员与培训

5.1 应设置质量管理部门或配备质量管理人员。

5.2 应对直接接触产品的岗位人员进行岗前及年度健康检查,并建立健康档案。身体条件不符合相应岗位特定要求的,不应从事相关工作。

5.3 应制定年度培训计划,按计划开展培训,做好培训记录,并对培训进行有效性和充分性的评估。

5.4 应对从事温控物流作业人员进行培训,培训内容应包括但不限于体外诊断试剂相关法律法规、专业知识、岗位操作规程,物流作业及突发状况应急演练等,并经考核合格后上岗。

5.5 应对从事温控设施设备验证的人员进行相关技术性能、设备使用与验证操作的培训。

6 设施设备

6.1 应根据产品品种和规模配备相适应的温控库、温控车、冷藏箱、保温箱或其他温控设施设备。

6.2 温控库应配备温度自动监测系统,测点终端应根据仓库温度分布验证结果牢固安装在合理位置,避免作业人员对监测设备造成影响或损坏,并在冷点、热点进行日常监测布点。

6.3 温控车、冷藏箱、保温箱应配置相应的温度监测设备。

6.4 温控设施设备的性能确认应符合 GB/T 34399 要求。

7 物流作业

7.1 收货与验收

7.1.1 应对收货区、待验区进行验证,保证产品在收货、验收过程中满足相应的温控要求。

7.1.2 收货时,应核实运输方式、到货及运输全过程的产品温度数据等,并做相应记录。符合要求的,应及时移入经过验证的待验区;对运输过程中温度不符合要求的,将产品隔离存放于规定温度要求的环境中,并报质量管理部门或质量管理人员处理,根据评估和判定结果进行处理。

7.1.3 验收时，应当对其运输方式及运输过程的温度记录、运输时间、到货温度等温控质量状况进行重点检查并记录。

7.1.4 对销售退回的合格产品应检查退货方提供的产品售出期间温度记录，不能提供售出期间温度记录的，接收方可拒收。

7.2 **贮存与检查**

7.2.1 温控库内温度条件应符合规定的要求。

7.2.2 不应遮挡温控机组出风口，应根据温控库验证报告确定合理的贮存区域。

7.2.3 应对在库产品外观、包装、标签及温控状况等进行定期检查并记录。发现质量异常，应先行隔离、暂停发货，并及时上报。

7.3 **出库与运输**

7.3.1 应根据产品数量、距离、运输时间、运输条件、环境温度等情况选择合适的运输工具。

7.3.2 使用冷藏箱、保温箱运输时，应根据确定的参数及条件进行验证，制定包装标准操作规程，包装操作应符合以下要求。

a) 装箱前应对冷藏箱、保温箱、包装物料及温度记录设备进行预冷或预热。

b) 在保温箱内合理配备与温控及运输时限相适应的蓄冷剂。

c) 冷藏箱启动制冷功能和温测设备（保温箱启动温测设备），检查设备运行正常，并达到规定的温度后，将产品装箱。

d) 根据对蓄冷剂和产品的温控验证结论，必要时装箱应使用隔温装置将产品与蓄冷剂等冷媒进行隔离。

e) 复核、包装、装箱、封箱工作应在产品说明书或标签标示温度范围内的环境下、经验证符合温控要求的区域内完成。

7.3.3 出库时应检查运输工具的启动、运行状态，并做相应记录，达到规定温度后方可发运。

7.3.4 装载时，应根据装载容积和验证结果装载产品，合理码放。

7.3.5 在途温度数据能导出、存储且不可更改，在途温度记录应当场提供并随产品一并移交收货方。

8 **温度监测和控制**

8.1 应对产品物流活动全程进行温度监测。

8.2 贮存时，温度监测系统应具备在库温度数据的实时采集、记录及上传等功能。

8.3 空运和海运时，应具备在途温度数据的采集、记录及存储等功能；陆运运输时，应具备在途温度数据的实时采集、记录及上传（保温箱除外）等功能。

8.4 应制定温度偏差管理制度和处理操作规程，内容包括但不限于偏差事件上报、分级、调查、记录、分析、处理、预防及跟踪内容。

8.5 温控物流作业操作出现温度偏差时，应根据偏差处理操作规程进行偏差管理，上报质量管理部门或质量管理人员处理。

8.6 温度监测系统的性能确认应符合 GB/T 34399 要求。

9 追溯与应用

9.1 应建立温控物流信息追溯管理系统，保证生产标识准确有效。

9.2 应制定温控物流追溯管理制度，保证物流过程温控数据真实、有效、完整和全程可追溯。

9.3 在温控物流作业中，如应用注册人或备案人提供的保存期、运输限制稳定性信息（产品标签标示、说明书、注册资料或备案资料），应同时具备以下条件：

a）物流条件与注册人或备案人规定的贮存、运输条件一致。

b）物流质量管理体系与注册人或备案人规定的风险评估与控制一致。

c）具备从生产企业为物流起点的全程可追溯的物流温度数据和追溯能力。

10 应急处理

10.1 应在产品温控物流风险识别与评估的基础上制定应急预案，并进行验证。

10.2 应急预案应包括但不限于应急组织机构、人员职责、设施设备、外部协作资源、响应时间、应急措施等内容，并定期完善、优化。

10.3 应开展应急预案演练，模拟异常突发情况及应急处置过程，提高对突发事件质量风险的控制能力。

参考文献

[1] YY/T 0287-2017 医疗器械 质量管理体系 用于法规的要求

[2] YY/T 1579-2018 体外诊断医疗器械-体外诊断试剂稳定性评价

[3] 医疗器械经营监督管理办法（国家食品药品监督管理总局令 2014 年第 8 号）

[4] 医疗器械经营质量管理规范（国家食品药品监督管理总局公告 2014 年第 58 号）

[5] 体外诊断试剂注册管理办法修正案（国家食品药品监督管理总局令 2017 年第 30 号）

［6］医疗器械冷链（运输、贮存）管理指南（国家食品药品监督管理总局公告2016年第154号）

［7］医疗器械经营质量管理规范现场检查指导原则（食药监械监〔2015〕239号）

［8］医疗器械使用质量监督管理办法（国家食品药品监督管理总局令2015年第18号）

［9］医疗器械生产质量管理规范（国家食品药品监督管理总局公告2014年第64号）

［10］医疗器械监督管理条例（中华人民共和国国务院令第680号）

［11］医疗器械唯一标识系统规则（国家药品监督管理局公告2019年第66号）

四、《医药产品医院院内物流服务规范》团体标准

团 体 标 准

T/CFLP 0023—2019

医药产品医院院内物流服务规范

Specification for hospital integrated logistics service for medical products

2019-11-05 发布　　　　　　　　　　2019-12-30 实施

中国物流与采购联合会　　发布

目　次

前言

引言

1　范围

2　规范性引用文件

3　术语和定义

4　基本要求

5　物流服务要求

参考文献

前　言

本标准按照 GB/T 1.1—2009 给出的规则起草。

本标准由中国物流与采购联合会提出。

本标准由中国物流与采购联合会团体标准化技术委员会归口。

本标准起草单位：中国物流与采购联合会医药物流分会、上药控股有限公司、上海医药物流中心有限公司、上海市第一人民医院、中物企联（北京）供应链管理有限公司、中国人民解放军总医院、中国医学科学院阜外医院、山东省立医院、南京大学医学院附属鼓楼医院、广州医药有限公司、九州通医药集团物流有限公司、华润广东医药有限公司、北京科园信海医药经营有限公司、国药控股山东有限公司、国科恒泰（北京）医疗科技股份有限公司、顺丰速运有限公司、上海健麾信息技术股份有限公司、北京东软望海科技有限公司、上海万序健康科技有限公司、上海三瑞信息技术有限公司。

本标准主要起草人：秦玉鸣、任刚、华佳、许翔、陈萍、姚刚、郭威、吴涛、王剑、韩春雷、郭滨、秦利荣、梁智宇、吴冕、霍佩琼、杨彬、张国臣、曾莉、段琢、罗建峰、梁云朝、沈国平、沈强、王晓晓、刘洋。

声明：本标准的知识产权归属于中国物流与采购联合会，未经中国物流与采购联合会同意，不得印刷、销售。任何组织、个人使用本标准开展认证、检测等活动应经中国物流与采购联合会批准授权。

引 言

近年来，随着国家医疗改革的不断深化，医院使用的药品实现生产企业到流通企业开一次发票，流通企业到医疗机构开一次发票的"两票制"模式，医院使用的药品和耗材以进货价直接提供给使用者的"零加成"模式逐步推行，很大程度上改变了医院传统的经营模式。为了降本增效，与医院经营相配套的医院院内物流的整合及服务能力提升，成为医院新的核心竞争力，医药产品医院院内物流服务模式应运而生。

医药产品医院院内物流作为一种新型的服务模式，在我国医疗行业并没有成熟运用的经验，缺少法律、法规及相关政策的制约和指导，在实际服务过程中没有相对统一的参照标准。

本标准的制定可引导企业以质量控制为核心，以流程优化为重点，通过信息化技术手段和智能化设施设备使药品、医用耗材、诊断试剂等医疗相关产品，在供应保障、库存整理、定点配送等各个环节，在物流服务商、医院、科室、患者之间，实现一体化、定数化和智能化管理，有效降低医药产品医院院内物流服务成本，对于医疗保障服务的优化具有现实意义。

医药产品医院院内物流服务规范

1 范围

本标准规定了从事医药产品医院院内物流服务的基本要求和服务要求。

本标准适用于物流服务商对医院院内除特殊药品、大型医疗设备之外的医药产品的物流服务。

2 规范性引用文件

下列文件对于本文件的应用是必不可少的。凡是注日期的引用文件，仅注日期的版本适用于本文件。凡是不注日期的引用文件，其最新版本（包括所有的修改单）适用于本文件。

GB/T 28842 药品冷链物流运作规范

GB/T 34399 医药产品冷链物流温控设施设备验证性能确认技术规范

3 术语和定义

下列术语和定义适用于本文件。

3.1 医药产品 medical products

医院内流通并使用，用于预防、治疗和诊断疾病，有目的调节和修复人体机能的产品，包括药品、医用耗材、体外诊断试剂及其他医疗相关产品。

3.2 院内物流信息系统 hospital information system for supply, processing and distribution

物流服务商提供的与医院信息管理系统和物流供应商管理系统数据交互，且与院内各类智能化设备互联的医药产品运营管理信息平台，简称 SPD 系统。

3.3 医药产品医院院内物流服务 integrated logistics service for medical products of hospital

物流服务商对医药产品在医院院内的供应保障、收货验收、库存整理、养护管理、定点配送、调配、对账服务、设施设备管理等通过 SPD 系统提供的服务。

3.4 定数包 rated package

根据疾病特点及临床使用要求，在不影响原包装灭菌效果前提下重新组合包装并附标签以便精准管理的医药产品包装形式，分为单品包和混合包。

3.5 定数包标签 rated package label

与定数包相匹配的医院内部流转唯一标识,包括一维码、二维码及无线射频识别码等。

3.6 医药产品中心库 central warehouse for medical products

集中存储医药产品的仓库,分为药品库、耗材库、试剂库等。

3.7 消耗点 consuming department

使用医药产品的部门或科室。

示例:门诊药房、急诊药房、住院药房、静配中心、手术室、护士站等。

4 基本要求

4.1 物流服务商应具备与其运营范围和规模相适应的条件,包括组织机构、岗位职责、人员资质、设施设备、质量管理体系、培训体系、计算机信息系统等,并符合《药品经营质量管理规范》《医疗器械经营质量管理规范》及《医疗机构药事管理规定》等有关法律法规的要求。

4.2 物流服务商应具有 SPD 系统,且应具备以下几点要求。

a)应有安全稳定的网络环境和硬件设施,具备固定接入相关网络的方式和可靠的信息安全公共平台,重点防止医院处方数据、使用信息、患者信息外泄;具备各部门、岗位之间信息传输和数据共享的局域网;具备业务票据生成、打印和管理功能。

b)应提供专业的数据分析模块。

c)应满足医药产品医院院内供应保障、库存整理、定点配送的基本要求,实现协同交互、可溯源和闭环式仓储物流管理。

4.3 物流服务过程应采取有效的质量控制措施,确保医药产品质量,并建立相应的物联网体系配合 SPD 系统实现医药产品全程可追溯管理。

4.4 医药产品中心库和消耗点储存场所,应配备自动监测和记录功能的温湿度监测系统。

4.5 有温湿度控制要求的医药产品运载工具应符合《医疗器械冷链(运输、贮存)管理指南》和 GB/T 28842 中相关要求,并具备采集、保存运输温度数据的功能。

4.6 智能化设备

4.6.1 智能化设备应具备至少两种以上身份识别功能。

4.6.2 门诊药房、急诊药房使用的智能发药机宜具备配发和自动存储、近效期自动筛选退出、实时盘点等功能，与医院信息管理系统和 SPD 系统无缝对接，具备双向追溯功能。

4.6.3 住院药房使用的智能包药机应具备加药安全控制、全自动切半片药盒、加药过程不停止摆药等功能。

4.6.4 消耗点使用的智能耗材柜、耗材库应具备货品批量读取、自动货品储存管理及库存自动预警等功能。

5 物流服务要求

5.1 供应保障

5.1.1 应按照医院确定的，涵盖医院临床各科室相关的预防、诊断和治疗所需的医药产品采购目录确定备货品种。

5.1.2 应根据医药产品中心库及各消耗点补货计划及时向相关供应商发送补货指令，并向医院反馈信息。

5.1.3 应根据医院的书面通知，并按照医院信息管理系统中相关医药产品基础信息完成相关医药产品的新增、修改、停用。

5.1.4 应对供应保障中的各种风险设立应急方案。风险包括但不限于：供应中断、紧急供应、供应失误和供应事故。

5.2 收货验收

5.2.1 应与医院专业人员共同对到货的医药产品进行收货验收、入库核查，经验收后的产品存放于符合相关要求的场所。

5.2.2 采用用后结算方式的应按照补货指令核对随货同行单收货验收。采用到货结算方式的还应同时收取相应发票。

5.2.3 有温湿度控制要求的医药产品，收货验收时应符合《医疗器械冷链（运输、贮存）管理指南》和 GB/T 28842 的相关要求。

5.2.4 有追溯码的植介入性医疗器械应进行信息核对并采集追溯码，供医院使用时扫码计费，实现耗费联动和全程可追溯。

5.2.5 无追溯码的植介入性医疗器械应进行信息核对，并及时进行赋码操作，供医院使用时扫码计费，实现耗费联动和全程可追溯。

5.3 库存整理

5.3.1 应依据医药产品中心库和消耗点库存的上下限及时提出补货申请，并定期向医院反馈信息，并通知供应商进行配送补货。

5.3.2 应及时合理调整库位，确保到货医药产品按相关要求入库。

5.3.3 应对库存进行动销盘点与周期性盘点，并根据实际情况进行损溢记录。

5.3.4 应确保 SPD 系统与医院信息管理系统的医药产品信息的一致性、完整性和准确性。

5.3.5 应接收消耗点经医院审核的申领订单，及时、限时为消耗点进行配送补货。

5.4 养护管理

5.4.1 应负责库存医药产品的质量养护，并定期巡回检查库存医药产品质量，包括应急储备医药产品。

5.4.2 应对在库的医药产品进行有效期跟踪，及时提出近效期警示。

5.4.3 应定期巡回检查医药产品中心库总体运行情况，发现异常及时报告并处理。

5.4.4 应定期核查温湿度监测记录数据，对异常情况进行评估并及时报告并处理。

5.5 定点配送

5.5.1 医药产品配送人员配送前应核对相关信息，确保与消耗点的相关指令一致。

5.5.2 应根据医药产品包装、质量特性和配送路径选择适宜的运载工具，采取措施防止出现破损、污染、遗失等问题。

5.5.3 医药产品配送工具信息宜与相关指令、消耗点关联，实时跟踪配送全过程。

5.5.4 医药产品配送人员应按照外包装标识要求搬运、装卸医药产品。

5.5.5 有特殊配送要求的医药产品宜采取相应的控制措施，对配送过程进行全程管理，控制措施包括但不限于上锁、保温等方式。

5.5.6 各消耗点交接确认宜通过 SPD 系统进行。

5.6 调配

5.6.1 调配应遵循"先产先出，近期先用"或按照指定批号原则，应确保调配医药产品质量合格，相应定数包外观、标签完好。定数包标签宜包括产品名称、产品规格、生产企业、定数系数、生产日期、失效日期、条码标签、批号等产品信息。

5.6.2 调配过程宜使用智能化设备进行操作，如发药机、包药机、耗材智能柜等设备。

5.6.3 定数包的调配应在符合洁净度要求的环境内进行，有无菌要求的医药产品应严格遵守相关规定，不应破坏无菌包装的外层包装。

5.7 对账服务

5.7.1 采取到货结算时应货票同行，并按实际收取的货物和对应的发票结算。

5.7.2 采取用后结算时，应符合以下要求。

a）物流服务商应通过 SPD 系统提供的医药产品出库数据，与医院信息管理系统提供医药产品使用确认信息，共同提交至计算机对账模块。

b）物流服务商应根据医院确认的消耗数据，打印结算单据由供货商开具发票。

5.8 设施设备管理

5.8.1 医药产品中心库、冷藏（保温）箱、温湿度监测系统的性能确认要求应符合 GB/T 34399。

5.8.2 应保证智能耗材柜内物品识别准确率，且应确保对账的正确率为 100%。

5.8.3 应与专业的设备公司签订设备定期维护保养合同。

5.8.4 应制定保养计划，督促专业公司及时执行计划。

5.8.5 应做好定期维护、保养记录，并定期对记录数据进行安全备份。

5.8.6 应定期抽检、更新物联网体系的核心设备，如无线射频识别设备、扫码器等，减少 SPD 系统出现疏漏。

5.9 数据管理

5.9.1 SPD 系统各类数据的录入、修改、保存等操作，应符合授权范围、操作规程和管理制度的要求，保证数据原始、真实、准确和可追溯。

5.9.2 SPD 系统中数据应采用安全、可靠的方式储存并按日异地备份，备份数据应在安全场所永久存放。

参考文献

[1] 中华人民共和国药品管理法（中华人民共和国主席令 2019 年第 30 号）
[2] 中华人民共和国药品管理法实施条例（2016 年国务院第 666 号令）
[3] 医疗器械监督管理条例（中华人民共和国国务院令 2017 年第 680 号）
[4] 药品经营质量管理规范（国家食品药品监管总局令 2016 年第 28 号）
[5] 医疗器械经营质量管理规范（国家食品药品监管总局令 2014 年第 58 号）
[6] 医疗器械使用质量监督管理办法（国家食品药品监管总局令 2015 年第 18 号）
[7] 药品流通监督管理办法（国家食品药品监督管理局令 2007 年第 26 号）
[8] 医疗器械经营监督管理办法（国家食品药品监督管理总局令 2017 年第 37 号）
[9] 医疗器械冷链（运输、贮存）管理指南（国家食品药品监督管理总局令 2016 年第 154 号）
[10] 药品经营质量管理规范现场检查指导原则（食药监药化监〔2016〕160 号）
[11] 医疗器械经营质量管理规范现场检查指导原则（食药监械监〔2015〕239 号）
[12] 医疗机构药事管理规定（卫医政发〔2011〕11 号）
[13] 三级综合医院评审标准实施细则（卫办医管发〔2011〕148 号）
[14] 医疗机构医用耗材管理办法（试行）（国卫医发〔2019〕43 号）

五、2020 年全球医疗器械 100 强企业

附表 6　2020 年全球医疗器械 100 强企业

排名	公司名称	销售额（百万美元）
1	美敦力	28913
2	强生	25963
3	飞利浦	21297
4	雅培	19953
5	GE 医疗	19942
6	碧迪医疗	17290
7	西门子医疗	16197
8	嘉德诺	15544
9	史赛克	14844
10	罗氏诊断	13035
11	波士顿科学	10735
12	贝朗	8369
13	捷迈邦美	7982
14	百特	7850
15	爱尔康	7362
16	丹纳赫	6662
17	3M	6641
18	奥林巴斯	5889
19	泰尔茂	5771
20	基立福	5711
21	施乐辉	5138
22	富士	4626
23	直觉外科	4479
24	爱德华生命科学	4348
25	费森尤斯医疗	4037
26	登士柏西诺德	4029
27	佳能医疗	4024
28	赛默飞世尔	3718
29	瑞思迈	2957

续 表

排名	公司名称	销售额（百万美元）
30	岛津	2812
31	洁定	2810
32	希森美康	2771
33	豪洛捷	2771
34	康乐保	2690
35	泰利福	2595
36	生物梅里埃	2443
37	艾利科技	2407
38	德尔格	1951
39	康维德	1827
40	瓦里安医疗	1784
41	HU Group	1732
42	博士康	1717
43	日本光电	1698
44	卡尔蔡司	1635
45	士卓曼	1607
46	医科达	1545
47	凯杰	1526
48	英特格拉生命科学	1518
49	德康	1476
50	伯乐生命	1412
51	新华医疗	1269
52	ICU 医疗	1266
53	Integer Holdings	1258
54	日本福田	1224
55	史密斯医疗	1172
56	纽瓦索	1168
57	爱克发医疗	1141
58	理诺珐	1084
59	科尔法	1080
60	欧姆龙	1032
61	康塔尔医疗	1016

续 表

排名	公司名称	销售额(百万美元)
62	美德医疗	995
63	美国血液技术	988
64	康美	955
65	Cochlear	940
66	麦斯莫	938
67	英维康	928
68	赖特医疗	921
69	法国加	915
70	精密科学	876
71	阿比奥梅德	841
72	柯尼卡美能达	806
73	微创医疗	793
74	索灵	791
75	Globus 医疗	785
76	库珀医疗	681
77	鱼跃医疗	671
78	麦利亚德基因公司	639
79	万睿视	597
80	安诺伦	535
81	日本滨松	532
82	乐普医疗	524
83	纳图斯医疗	495
84	贺利氏集团	476
85	奥菲斯国际	460
86	医沛生	396
87	安科锐	383
88	Hogy Medical	342
89	Luminex	335
90	RTI Surgical	303
91	CryoLife	276
92	盘格鲁力学	264
93	施特拉泰克医疗设备	248

续表

排名	公司名称	销售额（百万美元）
94	Cardiovascular	237
95	日本堀场	232
96	AtriCure	231
97	美鼎生物	201
98	古特拉	182
99	奥瑞许科技	155
100	Sectra	151

数据来源：健康界。

（注：企业排名情况按照2020年企业销售状况排序得出。）

六、2020年中国医疗器械行业企业100强

附表7　2020年中国医疗器械行业企业100强

序号	企业	主攻方向
1	迈瑞医疗	生命信息与支持、体外诊断、数字超声、医学影像
2	安图生物	体外诊断试剂和仪器，包括化学发光免疫分析仪、酶标仪、洗板机等
3	威高股份	一次性医疗器械和药业领域服务
4	乐普医疗	心血管疾病植介入诊疗器械设备及药品
5	健帆生物	血液净化产品，如DNA免疫吸附柱和树脂血液灌流器
6	康泰医学	血氧类、血压类、心电类、脑电类、超声类、影像类等20多种
7	大博医疗	骨科创伤类植入耗材、脊柱类植入耗材和神经外科类植入耗材
8	欧普康视	硬性透气性角膜接触镜类产品及眼科器械
9	鱼跃医疗	家用医疗器械、医用临床产品及与之相关的医疗服务
10	京东方	端口器件、智慧物联和智慧医工
11	美亚光电	人工智能色选机、X射线检测设备和高端医疗设备
12	启明医疗	心脏瓣膜疾病微创治疗领域的产品，如经导管主动脉瓣膜、经导管肺动脉瓣膜等
13	英科医疗	一次性医疗耗材和医疗耐用设备
14	万孚生物	生物医药体外诊断试剂行业POCT领域产品
15	南微医学	放射介入和内窥镜下微创诊疗器械
16	我武生物	过敏性疾病诊断及治疗产品
17	达安基因	临床检验试剂和仪器

续 表

序号	企业	主攻方向
18	迈克生物	体外诊断产品,涵盖临床生化、发光免疫、快速诊断、血栓与止血等
19	山东药玻	药用玻璃包装制品和丁基胶塞系列产品
20	迪安诊断	医学诊断产品+服务一体化
21	微创医疗	高端微创医疗器械
22	联影医疗	影像诊断设备、放疗设备及影像诊断所需的医疗产品
23	安科生物	细胞工程产品、基因工程产品等生物技术药品及核酸检测产品等
24	蓝帆医疗	手套系列、急救包系列、医用敷料系列等医用防护品
25	心脉医疗	心脏植入类器材,产品为大动脉覆膜支架系统、术中支架系统、大球囊及周围血管支架等
26	三诺生物	血糖、血脂、糖化血红蛋白、尿酸等多项糖尿病指标检测
27	艾德生物	肿瘤精准医疗分子诊断产品
28	星普医科	大型放疗设备伽玛刀和质子治疗系统
29	奥美医疗	医用敷料等一次性医用耗材
30	凯利泰	KMC椎体扩张球囊导管系列等产品
31	东软集团	医疗卫生信息化及大型高端医疗设备
32	振德医疗	传统医用敷料、压力治疗与固定、现代伤口护理、失禁护理产品、运动防护及康复等产业
33	理邦仪器	妇幼保健产品及系统、多参数监护产品及系统、心电产品及系统、数字超声诊断系统、体外诊断
34	春立医疗	骨科内植入物及配套器械
35	九强生物	体外诊断试剂与生化检测仪器
36	开立医疗	超声诊断系统、电子内镜系统、全自动五分类血液细胞分析仪
37	凯普生物	分子诊断试剂、分子诊断配套仪器等体外诊断相关产品
38	基蛋生物	POCT(现场快速检测)领域的体外诊断仪器和诊断试剂
39	博晖创新	医疗检测产品及元素分析产品
40	科华生物	体外诊断试剂、医疗检验仪器
41	润达医疗	向各类医学实验室提供体外诊断产品及专业技术支持
42	迪瑞医疗	尿液分析、生化分析、血细胞分析等系列产品及相关配套的试纸试剂
43	万东医疗	医用X射线诊断设备、磁共振成像设备、齿科诊断和治疗设备、血液健康产品
44	康德莱	医用穿刺器械、医用高分子耗材、介入类耗材、医疗器械市场供应链
45	新华医疗	感染控制、放疗及影像、手术器械及骨科、体外诊断试剂及仪器

续 表

序号	企业	主攻方向
46	冠昊生物	再生医学材料及再生型医用植入器械
47	美康生物	体外生化诊断试剂、仪器及独立第三方医学诊断服务
48	和佳股份	肿瘤微创、康复设备、医学影像、常规设备等品类
49	尚荣医疗	医疗设备及特种医疗设施
50	楚天科技	水剂类制药装备,包括安瓿瓶联动线、西林瓶联动线、口服液联动线、大输液联动线等
51	戴维医疗	婴儿培养箱、运输用培养箱、婴儿辐射保暖台、新生儿黄疸治疗系列设备等医疗器械
52	宝莱特	数字心电图机、胎儿监护仪、脉搏血氧仪及中央监护系统等
53	透景生命	高端临床诊断产品
54	明德生物	POCT 试剂
55	明峰医疗	医学影像设备,主要产品为基于 SiPM（Silicon photomultiplier,硅光电倍增管）技术的数字化 ScintCare PET/CT
56	洪达医疗器械	一次性使用无菌医疗器具系列产品
57	九安医疗	血压计血糖仪等诊断工具,iHealth 移动互联血压计、可穿戴智能腕表、移动互联体重秤等
58	乐心医疗	可穿戴运动手环（手表）、电子健康秤、脂肪测量仪、电子血压计等硬件设备
59	三鑫医疗	一次性无菌医疗器械产品及一次性使用安全自毁式无菌注射器和静脉留置针等
60	英特集团	药品、中药、生物器械
61	阳普医疗	为临床检验实验室与临床护理提供技术、产品和服务,主要产品为第三代真空采血系统
62	维力医疗	麻醉、泌尿、呼吸和血液透析等领域医用导管
63	中珠医疗	眼科医药及肿瘤医药和医疗器械
64	爱朋医疗	疼痛及五官科医疗器械
65	利德曼	体外诊断试剂和生物化学原料
66	南卫股份	化学、中药透皮制剂、医用卫生材料及敷料、运动保护用品
67	天松医疗	内窥镜微创医疗器械
68	博奥生物	生物芯片及相关试剂耗材、仪器设备、软件数据库、生命科学服务和临床检验服务五个系列
69	华大智造	基因测序仪、配套试剂及耗材
70	鸿锐集团	PVC（聚氯乙烯）系列手套、丁腈系列手套、乳胶系列手套及 PE（聚乙烯）系列产品
71	源德生物	增敏化学发光分析仪、试剂及高强度聚焦超声治疗系统

续 表

序号	企业	主攻方向
72	归创医疗	外周血管介入治疗高端医疗器械,如药物洗脱 PTAM 球囊扩张导管及药物洗脱外周血管支架系统
73	威尔德	超声诊断、超声治疗、超声理疗、超声监视、体外诊断试剂等
74	力康医疗	医疗设备、实验室仪器、医疗软件及家用医疗等
75	西诺医疗	口腔医疗设备,如牙科综合治疗机和牙科手机
76	华大基因	基因组学系列,包括基因测序仪和多种基因测序试剂
77	爱康医疗	骨科内植入物行业和3D打印技术在骨科中的应用
78	先健科技	心血管及周边血管疾病及紊乱所用先进微创介入医疗器械
79	山外山	血液灌流机、持续血液净化系统、血液透析机和血液透析滤过机等系列血液净化设备
80	六六视觉	眼科医疗器械,包括裂隙灯显微镜系列、手术显微镜系列、人工晶体系列、激光治疗器械系列
81	科惠医疗	骨科植入材料
82	满友医疗	涵盖病房护理、骨科内固定及骨关节、护理推车等三大系列
83	西京医疗	人工心肺机氧合器(俗称人工肺)及其配套产品和其他医疗器械
84	北京谊安	手术室、ICU 设备及机械通气和呼吸病管理产品
85	科华医疗	国内外先进眼科医疗产品的融通及推广
86	中迈数字医疗	以监护临床信息系统为核心的数字病区解决方案
87	益心达	医疗器械,涉及麻醉、介入、影像、妇产等领域
88	梅生医疗	种类齐全的牙科设备
89	迈波医疗	专注于血液透析服务,如血液净化用反渗透装置
90	迈迪生物	体外诊断试剂,如免疫抗体、蛋白相关试剂、快速诊断试剂等
91	纳通医疗	骨科关节、脊柱、创伤类产品
92	丹大生物	体外诊断试剂,生化试剂系列产品如 NGAL(中性粒细胞明胶酶相关脂质运载蛋白)和 HFABP,化学发光系列产品如胃蛋白酶原Ⅰ&Ⅱ和降钙素原等
93	茵络医疗	植入类医疗器械及介入类高端耗材
94	立迪生物	肿瘤个体化精准医疗研究、服务及产品
95	德适生物	IVD 产品及其他医疗器械,如细胞培养基、人外周血淋巴细胞培养基、自动化病毒分型诊断平台
96	美敦力	监护仪、呼吸机及一些植入性的耗材,主要是糖尿病管理中使用的胰岛素泵等产品
97	灵岩医疗	一次性使用医疗耗材,如一次性使用静脉留置针、注射针、输注泵、麻醉穿刺包及真空采血管

续表

序号	企业	主攻方向
98	科力医疗	开发出输液泵、注射泵、营养泵、输液信息采集系统十余种产品
99	科曼医疗	涵盖电生理监护、心电诊断、超声母婴监护、呼吸麻醉、婴儿保育及手术室设备等六大领域
100	安亭科学	实验室离心机及其他实验仪器

来源：互联网周刊联合 eNet 研究院。

（注：企业排名情况按照企业的创新驱动力及专业推广力综合得出，包括研发投入、市场数据等指标。）

七、我国医疗器械领域部分企业 2020 年经营情况[1]

1. 深圳迈瑞生物医疗电子股份有限公司

（1）整体业绩。2020 年，深圳迈瑞生物医疗电子股份有限公司（以下简称"迈瑞医疗"）实现营业收入 21025846389.00 元，比上年同期增加 27%。2020 年净利润 6659603292.00 元，比上年度增加 1974786493 元，同比增长 42.15%，见附表 8。

附表 8 迈瑞医疗 2019—2020 近两年企业营收（单位：元）

项目	2020 年度	2019 年度
一、营业总收入	21025846389.00	16555991314.00
二、营业总成本	13900565864.00	11395778858.00
三、营业利润	7455160122.00	5378792252.00
四、利润总额	7438440275.00	5368253525.00
五、净利润	6659603292.00	4684816799.00
六、其他综合收益的税后净额	-121268366.00	-19328804.00
七、综合收益总额	6538334926.00	4665487995.00

（2）器械业务相关营收情况。2020 年，迈瑞医疗在医疗器械行业收入为人民币 20980954301.00 元，占集团总收入 99.79%，较 2019 年的 16519557457.00 百万元增加了 27.01%。主营产品为生命信息与支持类产品，占营业收入 47.59%，见附表 9。

---

[1] 本节所有数据均来自各企业公布年报。

附表9　迈瑞医疗2019—2020年主营业务分析（单位：元）

	2020年		2019年		同比增减（%）
	金额	占营业收入比重（%）	金额	占营业收入比重（%）	
营业收入合计	21025846389	100	16555991314	100	27.00
分行业					
医疗器械行业	20980954301	99.79	16519557457	99.78	27.01
其他业务	44892088	0.21	36433857	0.22	23.22
分产品					
生命信息与支持类产品	10005956348	47.59	6489764552	39.20	54.18
体外诊断类产品	6646100248	31.61	5813931900	35.12	14.31
医学影像类产品	4196331457	19.96	4039418839	24.40	3.88
其他类产品	132566248	0.63	176442166	1.07	−24.87
其他业务	44892088	0.21	36433857	0.21	23.22
分地区					
境内	11110186370	52.84	9533845881	57.59	16.53
境外	9915660019	47.16	7022145433	42.41	41.21

2. 英科医疗科技股份有限公司

（1）整体业绩。2020年，英科医疗科技股份有限公司（以下简称"英科医疗"）实现营业收入13836714548.22元，比上年同期增加564.29%。2020年归属于上市公司股东的净利润为7007048194.26元，比上年度增加6828732001.93元，同比增长3829.56%，见附表10。

附表10　英科医疗2018—2020年企业营收

	2020年	2019年	2020年比上年增减（%）	2018年
营业收入（元）	13836714548.22	2082935405.65	564.29	1892540305.05
归属于上市公司股东的净利润（元）	7007048194.26	178316192.33	3829.56	179338691.06
归属于上市公司股东的扣除非经常性损益的净利润（元）	7005746722.69	169015160.20	4045.04	167424586.93

续 表

	2020 年	2019 年	2020 年比上年增减(%)	2018 年
经营活动产生的现金流量净额(元)	8590492246.33	329690320.28	2505.62	185778014.70
基本每股收益(元/股)	21.98	0.61	3503.28	0.61
稀释每股收益(元/股)	20.36	0.59	3350.85	0.61
加权平均净资产收益率(%)	132.22	13.08	119.14	15.30
	2020 年末	2019 年末	2020 年末比上年末增减(%)	2018 年末
资产总额(元)	12934808128.12	2992000994.68	332.31	2424602384.47
归属于上市公司股东的净资产(元)	9343841318.35	1477321015.45	532.49	1273080261.03

（2）器械业务相关营收情况。2020 年，英科医疗在医疗器械行业收入为人民币 13836714548.22 元，毛利率为 69.03%，较 2019 年增加了 564.29%，见附表 11。

附表 11 英科医疗 2020 年主营业务收入分析(单位:元)

	营业收入	营业成本	毛利率（%）	营业收入比上年同期增减(%)	营业成本比上年同期增减(%)	毛利率比上年同期增减(%)
分行业						
医疗器械	13836714548.22	4285310147.83	69.03	564.29	174.68	43.93
分产品						
个人防护装备	13451990742.59	3973782039.70	70.46	660.23	198.63	45.66

3. 振德医疗用品股份有限公司

（1）整体业绩。2020 年，振德医疗用品股份有限公司（以下简称"振德医疗"）实现营业收入 10398545638.73 元，比上年同期增加 456.75%。2020 年归属于上市公司股东的净利润为 2549453200.21 元，比上年度增加 2392563138.61 元，同比增长 1524.99%，见附表 12。

附表12 振德医疗2018—2020年企业营收(单位:元)

主要会计数据	2020年	2019年	2020年比上年同期增减(%)	2018年
营业收入	10398545638.73	1867727915.16	456.75	1428856684.96
归属于上市公司股东的净利润	2549453200.21	156890061.60	1524.99	130203577.12
归属于上市公司股东的扣除非经常性损益的净利润	2518100241.15	105998983.03	2275.59	96230055.19
经营活动产生的现金流量净额	3120839894.43	197762736.75	1478.07	20245774.71
	2020年末	2019年末	2020年末比上年同期末增减(%)	2018年末
归属于上市公司股东的净资产	4182785620.66	1358786069.59	207.83	1123721302.68
总资产	6400086700.05	2669238311.75	139.77	1849948385.48

（2）器械业务相关营收情况。2020年，振德医疗在医疗器械行业收入为人民币1025065.09元，毛利率为47.51%，较2019年增加了461.48%，见附表13。

附表13 振德医疗2020年主营业务收入分析(单位:元)

主营业务分行业情况						
分行业	营业收入	营业成本	毛利率(%)	营业收入比上年增减(%)	营业成本比上年增减(%)	毛利率比上年增减(%)
医疗器械	1025065.09	538069.70	47.51	461.48	336.97	14.96
其他	6011.33	5262.39	12.46	99.63	101.27	-0.71
合计	1031076.42	543332.09	47.30	455.61	332.07	15.07
主营业务分产品情况						
分产品	营业收入	营业成本	毛利率(%)	营业收入比上年增减(%)	营业成本比上年增减(%)	毛利率比上年增减(%)
基础伤口护理	83520.37	64302.21	23.01	14.92	17.06	-1.41
手术感控	137874.63	86401.17	37.33	116.72	110.58	1.83
压力治疗与固定	31519.36	18675.33	40.75	11.52	7.33	2.31

续 表

主营业务分产品情况						
分产品	营业收入	营业成本	毛利率(%)	营业收入比上年增减(%)	营业成本比上年增减(%)	毛利率比上年增减(%)
造口及现代伤口护理	8386.90	3616.11	56.88	15.36	9.84	2.17
感控防护	763763.83	365074.88	52.20	7016.45	5529.15	12.63
其他	6011.33	5262.39	12.46	99.63	101.27	−0.71
合计	1031076.42	543332.09	47.30	455.61	332.07	15.07
主营业务分地区情况						
分地区	营业收入	营业成本	毛利率(%)	营业收入比上年增减(%)	营业成本比上年增减(%)	毛利率比上年增减(%)
境内	266117.75	129407.97	51.37	344.68	310.94	3.99
境外	764958.68	413924.12	45.89	508.41	339.13	20.86
合计	1031076.42	543332.09	47.30	455.61	332.07	15.07

4. 山东新华医疗器械股份有限公司

（1）整体业绩。2020年，山东新华医疗器械股份有限公司（以下简称"新华医疗"）实现营业收入9150960410.80元，比上年同期增加4.38%。2020年归属于上市公司股东的净利润为234138976.63元，比上年度减少627175765.56元，同比降低72.82%，见附表14。

附表14 新华医疗2018—2020年企业营收（单位：元）

主要会计数据	2020年	2019年	2020年比上年同期增减(%)	2018年
营业收入	9150960410.80	8766761075.94	4.38	10283639028.29
归属于上市公司股东的净利润	234138976.63	861314742.19	−72.82	22,784139.99
归属于上市公司股东的扣除非经常性损益的净利润	195045269.93	−29346878.80	不适用	−65363569.93
经营活动产生的现金流量净额	1098102394.41	630910080.55	74.05	653215493.42
	2020年末	2019年末	2020年末比上年同期末增减(%)	2018年末
归属于上市公司股东的净资产	4384548189.31	4179332481.01	4.91	3305197913.92
总资产	11553848218.81	11607910627.40	−0.47	12379847716.39

（2）器械业务相关营收情况。2020年，新华医疗在医疗器械行业收入为人民币7235667920.05元，毛利率为24.24%，较2019年增加了4.23%，见附表15。

附表15　新华医疗2020年主营业务收入分析（单位：元）

主营业务分行业情况					
分行业	营业收入	营业成本	毛利率（%）	营业收入比上年增减（%）	营业成本比上年增减（%）	毛利率比上年增减（%）
医疗器械	7235667920.05	5481564933.24	24.24	4.23	2.99	0.91
制药装备	1068904084.68	833581576.69	22.02	-0.34	-12.00	10.33
医疗服务	689459092.58	576295589.36	16.41	14.08	13.07	0.75
主营业务分产品情况					
分产品	营业收入	营业成本	毛利率（%）	营业收入比上年增减（%）	营业成本比上年增减（%）	毛利率比上年增减（%）
医疗器械制造产品	2943502746.49	1861083518.51	36.77	14.14	16.65	-1.36
医疗商贸产品	4292165173.56	3620481414.73	15.65	-1.63	-2.86	1.06
制药装备产品	1068904084.68	833581576.69	22.02	-0.34	-12.00	10.33
医疗服务	689459092.58	576295589.36	16.41	14.08	13.07	0.75
主营业务分地区情况					
分地区	营业收入	营业成本	毛利率（%）	营业收入比上年增减（%）	营业成本比上年增减（%）	毛利率比上年增减（%）
国内	8840776222.57	6788563622.15	23.29	4.32	1.61	2.05
国外	144690617.86	102878477.14	28.90	6.27	4.78	1.02

5. 乐普（北京）医疗器械股份有限公司

（1）整体业绩。2020年，乐普（北京）医疗器械股份有限公司（以下简称"乐普医疗"）实现营业收入8038667540.97元，比上年同期增加3.12%。2020年归属于上市公司股东的净利润为1801932532.92元，比上年度增加76626341.75元，同比增长4.44%，见附表16。

附表16　乐普医疗2018—2020年企业营收

	2020年	2019年	2020年比上年增减(%)	2018年
营业收入(元)	8038667540.97	7795529386.34	3.12	6356304792.21
归属于上市公司股东的净利润(元)	1801932532.92	1725306191.17	4.44	1218692899.20
归属于上市公司股东的扣除非经常性损益的净利润(元)	1412890674.82	1240781861.24	13.87	1049684868.90
经营活动产生的现金流量净额(元)	2089699304.89	1990255063.49	5.00	1500508937.59
基本每股收益(元/股)	1.0141	0.9746	4.05	0.6840
稀释每股收益(元/股)	1.0141	0.9746	4.05	0.6840
加权平均净资产收益率(%)	21.12	25.03	-3.91	19.13
	2020年末	2019年末	2020年末比上年末增减(%)	2018年末
资产总额(元)	18156865082.22	15926290883.65	14.01	15113292721.76
归属于上市公司股东的净资产(元)	9872791251.61	7482776572.59	31.94	6361629612.75

（2）器械业务相关营收情况。医疗器械板块是乐普医疗业务规模最大的板块。2020年，该板块实现营业收入340039.81万元，同比降低1.05%。其自产器械产品包括泛心血管核心器械和非心血管器械，2020年自产器械产品实现营业收入301,470.84万元，同比增长2.14%。由于器械代理业务的降低导致整个器械板块略降低，见附表17。

附表17　乐普医疗2019—2020年主营业务分析(单位:元)

	2020年		2019年		同比增减(%)
	金额	占营业收入比重(%)	金额	占营业收入比重(%)	
营业收入合计	8038667540.97	100	7795529386.34	100	3.12
分行业					
医疗器械	3400398068.60	42.30	3436612007.15	44.08	-1.05
药品	3411674312.29	42.44	3848610936.60	49.37	-11.35
医疗服务及健康管理	1226595160.08	15.26	510306442.59	6.55	140.36

续 表

	2020 年		2019 年		同比增减(%)
	金额	占营业收入比重(%)	金额	占营业收入比重(%)	
分产品					
核心心血管介入产品	1113106102.11	13.85	1791051265.87	22.98	-37.85
结构型和心脏节律器械	190989288.75	2.37	190825676.36	2.44	0.09
非心血管器械	1710613014.76	21.28	969572190.21	12.44	76.43
器械产品代理配送业务	385689662.98	4.80	485162874.71	6.22	-20.50
药品原料药业务	539822543.03	6.72	660785851.31	8.48	-18.31
药品制剂业务	2871851769.26	35.72	3187825085.29	40.89	-9.91
医疗服务及健康管理	1226595160.08	15.26	510306442.59	6.55	140.36
分地区					
国外	1541857589.25	19.18	553862052.86	7.10	178.38
国内	6496809951.72	80.82	7241667333.48	92.90	-10.29

6. 江苏鱼跃医疗设备股份有限公司

（1）整体业绩。2020年，江苏鱼跃医疗设备股份有限公司（以下简称"鱼跃医疗"）实现营业收入6725687289.68元，比上年同期增加45.08%。2020年归属于上市公司股东的净利润为1759061963.21元，比上年度增加1006494708.47元，同比增长133.74%，见附表18。

附表18 鱼跃医疗2018—2020年企业营收

	2020 年	2019 年	2020 年比上年增减(%)	2018 年
营业收入(元)	6725687289.68	4635934687.64	45.08	4183391623.06
归属于上市公司股东的净利润(元)	1759061963.21	752567254.74	133.74	727154342.46
归属于上市公司股东的扣除非经常性损益的净利润(元)	1626319404.40	707640391.23	129.82	642441740.54
经营活动产生的现金流量净额(元)	2830851055.84	614203042.11	360.90	798144562.32
基本每股收益(元/股)	1.75	0.75	133.33	0.73

续 表

	2020 年	2019 年	2020年比上年增减(%)	2018 年
稀释每股收益(元/股)	1.75	0.75	133.33	0.73
加权平均净资产收益率(%)	26.19	13.07	13.12	13.69
	2020 年末	2019 年末	2020年末比上年末增减(%)	2018 年末
总资产(元)	10065252420.67	7965728883.72	26.36	6911400032.53
归属于上市公司股东的净资产(元)	7437320072.16	6070575008.75	22.51	5468172277.72

（2）器械业务相关营收情况。2020 年，鱼跃医疗主营业务收入为人民币 6665744256.41 元，较 2019 年增加了 45.49%，其中家用医疗产品占比 39.46%，同比增长 49.00%，医用呼吸与供养产品占比 33.61%，同比增长 85.51%，见附表 19。

附表 19 鱼跃医疗 2019—2020 年主营业务分析(单位:元)

	2020 年		2019 年		同比增减(%)
	金额	占营业收入比重(%)	金额	占营业收入比重(%)	
营业收入合计	6725687289.68	100	4635934687.64	100	45.08
分行业					
主营业务收入	6665744256.41	99.11	4581665908.20	98.83	45.49
其他业务收入	59943033.27	0.89	54268779.44	1.17	10.46
分产品					
家用医疗	2653939277.99	39.46	1781208854.80	38.42	49.00
医用呼吸与供氧	2260268564.52	33.61	1218438134.85	26.28	85.51
医用临床	1594375514.41	23.71	1229491551.56	26.52	29.68
外贸产品	157160899.49	2.34	352527366.99	7.60	−55.42
其他业务收入	59943033.27	0.89	54268779.44	1.17	10.46
分地区					
内销	4787354703.21	71.18	3784986227.38	81.64	26.48
外销	1878389553.20	27.93	796679680.82	17.18	135.78
其他业务收入	59943033.27	0.89	54268779.44	1.17	10.46

7. 上海康德莱企业发展集团股份有限公司

（1）整体业绩。2020 年，上海康德莱企业发展集团股份有限公司（以下简称"康德莱"）实现营业收入 2645382000.33 元，比上年同期增加 45.60%。2020 年归属于上市公司股东的净利润为 202771145.33 元，比上年度增加 32666533.55 元，同比增长 19.20%，见附表 20。

附表 20　康德莱 2018—2020 年企业营收（单位：元）

主要会计数据	2020 年	2019 年		2020 年比上年同期增减（%）	2018 年
		调整后	调整前		
营业收入	2645382000.33	1816907868.44	1816907868.44	45.60	1450058270.85
归属于上市公司股东的净利润	202771145.33	170104611.78	170104611.78	19.20	147094728.76
归属于上市公司股东的扣除非经常性损益的净利润	184869668.32	155793743.32	155793743.32	18.66	133680721.33
经营活动产生的现金流量净额	403280238.40	256366254.09	256366254.09	57.31	314171054.60
	2020 年末	2019 年末		2020 年末比上年同期末增减（%）	2018 年末
		调整后	调整前		
归属于上市公司股东的净资产	1761340979.24	1604862363.04	1604862363.04	9.75	1373538370.92
总资产	4257771169.70	3769679622.35	3769679622.35	12.95	2174274192.97

（2）器械业务相关营收情况。2020 年，康德莱医疗器械制造业收入为人民币 2638144058.83 元，毛利率 38.54%，较 2019 年增加了 44.22%，见附表 21。

附表21　康德莱2020年主营业务分析(单位:元)

	营业收入	营业成本	毛利率（%）	营业收入比上年增减（%）	营业成本比上年增减（%）	毛利率比上年增减（%）
医疗器械制造业	2638144058.83	1621501411.34	38.54	45.75	44.22	0.66

8. 广州万孚生物技术股份有限公司

（1）整体业绩。2020年，广州万孚生物技术股份有限公司（以下简称"万孚生物"）实现营业总收入281084.13万元，较上年同期增长35.64%；归属于上市公司股东的净利润63417.03万元，比上年同期增长63.67%，见附表22。

附表22　万孚生物2018—2020年企业营收

	2020年	2019年	2020年比上年增减（%）	2018年
营业收入(元)	2810841254.41	2072320901.12	35.64	1650059430.26
归属于上市公司股东的净利润(元)	634170281.68	387461316.97	63.67	307744491.34
归属于上市公司股东的扣除非经常性损益的净利润(元)	590358531.12	371099287.52	59.08	268369082.58
经营活动产生的现金流量净额(元)	1061837071.42	309860070.96	242.68	247609248.55
基本每股收益(元/股)	1.87	1.14	64.04	0.92
稀释每股收益(元/股)	1.87	1.14	64.04	0.92
加权平均净资产收益率(%)	25.13	18.68	6.45	19.29
	2020年末	2019年末	2020年末比上年末增减（%）	2018年末
资产总额(元)	4306097245.20	2944004224.76	46.27	2691461368.16
归属于上市公司股东的净资产(元)	2842304409.45	2223327929.63	27.84	1934456985.68

（2）器械业务相关营收情况。2020年，万孚生物体外诊断产品收入为人民币2431098365.95元，占营业收入比重86.49%，较2019年增加了55.44%，见附表23。

附表23 万孚生物2019—2020年主营业务分析(单位:元)

	2020年		2019年		同比增减(%)
	金额	占营业收入比重(%)	金额	占营业收入比重(%)	
营业收入合计	2810841254.41	100	2072320901.12	100	35.64
分行业					
体外诊断产品	2431098365.95	86.49	1564042764.53	75.47	55.44
其他	379742888.46	13.51	508278136.59	24.53	−25.29
分产品					
传染病检测	1453216858.49	51.70	578538543.18	27.92	151.19
慢性疾病检测	569802102.08	20.27	605934360.99	29.24	−5.96
妊娠及优生优育检测	167501574.52	5.96	149641407.81	7.22	11.94
毒品(药物滥用)检测	240577830.86	8.56	229928452.55	11.09	4.63
其他	379742888.46	13.51	508278136.59	24.53	−25.29
分地区					
华北地区	136618397.50	4.86	158517877.04	7.65	−13.82
华东地区	274790462.20	9.78	201447358.06	9.72	36.41
东北地区	98560908.25	3.51	103811546.09	5.01	−5.06
华中地区	227750393.97	8.10	289153518.34	13.95	−21.24
华南地区	309173024.78	11.00	307852577.91	14.85	0.43
西南地区	258588515.52	9.20	369604358.30	17.83	−30.04
西北地区	242320409.82	8.62	212530306.47	10.26	14.02
欧洲地区	394467652.40	14.03	60993480.47	2.94	546.74
亚洲地区	237597469.28	8.45	84251393.52	4.07	182.01
非洲地区	30437801.04	1.08	22717847.33	1.10	33.98
美洲地区	600536219.65	21.37	261440637.59	12.62	129.70

9. 广州金域医学检验集团股份有限公司

(1) 整体业绩。2020年，广州金域医学检验集团股份有限公司（以下简称"金域医学"）实现营业总收入8243763516.83元，较上年同期增长56.45%；归属于上市公司股东的净利润1509701887.90元，比上年同期增长275.24%，见附表24。

附表24 金城医学2018—2020年企业营收(单位:元)

主要会计数据	2020年	2019年	2020年比上年同期增减(%)	2018年
营业收入	8243763516.83	5269266497.93	56.45	4525252828.79
归属于上市公司股东的净利润	1509701887.90	402331127.66	275.24	233321406.03
归属于上市公司股东的扣除非经常性损益的净利润	1457448245.76	318751687.77	357.24	190538463.64
经营活动产生的现金流量净额	1523107566.84	661396159.28	130.29	529623040.76
	2020年末	2019年末	2020年末比上年同期末减(%)	2018年末
归属于上市公司股东的净资产	3787213437.89	2274778951.92	66.49	1905322504.48
总资产	6639312967.40	4395467312.02	51.05	3957342256.94

(2)器械业务相关营收情况。2020年,金域医学医疗器械相关业务(第三方医学诊断服务)收入7869805370.23元,毛利率46.75%,较上年同期增加7.64个百分点,其他业务毛利率45.34%,较上年同期减少0.18个百分点,见附表25。

附表25 金城医学2020年主营业务分析(单位:元)

主营业务分行业情况						
分行业	营业收入	营业成本	毛利率(%)	营业收入比上年增减(%)	营业成本比上年增减(%)	毛利率比上年增减(%)
第三方医学诊断服务	7869805370.23	4190739850.80	46.75	58.51	38.61	7.64
其他	373958146.60	204396518.07	45.34	22.84	23.25	-0.18
合计	8243763516.83	4395136368.87	46.69	56.45	37.82	7.21

续 表

主营业务分产品情况

分产品	营业收入	营业成本	毛利率（%）	营业收入比上年增减（%）	营业成本比上年增减（%）	毛利率比上年增减（%）
医学诊断服务	7869805370.23	4190739850.80	46.75	58.51	38.61	7.64
销售诊断产品	155786052.64	93222857.63	40.16	39.02	31.07	3.63
健康体检业务	34188369.37	15378781.38	55.02	-4.63	8.52	-5.45
冷链物流服务	26706518.08	29425252.50	-10.18	33.26	45.68	-9.39
其他	157277206.51	66369626.57	57.80	15.24	9.98	2.02
合计	8243763516.83	4395136368.87	46.69	56.45	37.82	7.21

主营业务分地区情况

分地区	营业收入	营业成本	毛利率（%）	营业收入比上年增减（%）	营业成本比上年增减（%）	毛利率比上年增减（%）
西南片区	1472106058.79	787606231.90	46.50	45.36	37.04	3.25
华南片区	2155453902.39	1132323680.17	47.47	63.31	54.42	3.02
华东片区	1175468376.05	684564353.22	41.76	38.32	16.13	11.13
华中片区	917833403.23	500073621.25	45.52	66.22	44.07	8.38

10. 深圳华大基因股份有限公司

（1）整体业绩。2020年，深圳华大基因股份有限公司（以下简称"华大基因"）实现营业总收入8397230002.83元，较上年同期增长199.86%；归属于上市公司股东的净利润2090285273.48元，比上年同期增长656.43%，见附表26。

附表26 华大基因2018—2020年企业营收

	2020年	2019年	2020年比上年增减（%）	2018年
营业收入（元）	8397230002.83	2800411936.69	199.86	2536406105.62
归属于上市公司股东的净利润（元）	2090285273.48	276334018.82	656.43	386645517.08

续 表

	2020 年	2019 年	2020 年比上年增减(%)	2018 年
归属于上市公司股东的扣除非经常性损益的净利润(元)	2049045082.77	221481259.05	825.16	309176267.37
经营活动产生的现金流量净额(元)	3602692531.30	224254961.96	1506.52	14687326.67
基本每股收益(元/股)	5.2520	0.6907	660.39	0.9664
稀释每股收益(元/股)	5.2353	0.6907	657.97	0.9664
加权平均净资产收益率(%)	40.44	6.27	34.17	9.16
	2020 年末	2019 年末	2020 年末比上年末增减	2018 年末
资产总额(元)	11195040535.59	5909118302.73	89.45	5251400301.45
归属于上市公司股东的净资产(元)	5910105053.53	4314048690.33	37.00	4164959595.03

（2）器械业务相关营收情况。2020 年，华大基因医疗器械相关业务（基因组学应用行业）收入为人民币 8386922285.47 元，较 2019 年增加了 200.20%，见附表 27。

附表 27　华大基因 2019—2020 年主营业务分析(单位:元)

	2020 年		2019 年		同比增减(%)
	金额	占营业收入比重(%)	金额	占营业收入比重(%)	
营业收入合计	8397230002.83	100	2800411936.69	100	199.86
分行业					
基因组学应用行业	8386922285.47	99.88	2793734804.37	99.76	200.20
其他	10307717.36	0.12	6677132.32	0.24	54.37
分产品					
生育健康基础研究和临床应用服务	1177896346.71	14.03	1176477425.02	42.00	0.12

续 表

	2020 年		2019 年		同比增减(%)
	金额	占营业收入比重(%)	金额	占营业收入比重(%)	
分产品					
肿瘤防控及转化医学类服务	351242349.13	4.18	283276949.00	10.12	23.99
感染防控基础研究和临床应用服务	669570471.10	7.97	81236966.93	2.90	724.22
多组学大数据服务与合成业务	625923966.99	7.46	681488186.95	24.34	-8.15
精准医学检测综合解决方案(注)	5562289151.54	66.24	571255276.47	20.40	873.70
其他业务收入	10307717.36	0.12	6677132.32	0.24	54.37
分地区					
中国大陆(不含中国港澳台地区)	2798390071.99	33.33	2336476819.36	83.43	19.77
欧洲及非洲	989698700.79	11.79	192894939.11	6.89	413.08
美洲	832545665.39	9.91	126867395.57	4.53	556.23
亚洲(含中国港澳台地区)及大洋洲	3776595564.66	44.97	144172782.65	5.15	2519.49

11. 中山大学达安基因股份有限公司

(1) 整体业绩。2020年，中山大学达安基因股份有限公司（以下简称"达安基因"）实现营业总收入5341209627.83元，较上年同期增长386.35%；归属于上市公司股东的净利润2449090154.35元，比上年同期增长2556.80%，见附表28。

附表28　达安基因2018—2020年企业营收

	2020年	2019年	2020年比上年增减(%)	2018年
营业收入(元)	5341209627.83	1098217159.07	386.35	1478663128.23
归属于上市公司股东的净利润(元)	2449090154.35	92181843.11	2556.80	101582978.65
归属于上市公司股东的扣除非经常性损益的净利润(元)	2367365192.11	11829265.36	19912.78	46816625.54
经营活动产生的现金流量净额(元)	2514511529.56	92972713.34	2604.57	392378509.77
基本每股收益(元/股)	2.7921	0.1051	2556.61	0.1158
稀释每股收益(元/股)	2.7921	0.1051	2556.61	0.1158
加权平均净资产收益率(%)	80.21	5.10	75.11	5.77
	2020年末	2019年末	2020年末比上年末增减(%)	2018年末
总资产(元)	6700027768.66	3561622714.71	88.12	3663327301.13
归属于上市公司股东的净资产(元)	4268624949.35	1841511884.19	131.80	1815789006.98

（2）器械业务相关营收情况。2020年,达安基因医疗器械相关业务(生物制品业)收入为人民币5289955491.00元,较2019年增加了399.63%,见附表29。

附表29　达安基因2019—2020年主营业务分析(单位:元)

	2020年		2019年		同比增减(%)
	金额	占营业收入比重(%)	金额	占营业收入比重(%)	
营业收入合计	5341209627.83	100	1098217159.07	100	386.35
分行业					
生物制品业	5289955491.00	99.04	1058781577.23	96.41	399.63
金融服务	51254136.83	0.96	39435581.84	3.59	29.97

续 表

	2020 年		2019 年		同比增减(%)
	金额	占营业收入比重(%)	金额	占营业收入比重(%)	
分产品					
销售商品	5078298299.99	95.08	901352048.70	82.07	463.41
提供劳务	200731398.98	3.76	137392537.16	12.51	46.10
金融服务	51254136.83	0.96	39435581.84	3.59	29.97
其他	0.00	0.00	12108656.73	1.10	−100.00
其他业务收入	10925792.03	0.20	7928334.64	0.72	37.81
分地区					
华南区	1641165376.19	30.73	392912804.67	35.78	317.69
华南以外地区	3700044251.64	69.27	705304354.40	64.22	424.60

12. 圣湘生物科技股份有限公司

（1）整体业绩。2020 年，圣湘生物科技股份有限公司（以下简称"圣湘生物"）实现营业总收入 4762963903.32 元，较上年同期增长 1203.53%；归属于上市公司股东的净利润 2616597026.75 元，比上年同期增长 6527.90%，见附表 30。

附表 30　圣湘生物 2018—2020 年企业营收(单位:元)

主要会计数据	2020 年	2019 年	2020 年比上年同期增减(%)	2018 年
营业收入	4762963903.32	365389084.87	1203.53	303446306.01
归属于上市公司股东的净利润	2616597026.75	39478539.85	6527.90	6762086.34
归属于上市公司股东的扣除非经常性损益的净利润	2592675,720.17	37650597.68	6786.15	5699756.20
经营活动产生的现金流量净额	2642276432.02	22405731.73	11692.86	10067120.58
	2020 年末	2019 年末	2020 年末比上年同期末增减(%)	2018 年末
归属于上市公司股东的净资产	4745425022.72	557476400.67	751.23	396287325.35
总资产	5454374137.67	642465337.29	748.98	552042679.43

（2）器械业务相关营收情况。2020 年，圣湘生物医疗器械相关业务（体外诊断行业）收入为人民币 4597974172.67 元，较 2019 年增加了 1179.58%，见附表 31。

附表 31 圣湘生物 2020 年主营业务分析（单位：元）

分行业	营业收入	营业成本	毛利率（%）	营业收入比上年增减（%）	营业成本比上年增减（%）	毛利率比上年增减（%）
主营业务分行业情况						
体外诊断行业	4597974172.67	920037617.26	79.99	1179.58	639.17	14.63
主营业务分产品情况						
分产品	营业收入	营业成本	毛利率（%）	营业收入比上年增减（%）	营业成本比上年增减（%）	毛利率比上年增减（%）
诊断试剂	3879802406.43	488586023.55	87.41	1438.69	861.81	7.55
诊断仪器	652393124.39	405113143.95	37.90	810.39	674.64	12.47
检测服务	65778641.85	26338449.76	59.96	85.17	30.17	16.92
主营业务分地区情况						
分地区	营业收入	营业成本	毛利率（%）	营业收入比上年增减（%）	营业成本比上年增减（%）	毛利率比上年增减（%）
境内	2172622987.57	640758119.88	70.51	536.77	449.12	4.71
境外	2425351185.10	279279497.38	88.48	13269.57	3489.14	31.38

13. 武汉明德生物科技股份有限公司

（1）整体业绩。2020 年，武汉明德生物科技股份有限公司（以下简称"明德生物"）实现营业总收入 959099196.30 元，较上年同期增长 429.43%；归属于上市公司股东的净利润 468927794.21 元，比上年同期增长 1029.24%，见附表 32。

附表32 明德生物2018—2020年企业营收

	2020年	2019年	2020年比上年增减(%)	2018年
营业收入(元)	959099196.30	181155372.27	429.43	176381394.08
归属于上市公司股东的净利润(元)	468927794.21	41525796.40	1029.24	61419875.14
归属于上市公司股东的扣除非经常性损益的净利润(元)	455082265.61	29877686.62	1423.15	49572069.85
经营活动产生的现金流量净额(元)	359682449.10	22485878.78	1499.59	53671446.05
基本每股收益(元/股)	6.98	0.62	1025.81	1.08
稀释每股收益(元/股)	6.98	0.62	1025.81	1.08
加权平均净资产收益率(%)	55.81	6.95	48.86	15.55
	2020年末	2019年末	2020年末比上年末增减(%)	2018年末
总资产(元)	1426645523.77	638422342.98	123.46	617146993.75
归属于上市公司股东的净资产(元)	1101793294.20	609708823.44	80.71	588158571.14

(2)器械业务相关营收情况。2020年,明德生物医疗器械相关业务(医药制造业)收入为人民币959099196.30元,较2019年增加了429.43%,见附表33。

附表33 明德生物2019—2020年主营业务分析(单位:元)

	2020年		2019年		同比增减(%)
	金额	占营业收入比重(%)	金额	占营业收入比重(%)	
营业收入合计	959099196.30	100	181155372.27	100	429.43
分行业					
医药制造业	959099196.30	100.00	181155372.27	100.00	429.43

续 表

	2020 年		2019 年		同比增减(%)
	金额	占营业收入比重(%)	金额	占营业收入比重(%)	
分产品					
快速诊断试剂	781806816.15	81.52	161678051.79	89.25	383.56
快速诊断仪器	12881412.85	1.34	4492013.37	2.48	186.76
检验服务	87628656.99	9.14	6034303.37	3.33	1352.18
代理产品	67343129.01	7.02	670988.55	0.37	9936.41
软件产品	4801857.08	0.50	4366220.60	2.41	9.98
技术服务	4637324.22	0.48	3913794.59	2.16	18.49
分地区					
东北地区	100664428.65	10.50	7587095.00	4.19	1226.78
华北地区	58577070.14	6.11	9223782.79	5.09	535.07
华东地区	91967965.72	9.59	31610328.32	17.45	190.94
华南地区	156217182.47	16.29	22229109.67	12.27	602.76
华中地区	241336995.90	25.16	47413245.60	26.17	409.01
西北地区	207896178.40	21.68	46561443.90	25.70	346.50
西南地区	17112905.65	1.78	16163017.36	8.92	5.88
海外地区	85326469.37	8.90	367349.63	0.20	23127.59

14. 上海之江生物科技股份有限公司

（1）整体业绩。2020 年，上海之江生物科技股份有限公司（以下简称"之江生物"）实现营业总收入 2052141874.39 元，较上年同期增长 692.72%；归属于上市公司股东的净利润 932009443.50 元，比上年同期增长 1708.96%，见附表 34。

附表 34　之江生物 2018—2020 年企业营收（单位：元）

主要会计数据	2020 年	2019 年	2020 年比上年同期增减(%)	2018 年
营业收入	2052141874.39	258872522.24	692.72	224350623.96
归属于上市公司股东的净利润	932009443.50	51521833.30	1708.96	62318542.47
归属于上市公司股东的扣除非经常性损益的净利润	927725529.37	44324727.02	1993.02	50492685.44

续 表

主要会计数据	2020 年	2019 年	2020年比上年同期增减(%)	2018 年
经营活动产生的现金流量净额	1141796462.48	76660805.72	1389.41	80631599.86
	2020 年末	2019 年末	2020年末比上年同期末增减(%)	2018 年末
归属于上市公司股东的净资产	1462598582.88	571843209.21	155.77	532664358.08
总资产	1879571653.56	641930146.52	192.80	579639436.62

（2）器械业务相关营收情况。2020 年，之江生物医疗器械相关业务（体外诊断行业）收入为人民币 2，033，498，341.34 元，较 2019 年增加了 699.78%，见附表 35。

附表 35　之江生物 2020 年主营业务分析(单位:元)

主营业务分行业情况						
分行业	营业收入	营业成本	毛利率(%)	营业收入比上年增减(%)	营业成本比上年增减(%)	毛利率比上年增减(%)
体外诊断行业	2033498341.34	513479784.27	74.75	699.78	752.73	−1.57
主营业务分产品情况						
分产品	营业收入	营业成本	毛利率(%)	营业收入比上年增减(%)	营业成本比上年增减(%)	毛利率比上年增减(%)
核酸检测试剂盒	1200600798.57	262427832.98	78.14	442.72	516.01	−2.60
分子诊断仪器	437413553.22	182656260.61	58.24	1597.96	1033.91	20.77
其他	395483989.55	68395690.68	82.71	5337.07	4442.12	3.41
主营业务分地区情况						
分地区	营业收入	营业成本	毛利率(%)	营业收入比上年增减(%)	营业成本比上年增减(%)	毛利率比上年增减(%)
境内	1568929554.24	448294337.59	71.43	526.02	653.37	−4.83
境外	464568787.10	65185446.67	85.97	12677.40	9077.65	5.50

15. 深圳市理邦精密仪器股份有限公司

（1）整体业绩。2020年，深圳市理邦精密仪器股份有限公司（以下简称"理邦仪器"）实现营业总收入2318604231.57元，较上年同期增长104.06%；归属于上市公司股东的净利润653153458.75元，比上年同期增395.37%，见附表36。

附表36 理邦仪器2018—2020年企业利润表

	2020年	2019年	2020年比上年增减(%)	2018年
营业收入(元)	2318604231.57	1136243020.52	104.06	992719626.02
归属于上市公司股东的净利润(元)	653153458.75	131850513.29	395.37	92654983.91
归属于上市公司股东的扣除非经常性损益的净利润(元)	610610245.12	114530951.15	433.14	38484767.13
经营活动产生的现金流量净额(元)	689500602.06	115288444.27	498.07	82336899.88
基本每股收益(元/股)	1.1228	0.2261	396.59	0.1584
稀释每股收益(元/股)	1.1228	0.2261	396.59	0.1584
加权平均净资产收益率(%)	41.67	10.42	31.25	7.40
	2020年末	2019年末	2020年末比上年末增减(%)	2018年末
资产总额(元)	2259048448.10	1497016824.24	50.90	1441615451.63
归属于上市公司股东的净资产(元)	1810913371.49	1290933802.07	40.28	1245687462.21

（2）器械业务相关营收情况。2020年，理邦仪器医疗器械相关业务收入为人民币2318604231.57元，较2019年增加了104.06%，见附表37。

附表37 理邦仪器2019—2020年主营业务分析（单位：元）

	2020年		2019年		同比增减（%）
	金额	占营业收入比重（%）	金额	占营业收入比重（%）	
营业收入合计	2318604231.57	100	1136243020.52	100	104.06
分行业					
医疗器械行业	2318604231.57	100.00	1136243020.52	100.00	104.06
分产品					
多参数监护产品及系统	1470682271.92	63.43	396782482.29	34.92	270.65
妇幼保健产品及系统	224333137.99	9.68	222585468.40	19.59	0.79
心电产品及系统	231502229.04	9.98	200279431.06	17.62	15.59
体外诊断	213417534.98	9.20	150872257.81	13.28	41.46
数字超声诊断系统	130774320.96	5.64	126008689.81	11.09	3.78
其他服务收入	18317825.49	0.79	11327912.03	1.00	61.71
其他业务	29576911.19	1.28	28386779.12	2.50	4.19
分地区					
中国境内	770610146.19	33.24	504892446.13	44.44	52.63
中国境外	1547994085.38	66.76	631350574.39	55.56	145.19

16. 国药控股股份有限公司

（1）整体业绩。2020年，国药控股股份有限公司（以下简称"国药控股"）实现营业收入456414611千元港币，比上年同期增加7.32%。2020年经营溢利17759975千元港币，比上年度增加1623231千元港币，同比增长10.06%，见附表38。

附表38 国药控腔2019—2020年企业营收（单位：千元港币）

	2019年全年	2020年全年
收入	425272726	456414611
毛利	37531303	40323311
经营溢利	16136744	17759975
息税前溢利	16903274	18545111
母公司持有者应占年度溢利	6252537	7187278

（2）器械业务相关营收情况。2020年，国药控股医疗器械收入为人民币89402.25百万元，占集团总收入19.04%，较2019年的69293.54百万元增加了29.02%，增长主要是由于国药控股医疗器械业务的收购扩张及业务增长，见附表39。

附表39　国药控股2020年主营业务收入分析（单位：千元）

	医药分销业务	医疗器械业务	医院零售业务	其他业务	抵销	国药控股
外界分部收入	338611186	87978460	23742115	6082850	—	456414611
分部间收入	9683196	1423786	422224	1568829	-13098035	—
收入	348294382	89402246	24164339	7651679	-13098035	456414611
经营溢利	12288233	4305677	676880	806605	-317420	17759975
其他收益-净额	201165	-66999	-8181	12895	—	138880
其他开支	-234828	-106379	—	—	—	-341207
应占联营公司与合营公司之盈利及亏损	16326	-12189	3141	980185	—	987463
	12270896	4120110	671840	1799685	-317420	18545111
财务费用-净额	—	—	—	—	—	-2947015
除税前溢利						15598096
所得税开支						-3500805
本年溢利						-12097291

17. 华润医药集团有限公司

（1）整体业绩。2020年，华润医药集团有限公司（以下简称"华润"）实现营业收入200423023千元港币，比上年同期降低1.97%。2020年毛利32293861千元港币，比上年度减少1723829千元港币，同比降低5.07%，见附表40。

附表40　华润2019—2020年企业营收（单位：千元港币）

	2020年	2019年
收益	200423023	204453869
销售成本	-168129162	-170436179
毛利	32293861	34017690
其他收入	1504420	1249832

续 表

	2020 年	2019 年
其他收益及亏损	−1511033	−39234
销售及分销开支	−16029445	−19188523
行政开支	−5564495	−5203768
其他开支	−1347144	−1260626
融资收入	675765	636181
融资成本	−3153273	−3712401
融资成本净额	−2477508	−3076220
分占联营公司及合营企业溢利	206852	140417

（2）器械业务相关营收情况。华润大力推进医疗器械分销业务的专业化发展，打造专业化器械总部，已在16个省份建立独立医疗器械公司，聚焦专业产品线发展和服务模式打造，重点发展介入、IVD诊断试剂、骨科、设备、综合耗材等产品线。报告期间内，华润器械分销业务实现收益近人民币200亿元，较上年同期增长超40%，在器械业务方面积极向生产端延伸，推进与器械生产企业洽谈合资合作，并继续积极打造医院药械供应链管理项目（SPD）的专业服务。

18. 上海医药集团股份有限公司

（1）整体业绩。2020年，上海医药集团股份有限公司（以下简称"上药"）实现营业收入191909156160.88元，比上年同期增长2.86%。2020年归属于上市公司股东的净利润为4496216958.55元，同比增长10.17%，见附表41。

附表41　上药2018—2020年企业营收（单位：元）

主要会计数据	2020 年	2019 年	2020年比上年同期增减(%)	2018 年
营业收入	191909156160.88	186565796464.05	2.86	159084396948.33
归属于上市公司股东的净利润	4496216958.55	4080993663.50	10.17	3881062861.27
归属于上市公司股东的扣除非经常性损益的净利润	3821211801.14	3460828347.77	10.41	2652125611.62

续　表

主要会计数据	2020 年	2019 年	2020 年比上年同期增减(%)	2018 年
经营活动产生的现金流量净额	6844720625.06	6022385613.17	13.65	3135113763.53
	2020 年末	2019 年末	2020 年末比上年同期末增减(%)	2018 年末
归属于上市公司股东的净资产	45354677688.57	41659054746.92	8.87	39013570426.62
总资产	149185655478.63	137026395859.72	8.87	126879334502.88
期末总股本	2842089322.00	2842089322.00	—	2842089322.00

（2）器械业务相关营收情况（见附表42）。

附表42　上药2020年主要控股参股公司分析（单位：亿元）

公司名称	业务性质	公司持股比例(%)	注册资本	资产规模	所有者权益	营业收入	净利润
上海医疗器械股份有限公司	医疗器械生产与销售	100.00	1.27	6.04	3.39	4.17	0.11

19. 九州通医药集团股份有限公司

（1）整体业绩。2020年，九州通医药集团股份有限公司（以下简称"九州通"）实现营业收入110859514087.96元，比上年同期增长11.42%。2020年归属于上市公司股东的净利润为3075054823.79元，同比增长78.10%，见附表43。

附表43　九州通2018—2020年企业营收（单位：元）

主要会计数据	2020 年	2019 年	2020 年比上年同期增减(%)	2018 年
营业收入	110859514087.96	99497077396.63	11.42	87136358553.83
归属于上市公司股东的净利润	3075054823.79	1726549479.22	78.10	1340578824.55
归属于上市公司股东的扣除非经常性损益的净利润	1865957571.84	1525327930.42	22.33	1228013198.68
经营活动产生的现金流量净额	3443884108.92	2767873048.00	24.42	1222023164.60

续表

	2020年末	2019年末	2020年末比上年同期末增减(%)	2018年末
归属于上市公司股东的净资产	21826656053.01	18754209506.62	16.38	18467103509.01
总资产	80823843660.80	71147765010.29	13.60	66674253350.59

（2）器械业务相关营收情况。2020年,九州通医疗器械板块实现销售213.36亿元,同比增长38.24%,占公司整体销售额比例由15.56%提升至19.35%;毛利14.99亿元,同比增长47.65%。报告期期内公司医疗器械业务继续保持快速增长,见附图1。

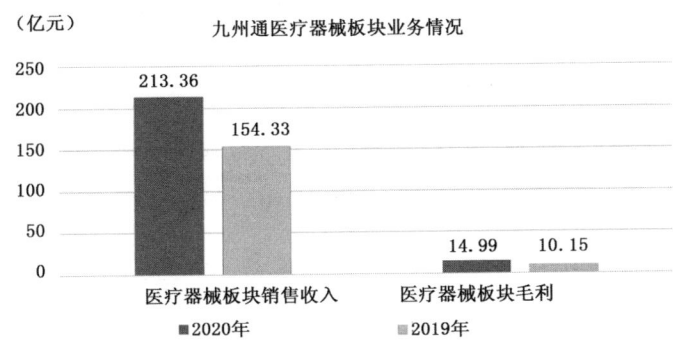

附图1　九州通2019—2020年主营业务分析

八、国际医疗器械领域部分企业2020年经营情况[1]

1. 美敦力（见附表44、附表45）

附表44　2020年美敦力各业务营收及增长率

各业务线	2020年(百万美元)	2019年(百万美元)	增长率(%)
心血管类	10468	11505	-9
微创治疗类	8352	8478	-1.50
恢复治疗类	7725	8183	-5.60
糖尿病类	2368	2391	-1.00
总计	28913	30557	-5.40

---

[1]　本节所有数据均来自各企业公布年报。

附表45 2020年美敦力各区域业务营收及增长率(单位:百万美元)

产品	美国			非美国发达国家市场			发展中国家市场		
	2020年	2019年	增长率（%）	2020年	2019年	增长率（%）	2020年	2019年	增长率（%）
心血管类	5062	5750	-12	3519	3767	-7	1887	1988	-5
微创治疗类	3532	3630	-3	3169	3250	-2	1651	1598	3
恢复治疗类	5122	5478	-6	1659	1759	-6	945	946	—
糖尿病类	1204	1336	-10	940	855	10	224	200	12
总计	14919	16194	-8	9287	9631	-4	4707	4732	-1

2. 强生

2020年，强生医疗器械总营业额230亿美元，比2019年同比减少11.6%，2020年强生各业务营收及增长率见附表46。

附表46 2020年强生各业务营收及增长率（单位：百万美元）

不同类别	销售额			增长率（%）	
	2020年	2019年	2018年	2020年对比2019年	2019年对比2018年
医疗器械					
糖尿病护理					
美国	—	—	371	—	—
国际			638		
全球			1009		
介入疗法					
美国	1452	1443	1283	0.6	12.5
国际	1594	1554	1363	2.6	14
全球	3046	2997	2646	1.6	13.3
骨科					
美国	4779	5319	5281	-10.2	0.7
国际	2984	3520	3604	-15.2	-2.3
全球	7763	8839	8885	-12.2	-0.5
髋					
美国	793	863	841	-8.2	2.6
国际	487	575	577	-15.3	-0.3
全球	1280	1438	1418	-11	1.4

续　表

不同类别	销售额			增长率（%）	
	2020年	2019年	2018年	2020年对比2019年	2019年对比2018年
膝盖					
美国	743	889	911	-16.4	-2.4
国际	427	591	591	-27.8	0
全球	1170	1480	1502	-21	-1.4
创伤					
美国	1648	1652	1599	-0.2	3.3
国际	966	1068	1100	-9.6	-2.9
全球	2614	2720	2699	-3.9	0.8
脊柱、运动和其他					
美国	1595	1915	1930	-16.7	-0.8
国际	1104	1286	1336	-14.1	-3.8
全球	2699	3201	3266	-15.7	-2
外科					
美国	3249	3828	4125	-15.1	-7.2
国际	4983	5673	5776	-12.2	-1.8
全球	8232	9501	9901	-13.4	-4
先进					
美国	1535	1637	1657	-6.2	-1.2
国际	2304	2458	2345	-6.2	4.8
全球	3839	4095	4002	-6.2	2.3
一般					
美国	1714	2192	2468	-21.8	-11.2
国际	2679	3215	3431	-16.7	-6.3
全球	4392	5406	5899	-18.8	-8.4
眼科					
美国	1557	1794	1777	-13.2	0.9
国际	2362	2830	2776	-16.5	2
全球	3919	4624	4553	-15.2	1.6

续 表

不同类别	销售额			增长率（%）	
	2020 年	2019 年	2018 年	2020 年对比 2019 年	2019 年对比 2018 年
隐形眼镜/其他					
美国	1213	1304	1237	-7	5.4
国际	1781	2088	2065	-14.7	1.1
全球	2994	3392	3302	-11.7	2.7
眼外科					
美国	344	490	540	-29.7	-9.4
国际	581	742	711	-21.7	4.4
全球	925	1232	1251	-24.9	-1.6
医疗器械总量					
美国	11036	12384	12837	-10.9	-3.5
国际	11923	13579	14157	-12.2	-4.1
全球	22959	25963	26994	-11.6	-3.8
全球各类产品总量					
美国	43133	42097	41884	2.5	0.5
国际	39451	39962	39697	-1.3	0.7
全球	82584	82059	81581	0.60%	0.6

3. 波士顿科学

附表47　2020年波士顿科学各品类营收及增长率（单位：百万美元）

各品类		2020 年营业额	增长率（%）
医疗手术	内窥镜	1780	-6.30
	泌尿外科与盆腔健康	1286	-9.00
节律与神经	心律管理	1704	-12.40
	电生理学	287	-13.50
	神经调节	761	-13.00
心血管	介入心脏病学	2299	18.20
	外围干预	1577	13.10
医疗器械总计		9694	-9.10

附表48　2020年波士顿科学各区域营收及增长率（单位：百万美元）

按区域	营业额	增长率（%）	占比（%）
美国	5508	-9.70	55.60
欧洲、中东、非洲	2097	-8.40	21.20
亚太区	1781	-7.10	18.00
拉丁美洲和加拿大	307	-15.20	3.10
医疗器械	9694	9.10	97.80
特种药品	219	—	2.20
总销售额	9913	-7.80	100

4. 雅培

附表49　2020年雅培诊断类营收及增长率（单位：亿美元）

不同诊断服务	2020年			2019年			同比增长（%）
	美国	国际	总量	美国	国际	总量	
核心实验室	11.66	33.09	44.75	10.68	35.7	46.56	-4
分子	6.21	8.17	14.38	1.49	2.93	4.42	225
床旁	3.69	1.47	5.16	4.38	1.23	5.61	-8
快速诊断	26.18	17.58	43.76	12.14	8.4	20.54	113
诊断总额		108.05			77.13		40.10

附表50　2020年雅培各器械产品营收及增长率（单位：亿美元）

不同器械产品	2020年			2019年			同比增长（%）
	美国	国际	总量	美国	国际	总量	
节律管理	9.03	10.11	19.14	10.57	10.87	21.44	-11
电生理	6.6	9.18	15.78	7.42	9.79	17.21	-8
心率衰竭	5.47	1.93	7.4	5.74	1.95	7.69	-4
血管	8.53	14.86	23.39	10.47	18.03	28.5	-18
结构性心脏	5.4	7.07	12.47	6.16	7.84	14	-11
神经调节	5.64	1.38	7.02	6.6	1.71	8.31	-16
糖尿病	8.64	24.03	32.67	6.78	18.46	25.24	29
医疗器械总额		117.87			122.39		-3.70

5. 西门子

附表51　2020年西门子营收及增长率（单位：亿美元）

不同类别	2020年	2019年	同比增长（%）
营收	144.6	145.18	—
利润	21.84	24.61	−11
不同业务			
影像	90.9	89.38	2
诊断	39.24	41.33	−5
先进疗法	16.28	16.06	1
不同地区			
欧洲、独联体、非洲、中东	47.47	46.17	3
-其中德国	8.74	8.73	0
美洲	56.91	58.03	−2
-其中美国	49.09	49.16	0
亚洲、澳洲	40.22	40.98	−2
-其中中国	18.93	18.38	3

6. 飞利浦

附表52　2019—2020年飞利浦诊断与治疗业务营收（单位：亿欧元）

不同地区	2020年	2019年
西欧	15.89	15.86
北美地区	29.31	32.14
其他成熟型市场	8.35	8.51
成长型市场	28.2	28.34
总营收	81.75	84.85

7. 捷迈邦美

附表53 2020年捷迈邦美诊断与治疗业务营收(单位:亿欧元)

不同类别	2020年	2019年	同比增长(%)
总营收	70.25	79.82	-12
不同地区			
美洲	43.36	48.76	-11
欧洲中东非洲	13.91	17.47	-20
亚太	12.98	13.59	-5
不同产品			
膝	23.9	28.1	-15
髋	17.51	19.32	-9
S.E.T	13.22	14.44	-8
齿科,脊柱和CMF	10.44	11.61	-10
其他	5.18	6.35	-18

九、2020年我国医疗器械行业大事记

1. 陕西医药与阿里巴巴集团签订战略合作协议

2020年1月9日,陕西医药控股集团有限责任公司与阿里巴巴集团签订战略合作协议,聚焦智慧医疗、医药电商、医药产业扶贫、药品与特色健康食品新零售等领域,充分发挥陕药集团在全省医药行业的龙头作用、阿里巴巴在互联网数字经济的引导作用,通过大项目合作形成优势互补,打造高质量引擎实现共赢互惠,为"健康陕西"建设助力加油。

2. 飞利浦与爱思唯尔宣布签署战略合作协议

2020年3月13日,据悉飞利浦与爱思唯尔宣布签署战略合作协议,将成为爱思唯尔大中华区医疗器械行业的独家合作伙伴。爱思唯尔与飞利浦的合作致力于运用革新数字技术,助力临床决策和学研攻坚。在助力临床决策方面,双方的合作覆盖放射、超声、核医学、血管介入、分子影像等全影像领域,融合爱思唯尔旗下临床决策支持及临床路径平台,提升医院的整体服务水平。

3. 爱康医疗收购美敦力业务

2020年4月6日,爱康医疗间接全资附属公司爱康医疗国际有限公司已签订购股协议,收购美敦力康辉控股旗下北京理贝尔生物工程研究所有限公司全部股权,

总金额 4020 万美元，折合人民币约 2.8 亿元。爱康医疗在公告中指出，收购理贝尔有利于进一步拓宽公司的骨科业务产品线，实现骨科平台型公司的发展，公司一直致力于寻求进入骨科其他细分领域的机会，拓宽骨科业务的产品线，收购完成后，公司将拥有关节、脊柱与创伤三大骨科耗材产品线。

4. 南京贝登医疗股份有限公司推进物流仓储建设

2020 年 5 月 11 日，国内领先的数字化医疗器械供应链服务平台、医疗器械细分领域 B2B 龙头——南京贝登医疗股份有限公司完成由国内顶尖 VC（Venture Capital，风险投资）机构创新工场领投的亿元级人民币 B 轮融资。本轮融资后，贝登医疗将加速推进供应链平台的数字化、在线化和智能化升级，加强本地化服务布局的进一步深化和上游供应链的持续整合优化，推进物流仓储、售后服务、营销等中台能力建设，持续拓展品类覆盖，并进一步探索在细分专科市场、海外市场的拓展。

5. 罗氏集团加大罗氏诊断亚太生产基地与研发中心投资，进一步深化在华布局

2020 年 5 月 14 日，罗氏宣布将进一步加大投资其位于苏州工业园区的罗氏诊断亚太生产基地和研发中心，拟新增投资总额 1.8 亿美元，累计投资总额达 4.79 亿美元，此次增资将进一步深化罗氏诊断在华的战略布局，提升罗氏诊断的市场响应能力，为中国乃至亚太带来更广泛领域的高品质检测产品。

6. 西门子千亿收购瓦里安，医疗行业最大收购案落下帷幕

2020 年 8 月 2 日晚间，西门子医疗官微发布消息，西门子医疗和瓦里安医疗系统公司宣布，双方已签订协议，西门子医疗将以每股 177.50 美元现金收购瓦里安医疗系统公司的所有股份，折合收购总价约 164 亿美元（约合人民币近 1100 亿余元）。瓦里安可以和西门子医疗在影像诊断、实验室诊断和介入治疗等领域实现理想互补。对瓦里安的收购预计将在 2021 年上半年完成，最终须经瓦里安股东及监管部门的批准，并满足其他约定俗成的收购条件。

7. 联影携手威高，聚力赋能医信通线上医疗直采新模式

2020 年 9 月 21 日，国内医疗耗材产业巨头威高与联影旗下线上直采平台"医信通"开启正式合作，共同探索"互联网+"时代下的医疗直采新模式。双方均表示，面对医疗行业存在信息壁垒和社会办医采购成本过高的问题。应紧随社会信息化建设的步伐，加速医疗行业与互联网融合。通过医信通线上平台减少传统的医疗采购环节，从厂商直达医院，将医疗产品及服务的价值最大化给予用户，真正迎合社会办医机构所需，共建阳光互信的市场环境。威高与医信通已达成共识，前期将优质耗材类产品上线平台,范围涵盖输注类、留置针类、护理类、检验类等。

8. 京东健康提交赴港上市招股书

2020年9月28日,港交所披露了京东健康提交的招股书,申请在港交所主板上市。京东健康是京东集团旗下专注于经营大健康相关业务的子集团,其中医药健康电商现拥有药品零售、药品批发,以及非药物的泛健康类商品零售等业务。早在2019年12月份,京东健康与乐心医疗达成合作,两公司联合发布一款已获二类医疗器械认证的心电手表。除了乐心医疗,鱼跃医疗和京东的合作时间更长,鱼跃医疗主要业务之一也是家用医疗器械。

9. GE医疗与国药集团续签战略合作,共建先进医械智造产业基地

2020年11月15日,GE医疗与国药集团续签战略合作,旨在共建更强大、更全面、更具针对性的先进医械智造产业基地。此次通过与国药集团再续新30年合作,GE医疗中国将继续把全面国产、数字赋能、合作共赢贯彻到底,充分发挥全球资源与国产智造的协同优势,发挥排头兵作用和先行示范意义,大胆闯、大胆试,为深度提升国产医疗设备研发和先进制造能力贡献力量。

致谢

本报告的出版得益于众多业内专家、企业高管的大力支持,特此感谢。
名单如下(按姓氏笔画排序):

王　鹏　华润医药商业集团医疗器械有限公司副总经理
王小蕊　中国医疗器械有限公司质量管理、数据管理专家
吴　冕　九州通医药集团物流有限公司自营业务事业部总经理
宋宝石　国科恒泰(北京)医疗科技股份有限公司战略发展部副总监
张雅琼　医科达(北京)医疗器械有限公司物流发展高级主管
岳海龙　九州通医疗器械集团有限公司总经理助理